Johann Christian Friedrich Keferstein, Adam Friedrich Böhme

Anfangsgründe der bürgerlichen Baukunst für Landleute

Johann Christian Friedrich Keferstein, Adam Friedrich Böhme

Anfangsgründe der bürgerlichen Baukunst für Landleute

ISBN/EAN: 9783743315846

Hergestellt in Europa, USA, Kanada, Australien, Japan

Cover: Foto ©ninafisch / pixelio.de

Manufactured and distributed by brebook publishing software
(www.brebook.com)

Johann Christian Friedrich Keferstein, Adam Friedrich Böhme

Anfangsgründe der bürgerlichen Baukunst für Landleute

Anfangsgründe der bürgerlichen Baukunst für Landleute,

oder

Anleitung

wie die Landbewohner neue verbesserte Gebäude mit feuersichern Dächern, ingleichen neue Dörfer, Wasserleitungen und holzersparende Back- und Stubenoefen ohne Zuziehung eines Baumeisters entwerfen, zeichnen, Anschläge dazu machen und erbauen können.

Nebst einer kurzen Anzeige die Gewitter abzuleiten

von

Johann Christian Friedrich Keferstein,

Lehrer der Mathematik in Brandenburg.

Mit 17 Kupferplatten.

Leipzig,

im Verlag bey Adam Friedrich Böhme.

1776.

An

Ihro Kayserliche Majestät

die große und erhabene

Kayserin von Rußland

meine allergnädigste Kayserin.

Große Kayserin!

Die unendliche Huld, mit der Ew. Kayserl. Majestät nicht nur das Rußische Reich, sondern auch die entlegendsten Länder überstralt; die Gnade, welche mit jedem Blick für das allgemeine menschliche Wohl ausfließt; und die Verbreitung einer ganz ausgedehnten Glückseligkeit wirkten auch bis auf mich.

Durch die von Ew. Kayserlichen Majestät gestiftete ruhmwürdige oeconomische Societät wurde meiner kleinen Abhandlung, von Einrichtung guter und dauerhafter Bauerhäuser, der Preis zuerkannt. Dies munterte mich auf, diese Materie weiter auszuführen, und daraus ist gegenwärtiges Buch entstanden, welches bey Anlage neuer Dörfer und Landgebäude vielleicht nicht ganz unbrauchbar seyn dürfte.

Da dieses Werkchen durch Ew. Kayserl. Majestät allerhöchste Veranlassung seinen Ursprung erhalten hat; so erkühne ich mich solchen Vernachläßigung sey; allein es ist doch nicht zu läugnen, daß in diesem Vorurtheil von unüberlegten Stolz der höhern Stände, eine nicht kleine Ursache der sehr versäumten Sorgfalt für die Verbesserung des Zustandes der Landleute liege.

Hiezu kommen aber noch verschiedene andere Gründe, davon ich nur die auffallensten kürzlich anführen will.

Den ersten glaube ich mit ziemlicher Wahrscheinlichkeit und ursprünglich in dem Nationalcharacter der Deutschen zu finden.

Wer in der Geschichte unsers alten Deutschlandes nicht ganz fremd ist, der weiß, daß Geschmack, Regelmäßigkeit und neue Verbesserungen eben nicht die Lieblingsbeschäftigungen unserer guten Vorfahren gewesen sind. An deren Stelle waren Jagd, Krieg, öfteres Herumziehn und damit verbundene Veränderung ihrer Wohnplätze, ihren Neigungen angemessener.

Wie wenig hiebey Ackerbau, oeconomische Ordnung und Landescultur überhaupt gewannen, läßt sich leicht einsehen, da man diese fast gar nicht oder nur durch Knechte und Verwalter betreiben ließ; welche aus Nachläßigkeit und Sclavischen Druck sich um Verbesserungen gar nicht bekümmerten, sondern die ererbten Mängel von Vater auf den Sohn fortpflanzten, und mit der Neigung und Anhänglichkeit an alten Sitten, Vorurtheilen und Gebräuchen verbanden.

Mit

Mit der allmähligen Vermehrung der Städte, verschlimmerte sich das Schicksal der Landleute noch mehr. Die vornehmsten und angesehensten Familien zogen in dieselben, wegen der bequemen Lebensart, und die geschicktesten und besten Köpfe verließen das Land, um Bürger, Kaufleute, Künstler und Handwerker zu werden. Die Bischöflichen Sitze wurden in die Städte verlegt, die Geistlichen und Mönchsorden nahmen fast täglich zu, und zogen ebenfals die jungen geschicktesten Leute und die besten Ländereyen der Landbewohner an sich, die sie auf Unkosten ihrer Bearbeiter, sehr gut zu benutzen wußten.

Alle Reichthümer des Landes saßen daher in diesen Wohnplätzen der Pracht und Wollüste zusammen, und hierüber geriethen die von den Städten und Geistlichen gepreßte und ausgesogene Dorfbewohner immer mehr und mehr ins Elend; Plackerey, Armuth und Unwissenheit waren, bey ihrer traurigen Last, fast ihr algemeines Loos.

Die Errichtung stehender Armeen scheint zum Verfall des Landmannes den lezten Stoß gethan zu haben. Denn außer den schweren Abgaben, die er zur Unterhaltung derselben geben muß, verliert er seine besten Arbeiter, die Gelder gehen nach den Städten, um den Vater, oder Bruder, oder Sohn, der Soldat ist, zu unterstützen, um die schweren Lieferungen zu bezahlen, um die Besitzer der Adlichen Güter die bey Armeen und in Städten leben, zu unterhalten, und aus ähnlichen Bewegungsgründen mehr.

Wenn man nun hiezu die bisherige elende Erziehung der Landjugend, die daraus abgeleitete fast gänzliche Blindheit in nützlichen Kentnissen, und die Menge der Vorurtheile rechnet, womit der Verstand dieser Leute umnebelt wird; so darf man sich eben nicht wundern, daß es um die Einrichtung der Landöconomie in den meisten Gegenden Deutschlandes, bis auf unsere Zeiten, noch so schlecht ausgesehn hat.

Vielen Großen sind indessen die traurigen Folgen hievon nicht unbekant geblieben. Ueberzeugt, daß ein so nützlicher Stand als der Stand der Landbewohner und besonders der Bauernstand ist, mehr Aufmerksamkeit verdiene, als man ihm bisher hat angedeyhen lassen, und daß von einem guten Landwirthe zum zweckmäßigen Betrieb seines Berufs mehr als Dreschen und Pflügen erfodert werde; haben sie ernstlich darauf gedacht, den verjährten Uebeln so viel möglich abzuhelfen; sie haben deswegen Belohnungen fast auf alle Arten von Oeconomischen Verbesserungen gesezt; öffentliche Lehrer angeordnet, die dieses vernachläßigte Fach wissenschaftlich behandeln und durch gemeinnützige Schriften, eine Reformation hierin erleichtern solten, an deren glücklichen Beförderung der menschlichen Gesellschaft so vieles gelegen seyn muß. Daß aber dieser heilsame Endzweck noch bis jezt so wenig ist erreicht worden, sind meines Erachtens folgendes die Ursachen.

Die meisten solcher Lehrer tragen ihre Sachen für die Fähigkeiten der unwissenden Landleute zu theoretisch gelehrt,

gelehrt, und zu speculativisch gründlich vor; und es fehlt ihnen an der nöthigen Gabe der Herablassung.

Vielen fehlt es sogar an hinlänglicher Erfahrung und eigener Bekantschaft mit den practischen Theilen der Oeconomie; etwa höchstens einige Versuche, die sie in kleinen davon mögen angestelt haben, ist es alles, was sie von einer würklichen Wirthschaftsverbesserung wissen; alles übrige nehmen sie aus algemein abstrahirten Begriffen und Schlüssen von Kleinen aufs Große; Und eben daher geschicht es, daß wenn der Landwirth diese gelehrten Vorschläge, deren Vortheil ihm so einleuchtend vorgerechnet ist, ausübt, er zu spät durch seinen großen Schaden den Gegensaz des berechneten erfährt und einsieht, daß es ein Hirngespinst war.

Die Bekantmachung solcher fehlerhaften Vorschläge, wodurch auch noch die wenigen zur Verbesserung geneigten Landleute abgeschreckt, auf ihre alten schlechten Gewohnheiten zurückgebracht, und in Vorurtheilen verhärtet werden; ist also ein Hauptanstoß gegen alle, ja auch gegen die heilsamsten Verbesserungen. Daher es denn nicht so sehr zu verwundern ist, wenn zuweilen ein kurzsichtiger Landmann überlaut gegen alle neue Verbesserungen und oeconomischen Schriften schreiet, und alle Glaubensbrüder der Einfalt und Unwissenheit zur Beständigkeit anmahnt; wie kürzlich in dem Schreiben eines Böhmschen von Adel über die Frohndienste, an Hrn. T. de C. in W. geschahe.

Bil-

Billig solte sich also niemand an die Bearbeitung dieses Feldes als Verbesserer wagen, als der, so bey einer zur Sache dienenden gründlichen Gelehrsamkeit, auch hinlängliche Erfahrung besäße.

Und aus dieser Absicht solten von rechtswegen die Herren Recensenten der oeconomischen Schriften, vorzüglich behutsam zu Werke gehen, um nichts als das wirklich brauchbare dem Ländlichen Publikum zu empfehlen.

Die große Sorgfalt, welche seit einiger Zeit in allen Ländern, besonders in den preußischen Staaten, auf die zweckmäßigere Einrichtung der Landschulen und auf das Erziehungswesen überhaupt verwendet wird, läßt uns hoffen, daß die Landwirthschaft bald ein vortheilhafteres Ansehen gewinnen werde.

Die Vereinigung einer gründlichen Gelehrsamkeit mit dem Studium der practischen Oeconomie, wird sie gewiß zu dem höchsten Grade ihrer Vollkommenheit erheben; da sich jezt so viele Gesellschaften von ausgezeichneten Gelehrten zu dieser Absicht verbinden, und von den größesten und weisesten Monarchen unterstüzt werden.

Wenn man also noch vor kurzen sich so wenig um die ländliche Oeconomieverbesserung überhaupt bemühete, so ist leicht zu begreifen, warum man noch weniger an die zweckmäßigere Einrichtung und Verbesserung der Wohnungen der Landleute dachte.

Rußland, welches sich jezt so vorzüglich in Stiftung der gemeinnützigsten und menschenfreundlichsten Anstal-

ten

ten hervorthut, hat auch hierin fast den ersten Schritt gethan; und ich habe also den Hauptantrieb zu diesem Versuch über die Landbaukunst zu schreiben, diesem nordischen Reiche zu danken.

Da ich bey der Landwirthschaft erzogen bin, und eine besondere Neigung dazu bey mir empfand, so fehlte es mir nicht an Gelegenheit, die Fehler derer Landgebäude, schon in meiner Jugend kennen zu lernen.

Auf der Academie hatte ich das Glück durch die grössesten Männer in den nützlichsten Wissenschaften unterrichtet zu werden, durch Männer sage ich, die mir ihrer ausgebreiteten Gelehrsamkeit wegen so schätzbar, als von Seiten ihrer edlen Gesinnungsart, verehrungswürdig geworden sind. Nie werde ich einen Segner, Eberhart, Meyer, Pauli, Nettelblat, Bertram, Nößelt und dergl. ohne die aufrichtigste Empfindung von Dankbarkeit, Ergebenheit und Hochachtung nennen, und wenn Worte nicht zu schwach wären, Empfindungen des Herzens auszudrücken, so würde ich hier gewiß davon überflüßen müssen. Diese wackere Männer zeigten mir die besten Wege andern nüzlich zu seyn. Hiedurch und durch den Rath einiger so gelehrter als erfahrner Landwirthe geleitet, wagte ich diesen Versuch, über die Verbesserung der Landgebäude. Der gütige Beyfall den meine kleine Schrift von Einrichtung guter und bequemer Bauerhäuser bey der Oec. Soc. in St. Petersburg erhielt, läßt mich auch zum Vortheil dieser Abhandlung etwas gutes hoffen.

Nun

Nun will ich meine Leser noch kürzlich mit der Ordnung und innern Einrichtung dieser Abhandlung über die Landbaukunst bekant machen. Die natürlichste und einfachste schien mir die beste, und für den Landmann die angemessenste zu seyn.

Ich fand daher nicht nöthig, viele abgesonderte theoretische Sätze voraus zu schicken, die für den zur Abstraction gewöhnten Kopf sehr gut sind, dem gemeinen Manne aber, der sie weder lieset, noch versteht, noch anzuwenden weiß, nichts nutzen, sie schrecken vielmehr ab, und das lief wider meinen Zweck. Ich nahm daher gleich würkliche Familiengebäude, zeigte die Bedürfnisse darin, in Absicht der Wohnung für die Besitzer und ihres Nahrungsgewerbes; bestimte die Größe und Verhältnisse der Theile, und zeigte wie diese für jeden Fall zu finden; lehrte die beste Zusammensetzung derselben, und wieß wie diese Gebäude mit den einfachsten Materialien auf die dauerhafteste und sparsamste Art aufzuführen wären.

Hiernächst bin ich bemüht gewesen, die vortheilhafteste Einrichtung der innern Theile der Gebäude, als der Oefen, Treppen, Backöfen, Krippen und dergleichen zu zeigen; einfache Wasserleitungen und Künste anzulegen, die Gebäude vor dem Einschlagen der Gewitter, vor algemeiner und besonderer Feuersgefahr zu versichern und alles zu thun, was mir sonst zur Erbauung recht guter Gebäude nützlich und erforderlich zu seyn schien.

Zulezt

Zulezt habe ich einen ganz kurzen Unterricht zur Entwerfung und Verfertigung guter Baurisse und Anschläge beygefügt.

Ob und in wie fern ich nun in Behandlung dieser Materie glücklich gewesen bin, das wird mich das Urtheil der Kenner lehren; wenigstens habe ich keine Chimären, sondern bloß geprüfte und solche Verbesserungen vorgeschlagen, deren Wahrheit aus der Natur der Sache erhellet, und zu deren Einsicht nur gereinigte gesunde Vernunft erfodert wird.

Da ich demohnerachtet nicht zweifle, daß hin und wieder kleine Fehler besonders im Ausdruck eingeschlichen sind, die ich in der Geschwindigkeit der Durchsicht, und wegen meiner übrigen gehäuften Geschäfte, vielleicht übersehen habe; so bitte ich dieserhalb um billige Schonung, oder gütige Belehrung, die ich allemal mit Dankbarkeit erkennen und nutzen werde. Dagegen bittere und gehäßige Beurtheilungen, selten zur Besserung etwas beytragen, sondern vielmehr einen Kunst- und Sittenlehrer, der eigentlich von dem was er lehren will, selbst ein Beyspiel seyn soll, nur verdächtig machen, und ihn unter die Würde seines Amtes erniedrigen.

Meine Absicht bey dieser Arbeit war, allen denen Landbewohnern, welche nicht ohne viele Kosten und Weitläuftigkeit, geschickte Baumeister bey ihren Bauen zu Rathe ziehen können, und denen es überhaupt an guten Mustern fehlt, eine deutliche, schickliche und gründliche Anleitung zur Entwerfung und Aufführung ihrer

Gebäu-

Gebäude zu geben. Wollen Fürsten, Regenten und Besitzer grosser Herrschaften, die Häusliche Glückseligkeit ihrer Unterthanen auch in Absicht der Wohnungen befördern; so wird es wohl gethan seyn, wenn sie hin und wieder da wo Dörfer oder einzelne Geheste abbrennen, oder durch Alter baufällig geworden sind, oder wo ganz neue erbauet werden sollen, gute Muster aufführen und erbauen lassen. Diese Beyspiele werden in kurzen die beste Nachfolge von den übrigen erhalten, und der Landmann wird eben dadurch nicht nur sehr viele Materialien und Baukosten ersparen, sondern auch gesundere, dauerhaftere, feuersichere, und zum Betrieb seines Gewerbes bequemere Wohnungen erhalten, folglich an Vermögen, Zufriedenheit und Glückseligkeit zunehmen; und viele Vorzüge für seinen Vorfahren haben; wofür er die edeln Cosmopoliten und Fürsten, die hiezu behülflich sind, segnen wird.

Habe ich diesen Zweck auch nur einigermaßen erreicht, und durch dieses Werk würklich zum gemeinen Besten was beygetragen, so halte ich mich für meine darauf verwendete Bemühung schon reichlich belohnt.

Der Gott der Gnade segne selbst diese und meine Erziehungsarbeiten, an allen, welche geneigt sind, sie zu seinem Lobe und zur Erkentniß seiner Güte zu gebrauchen.

Brandenburg,
den 20ten Januar.
1776.

Keferstein.

Verzeich-

Verzeichniß
des Inhalts
der Landbaukunst.

Einleitung.

§. 1. Erklärung der Landbaukunst.
§. 2. Erklärung derer Landgebäude.
§. 3. Eintheilung derselben.
§. 4. Eigenschaften der Landgebäude und Erklärung der Festigkeit.
§. 5. Erklärung der Bequemlichkeit.
§. 6. Erklärung der Ordnung.
§. 7. Von andern nützlichen Eigenschaften derer Landgebäude.
§. 8. Erklärung der Feuersicherheit.
§. 9. Von der Versicherung gegen die Kälte.
§. 10. Von der Einförmigkeit derer Landgebäude.
§. 11. Was zu thun ehe man einen Bau anfängt.
§. 12. Vorerinnerung zum Ganzen

I. Hauptstük.

Von denen Landgebäuden überhaupt und denen Theilen derselben, darauf bey der ersten Anlage besonders zu sehen.

1. Kapitel.

Von denen Adelichen und Prediger-Wohnungen.

§. 1. Eintheilung überhaupt
§. 2. Theile der Adelichen- und Amtswohnungen.
§. 3. Fortsetzung davon.
§. 4. Von Predigerwohnungen.
§. 5. Fortsetzung.
§. 6. Uebergang zu dem folgenden Kapitel.

** 2. Kapi-

2. Kapitel.

Von einer großen Bauerwohnung.

§. 7. Eintheilung derselben.
§. 8. Von der Wohnstube.
§. 9. Von der Arbeitsstube.
§. 10. Von der Knechtekammer.
§. 11. Von der Mägdekammer.
§. 12. Von der Küche.
§. 13. Von der Rauchkammer.
§. 14. Von den Vorrathskammern und Keller.
§. 15. Von dem Hausflur.
§. 16. Von den Geheimengemächern.

3. Kapitel.

Von den Ställen.

§. 17. Eintheilung derselben.
§. 18. Von dem Pferdestall.
§. 19. Von dem Kuhstall.
§. 20. Von dem Schaafstall.
§. 21. Von den Schweineställen.
§. 22. Von dem Gänsestall.
§. 23. Von dem Hünerstall.
§. 24. Von dem Taubenhaus.
§. 25. Von den Futterkammern.
§. 26. Von dem Nutzen des fließenden Wassers in Landgebäuden.

4. Kapitel.

Von Vorrathsplätzen zu Getrayde, Holz und Ackergeräth.

§. 27. Eintheilung.
§. 28. Von der Scheune.
§. 29. Von den Pansen.
§. 30. Von der Tenne.
§. 31. Von dem Futterboden.
§. 32. Von dem Vorrathsboden.
§. 33. Von dem Kornboden.
§. 34. Von der Remise und Schuppen.

5. Kapitel.

Vom Hofe.

§. 35. Dessen Eintheilung.
§. 36. Von Misthofe.

§. 37.

§. 37. Von Viehhofe.
§. 38. Von Platz zum fahren.

II. Hauptstük.

Von der Größe der Landgebäude.

1. Kapitel.

Von denen hiebey vorkommenden Maaßen.

§. 39. Von der Nothwendigkeit dieses Hauptstückes.
§. 40. Von dem Baumaaß.
§. 41. Von dem Feldmaaß.
§. 42. Von den Geometrischen Zeichen der Maaße.
§. 43. Von den Winckel- und andern Zeichen.
§. 44. Von den Grundstücken eines großen Bauergutes.
§. 45. Von der Güte und dem Ertrag des Ackers.
§. 46. — — — — der Wiesen.
§. 47. Von dem körperlichen Raume den das Getrayde in Scheunen einnimt.

2. Kapitel.

Von der Größe der Wohnungen für Arbeiter und Vieh bey einem Bauergute.

§. 48. Von den Arbeitern des Bauergutes.
§. 49. Von dem Viehe so zur Benutzung nöthig.
§. 50. Von der Größe der Wohnstube.
§. 51. — — — der Arbeitsstube.
§. 52. — — — der Knechtekammer.
§. 53. — — — der Mägdekammer.
§. 54. — — — der Küche.
§. 55. — — — des Hausflurs.
§. 56. — — — der Vorrathskammern und des Kellers.

3. Kapitel.

Von der Größe der Viehställe.

§. 57. Größe des Pferdestalls.
§. 58. —— des Kuhstalls.
§. 59. —— des Schaafstalles.
§. 60. —— der Schweineställe.
§. 61. —— der Gänse- Hüner- und Taubenställe.
§. 62. —— der Futterkammern und des Kälberstalls.

4. Kapitel.

Von der Größe der Vorrathsplätze.

§. 63. Worauf hiebey zu sehen.
§. 64. Wie die Größe der Scheune zu finden ist.
§. 65. Nochmalige Anwendung davon.
§. 66. Größe des Stroh- und Heubodens.
§. 67. Größe des Bodens zum überflüßigen Stroh und Heu.
§. 68. Größe des Korn- oder Schüttebodens.
§. 69. Größe der Wagen- und Holzremise.

5. Kapitel.

Von der Größe des Hofes und ganzen Gehestes überhaupt.

§. 70. Größe des Viehhofes.
§. 71. Größe des Misthofes.
§. 72. Größe des Raumes zum fahren.
§. 73. Worauf bey Berechnung der Größe des Ganzen zu sehen.
§. 74. Größe des ganzen Wohngebäudes.
§. 75. Größe der Ställe.
§. 76. Größe der Grundfläche der Mauren.
§. 77. Größe der Scheune und Remise.
§. 78. Größe des ganzen Gehestes.

III. Hauptstük.

Von der besten Art die Landgebäude anzulegen und einzurichten.

1. Kapitel.

Algemeine Regeln hiebey.

§. 79. Von der besten Form derer Landgebäude.
§. 80. Von dem Vortheil bey Anlegung weniger Gebäude.
§. 81. Fortsetzung.
§. 82. Von der Höhe derer Bauerhäuser.
§. 83. Von der Höhe derer Adelichen und Predigerhäuser.

2. Kapitel.

Von der Zusammenordnung oder Einrichtung des im IIten Hauptstük berechneten Bauergehestes nach Tab. I. u. II.

§. 84. Von der Einrichtung des Wohnhauses nach Tab. I. u. II.
§. 85. Uebergang.
§. 86. Einrichtung des Pferdestalles.

§. 87.

§. 87. Einrichtung des Schaafstalles.
§. 88. Einrichtung des Gänse- Hüner- Lämmer- Kälber- und Futterstalles.
§. 89. Nutzen dieser Anlage auf die Sitten des Gesindes.
§. 90. Lage des Kuhstalls, der Schweineställe und Futterkammer.
§. 91. Lage der Eingänge.
§. 92. Von den Streu- und Futterboden über den Ställen.
§. 93. Von den Korn- und Vorrathsboden über dem Hause.
§. 94. Von der Rauchkammer.
§. 95. Von der Scheune und Remise.
§. 96. Von der innern Einrichtung der Scheune und Remise.
§. 97. Von dem Boden über der Remise.
§. 98. Von dem Hofe.

3. Kapitel.

Von einem halben Bauergute die zum Theil auch Gärtner und Kossäten genennet werden Tab. IIII.

§. 99. Größe und Einrichtung des Wohnhauses.
§. 100. — — — — — der Ställe.
§. 101. — — — — — der Remise.
§. 102. — — — — — der Scheune.
§. 103. — — — — — des Hofes.

4. Kapitel.

Von der Anlage eines Adelichen Landgutes nach Tab. V.

§. 104. Von der Größe der Grundstücke und der Scheunen.
§. 105. Von den Wiesen und Viehstande.
§. 106. Von der Remise.
§. 107. Von den Ställen.
§. 108. Von dem Wohnhause die untere Etage und Keller.
§. 109. — — — — die 2te Etage.
§. 110. — — — — die Boden.
§. 111. Von der Größe der Ställe.
§. 112. Von den Futterboden über den Ställen.
§. 113. Von den Scheunen.
§. 114. Von der Remise, deren Thurm und Gewitterableiter.
§. 115. Von dem Kornboden und Dorfmagazin.
§. 116. Von dem Hofe.
§. 117. Größe des ganzen Gehöftes, und Beschreibung eines Vorwerks.

5. Kapitel.

Von einem großen Adelichen Landwohnhause, das zugleich zur Wirthschaft eingerichtet ist nach Tab. VI.

§. 118. Von einem großen Adelichen Gehefte.
§. 119. Worauf bey der Anlage zu sehen.
§. 120. Was das Wohnhaus enthalten soll.
§. 121. Eintheilung des Wohnhauses.
§. 122. Eintheilung des Souterrains.
§. 123. Eintheilung der ersten Etage.
§. 124. Von der Bequemlichkeit dieser Etage.
§. 125. Die 2te Etage.
§. 126. Von den Ställen.
§. 127. Von dem Hofe und Wasserhälter.

6. Kapitel.

Von einer Predigerwohnung nach Tab. VII. Fig. 1.

§. 128. Vorerinnerung hiezu.
§. 129. Größe der Erndte und Anzahl des Viehes.
§. 130. Untere Etage des Wohnhauses.
§. 131. 2te Etage.
§. 132. Von den Ställen.
§. 133. Von der Scheune und Remise.
§. 134. Von dem Hofe.
§. 135. Größe des ganzen Geheftes.

7. Kapitel.

Von verschiedenen Landgebäuden.

§. 136. Von dem Hause eines Gerichtshalters, Zolldirectors oder Postmeisters überhaupt.
§. 137. Einrichtung und Theile desselben.
§. 138. Wohnung für niedrige Zollbeamten.
§. 139. Von einem großen Wirthshause
§. 140. Grundstücke und Viehstand desselben.
§. 141. Das Wohnhaus unten.
§. 142. Die 2te Etage.
§. 143. Die Pferdeställe.
§. 144. Andere Ställe.
§. 145. Von kleinen Wirthshäusern.
§. 146. Ein Garten- oder Weinbergshaus.
§. 147. Ein Colonisten- oder Drescherhaus für 2 Familien.
§. 148. — — — — — für eine Familie.
§. 149. Eine Dorfschmiede.
§. 150. Eine Wagnerwohnung.

8. Kapitel.

Von Kirchen und Schulgebäuden, auch einer Predigerwitwen=Wohnung.

§. 151. Erklärung einer Kirche.
§. 152. Was zu einer bequemen Kirche erfodert wird.
§. 153. Grösse derselben richtet sich nach den Zuhörern.
§. 154. Andere Eigenschaften derselben.
§. 155. Innere Einrichtung derselben.
§. 156. Von dem Thurm und Gewitterableiter.
§. 157. Von der Schulmeister- und Predigerwitwenwohnung.
§. 158. Schulmeisterhaus.

9. Kapitel.

Von Wasserleitungen und Wassermaschinen dasselbe zu heben.

§. 159. Deren Nutzen.
§. 160. Von dem Suchen derer Quellen und Brunnen.
§. 161. Deren Entstehung.
§. 162. Von dem Grundbette der Flüsse.
§. 163. Von Anzeigen der Quellen und Brunnen.
§. 164. Fortsetzung davon.
§. 165. Wie die Quellen zu fassen.
§. 166. Von dem Bau der Brunnen.
§. 167. Von Wasserleiten in Graben.
§. 168. Von den Quellen die nicht ohne Maschinen geleitet werden können.
§. 169. Von den Quellen die in Rören geleitet werden müssen.
§. 170. Worauf bey Anlage der Rörleitungen zu sehen.
§. 171. Von der Horizontallinie.
§. 172. Von den Wasserwagen.
§. 173. Eine ganz einfache Wasser- oder Nivellierwage.
§. 174. Deren Berichtigung.
§. 175. Deren Gebrauch.
§. 176. Man muß das möglichst größte Gefälle zu erhalten suchen.
§. 177. Von denen verschiedenen Materialien daraus Rören gemacht werden.
§. 178. Von hölzernen Rören.
§. 179. Von töpfernen Rören.
§. 180. Von metallenen Rören.
§. 181. Vom Boren der Rören.
§. 182. Von dem Rörenlegen.
§. 183. Wie dieselben zusammenzusetzen.

§. 184. Noch davon.
§. 185. Von Zusammensetzen der töpfernen Rören.
§. 186. Wie diese Rören gegen das Aufspringen zu verwahren.
§. 187. Wie die Wasser von Schlamm und Unrath zu reinigen.
§. 188. Noch von Wasserklären.
§. 189. Von Reinigung der Rören.
§. 190. Von Vertheilung des Wassers.
§. 191. Von Vertheilung des Wassers für das Dorf Fig. 3. Tab. X.
§. 192. Von der weitern Vertheilung desselben.
§. 193. Wie die Nebenarme einzutheilen.
§. 194. Wie es einzurichten, daß jeder genug aber nicht zu viel Wasser erhält.
§. 195. Wie viel ein jeder Arm versorgt.
§. 196. Daß man nach eben dieser Methode das Wasser in Städten vertheilen könne.
§. 197. Von den gewöhnlichsten Arten das Wasser aus Brunnen zu heben.
§. 198. Von dem Nutzen der Wasserkünste.
§. 199. Von der Plumpe.
§. 200. Fortsetzung.
§. 201. Von dem Druckwerke.
§. 202. Ursachen weswegen Schöpfräder u. dergl. zu beständigen Wasserkünsten nicht brauchbar.
§. 203. Welche Maschinen am brauchbarsten sind.
§. 204. Beschreibung der Maschine Tab. XIII. Fig. 1.
§. 205. Fortsetzung.
§. 206. Wie der Aufseher und die Unterhaltung der Maschine zu besorgen.
§. 207. Von den Seiten- und Grundriß Fig. 2. u. 3.
§. 208. Von der Eintheilung des Wassers.
§. 209. Von dem Druckwerke Fig. 4.
§. 210. Von dem größern Saugwerke Fig. 5.
§. 211. Von dem Göpel Fig. 6. der Durchschnitt.
§. 212. Dessen Auf- und Grundriß Fig. 7. u. 8.

10. Kapitel.

Von einem neuen Dorfe und wie alte abgebrante Dörfer zu verbessern.

§. 213. Von der Dorfstelle.
§. 214. Worauf besonders bey dessen Anlage zu sehen.
§. 215. Von der Anlage des neuen Dorfs Tab. X. Fig. 3.

§. 216.

§. 216. Von dem Nutzen der Bäume in Feuersgefahr.
§. 217. Von dem Dorfe Schmerzke ehe es abbrannte.
§. 218. Von der schlechten Bauart desselben.
§. 219. Vorschläge zur Erbauung des neuen Dorfs.
§. 220. Von der Dorfstraße.
§. 221. Welche Gebäude auf neue Stellen zu erbauen.
§. 222. Von dem neuen Dorfe nach Tab. X. Fig. 2.

II. Kapitel.

Von Anlage der innern Theile derer Gebäude.

§. 223. Ursachen weswegen ich dieses hier behandle.
§. 224. Fortsetzung.
§. 225. Von den Thüren.
§. 226. Fenster der Bauer- oder kleinen Landgebäude.
§. 227. Fenster in ansehnliche Gebäude.
§. 228. Von den Halbgeschossen und Kellerfenstern.
§. 229. Von Dachfenstern.
§. 230. Von hölzernen und steinernen Fenstereinfassungen.
§. 231. Von den Fensterverkleidungen.
§. 232. Von der guten Vertheilung der äußern Theile.
§. 233. Anmerkungen.
§. 234. Von Freytreppen.
§. 235. Von Haupttreppen.
§. 236. Von Neben- und Geheimtreppen.
§. 237. Von Wendeltreppen.
§. 238. Von Treppen überhaupt.
§. 239. Von denen Schriften die von den Schornsteinen, Caminen und Ofens handeln.
§. 240. Was an dem Rauchen Schuld sey.
§. 241. Wie die Schornsteine anzulegen.
§. 242. Von dem Schleifen und der Weite der Schornsteine.
§. 243. Von dem Obertheile derselben und denen Aufsätzen.
§. 244. Warum der Schornstein mitten auf dem Dache seyn muß.
§. 245. Vortheile die hiebey zu bemerken.
§. 246. Wie brennende Schornsteine zu löschen.

Von Oefen und Kaminen.

§. 247. Von Oefen.
§. 248. Wer hievon am besten geschrieben.
§. 249. Beurtheilung der Möllerschen Abhandlung.
§. 250. Anzeige der schönen Abhandlung in der Schrift der Leipziger Oec. Soc. 2ter Th.
§. 251. Inhalt des 1sten Kapitels von algemeinen Regeln.

§. 252. Inhalt des 2ten Kapitels Anwendung auf bürgerliche Oefen.
§. 253. Inhalt des 3ten Kapitels von Oefen in Kamingestalt.
§. 254. Inhalt des 4ten Kapitels von Windoefen.
§. 255. Inhalt des 5ten Kapitels von Oefen für den gemeinen Mann.
§. 256. Von Kaminen überhaupt.
§. 257. Deren Form.
§. 258. Deren Winkel oder Wölbung.
§. 259. Deren Tiefe und Verhältniß.
§. 260. Noch verschiedene Arten derselben.
§. 261. Deren Lage

Von Backöfen und Backhäusern.

§. 262. Von dem Nutzen dieser Untersuchung.
§. 263. Von den Vortheilen derer Backhäuser und denen einzelnen Backöfen.
§. 264. Vorschrift zu einem Backhause.
§. 265. Zeichnung eines vortheilhaften Backofens.
§. 266. Tabelle zur Findung der Größe derer Backöfen.
§. 267. Wie in Stubenöfen Brod auf die vortheilhafteste Art zu backen.
§. 268. Von den hieher gehörigen Schriften.
§. 269. Von Feuerheerden.

IIII. Hauptstük.

Von dem Baue selbst.

I. Kapitel.

Von dem Grundbaue.

§. 270. Von der Nothwendigkeit der Untersuchung des Grundes.
§. 271. Von der Verschiedenheit desselben.
§. 272. Beurtheilung des Grundes dem Baue nach.
§. 273. Von Felsen- Schut- und Kiesgrunde.
§. 274. Von Erd- Lehm- und Thongrunde.
§. 275. Von dem lockern Erd- uud Sandgrunde.
§. 276. Von gemischten Grunde.
§. 277. Von dem Keller.
§. 278. Von dem Kellergewölbe.
§. 279. Von den verschiedenen Arten der Gewölbe.
§. 280. Succows Tabelle zu Tonnengewölben.
§. 281. Von dem Bau der Gewölbe.
§. 282. Von der Stärke des Grundbaues.
§. 283. Von den freystehenden Gebäuden.

§. 284. Eigenschaften derer in die Erde gesenkten Gebäude.
§. 285. Von den umwalten Gebäuden.
§. 286. Von der Tiefe der Einsenkung.
§. 287. Von den Ableiten des Wassers.
§. 288. Von der Bewallung auf ebenen Flächen.
§. 289. Welche Gebäude nicht einzusenken nöthig, und wie die bewallten zu erbauen.
§. 290. Schriftsteller die vom Grundbau geschrieben.

2. Kapitel.

Von den Baumaterialien. a) Von den Steinen.

§. 291. Eintheilung der Materialien.
§. 292. Eintheilung der Steine.
§. 293. Von Bruchsteinen.
§. 294. Von den Feldsteinen.
§. 295. Von den Mauerziegeln.
§. 296. Von den Dachziegeln.

3. Kapitel.

Von dem Holze.

§. 297. Eintheilung desselben.
§. 298. Von dessen Güte.
§. 299. Von dem Gebrauch des eichenen Holzes.
§. 300. Von dem Gebrauch des küfernen oder kühnen Holzes.
§. 301. — — — — der Fichten, Tannen und Lerchenbäume.
§. 302. — — — — der übrigen Holzarten.
§. 303. Eintheilung des Bauholzes.
§. 304. Von der besten Zeit des Holzfällens.
§. 305. Welches Holz auch im Sommer zu fällen.
§. 306. Von der Vermehrung der Festigkeit des Eichenholzes.
§. 307. Des Hrn. Buffons Versuche.
§. 308. Gewicht davon die geschälten und ungeschälten Balken brachen.
§. 309. Vitruv und andere bestätigen dieses.
§. 310. Von der besten Witterung zum Holzfällen.
§. 311. Von der Zubereitung des Holzes.
§. 312. Schriften die hievon handeln.

4. Kapitel.

Von der Berechnung der Festigkeit des Holzes und dessen Gebrauch.

§. 313. Worauf bey Ersparung des Holzes in Gebäuden zu sehen.

§. 314.

§. 314. Eintheilung des Holzes der Lage nach in Gebäuden, und welche Säulen oder Pfeiler mehr tragen.
§. 315. Stärke der Säulen, und wo die runden zu gebrauchen.
§. 316. Wonach ich mich bey der Berechnung der Festigkeit richte.
§. 317. Tabelle des Hrn. Belidors.
§. 318. Ordnung der Kräfteberechnung.
§. 319. Wenn die Balken verschiedene Höhe haben.
§. 320. Wenn sie ungleich lang sind.
§. 321. Wenn sie ungleich breit sind.
§. 322. Wenn zwey Balken ganz ungleich sind.
§. 323. Abgekürzte Balkenberechnung.
§. 324. An Enden befestigte Balken tragen 2mal mehr als frey aufliegende.
§. 325. Die öftere Unterstützung verstärkt die Balken.
§. 326. Wenn die Last nicht in der Mitte der Balken hängt.
§. 327. Wenn die Balken nicht horizontal liegen.
§. 328. Wie stark die Balken zu beschweren.
§. 329. Daß die Form des Holzes dessen Festigkeit vermehrt.
§. 330. Beweiß des vorigen Satzes.
§. 331. Beyspiel zum vorigen.
§. 332. Das abgeschnittene Holz kan gut genuzt werden.
§. 333. Von der vortheilhaften Benutzung des Holzes durchschneiden.
§. 334. Erklärung der Zeichnung hiezu.
§. 335. Uebergang.
§. 336. Von der Verbindung der Wände.
§. 337. Nothwendigkeit derselben.
§. 338. Stärke der Schwellen, Säulen und Riegel.
§. 339. Von den Bändern oder Strebesäulen.
§. 340. Säulenweite.
§. 341. Balkenweite.
§. 342. Von dem Träger und dessen Unterstützung.
§. 343. Von Heng- und Sprengwerken.
§. 344. Von der Stärke der Scheidewände.
§. 345. Ungemächlichkeiten der hölzernen Gebäude.
§. 346. Wie sie vor den Feuer zu sichern.
§. 347. Wie das Holz gegen die Nässe und Fäulniß zu sichern.
§. 348. Die Schwellen zu allen Landgebäuden müssen untermauert werden.
§. 349. Von dem Anstreichen gegen die Feuchtigkeit.
§. 350. Versicherung gegen Wind und Sturm.
§. 351. Versicherung gegen die Kälte.
§. 352. Beurtheilung der Blokhäuser.

5. Kapitel.
Von Verbindungsmaterialien.

§. 353. Von verschiedenen Kalkarten.
§. 354. Vom Kalkbrennen.
§. 355. Vom Kalklöschen und Nutzen des vorräthigen Kalks und andrer Materialien auch Baugeräths.
§. 356. Vom Vermischen des Kalks.
§. 357. Vom Gipse.
§. 358. Vom Lehm.
§. 359. Vom Thon.
§. 360. Vom Gebrauch des Lehms.
§. 361. Vom Sande.
§. 362. Vom Kitte.

6. Kapitel.
Von den Nebenbaumaterialien.

§. 363. Von dem Eisen.
§. 364. Vom Gebrauch des Eisens.
§. 365. Vom Bley, Kupfer und Meßing.
§. 366. Vom Glas.
§. 367. Vom Stroh.
§. 368. Vom Rohr und Dachsplinder.
§. 369. Von dem Nutzen der Farben.
§. 370. Von den gewöhnlichsten Farben.
§. 371. Von Baugeräthe.

7. Kapitel.
Von Verbindung der Materialien.

§. 372. Von den verschiedenen Arten der Mauern.
§. 373. Von Verdünnung der Mauern.
§. 374. Dicke der Mauern.
§. 375. Regeln so bey dem Bau der Mauern zu beobachten.
§. 376. Von Bekleiden und Ueberziehen der Mauern.
§. 377. Es ist besser die Wände mit Mörtel zu überziehen ohne sie mit Erde zu bewerffen.
§. 378. Von Guß- und Futtermauern.
§. 379. Von dem Gebrauch der Feldsteine.
§. 380. Von den Lehmwänden.
§. 381. Von der Zubereitung des Lehms.
§. 382. Von dem Bau der Lehmwände.
§. 383. Von dem Auskleben der Felder in hölzernen Wänden.
§. 384. Die Lehmwände können allenfals noch ein hölzernes Stockwerk ohne das Dach tragen.

§. 385. Von dem vorzüglichen Vortheil des Baues mit Lehm.
§. 386. Noch einige Regeln zu dieser Bauart.
§. 387. Von der Bekleidung der Lehmwände.
§. 388. Diese Bauart ist die beste und wohlfeilste vor den gemeinen Mann.

8. Kapitel.

Von der Bauart des Dachs und deren Versicherung gegen Feuersgefahr.

§. 389. Von der Wichtigkeit gut eingerichteter Dächer.
§. 390. Bestandtheile eines Daches.
§. 391. Eintheilung der Dächer ihrer Gestalt nach.
§. 392. Beurtheilung einiger Dacharten.
§. 393. Beurtheilung der Herzbergschen Dächer.
§. 394. Verbindungen des deutschen Dachs.
§. 395. Von den Sparren.
§ 396. Deren Stärke.
§. 397. Dachverbindungen in die Breite.
§. 398. Von dem stehenden Dachstuhl.
§. 399. Von dem liegenden Dachstuhl.
§. 400. Von den Bindesparn, und der Ersparung einiger Balken in Scheunen.
§. 401. Von Verbesserung des Dachstuhls.
§. 402. Von den Dachverbindungen in die Länge.
§. 403. Von der Windrispe.
§. 404. Stärke der Dachhölzer.
§. 405. Von den Deckmaterien.
§. 406. Beurtheilung verschiedener Einbeckungsarten.
§. 407. Von den Hallischen Salzsiedereydächern.
§. 408. Von einer Schlesischen Dachart.
§. 409. Von dem Herzbergschen Dachkitt.
§. 410. Von Ueberziehung der Dächer mit diesem Kitt.
§. 411. Der 2te Herzbergsche Kitt nebst dessen Beurtheilung.
§. 412. Vergleichung der Herzbergschen und Ziegeldächer.
§. 413. Noch einige Herzbergsche Dachverbesserungen.
§. 414. Mein Vorschlag zur Verbesserung des Schlesischen Lehmdachs.
§. 415. Verbesserung der Strohdächer.
§. 416. Ein ander feuersicher Strohdach.
§. 417. Verbesserung desselben.
§. 418. Verbesserung der Rohr- und Schilfdächer.
§. 419. Von den Lehm- und Gipsdecken auf Bodens.

§. 420. Von Bedeckung der Treppen und andern Bodenöfnungen mit feuersichern Thüren.

V. Hauptstük.

Von den Baurissen und Anschlägen.

1. Kapitel.

Von Baurissen.

§. 421. Erklärung der Baurisse.
§. 422. Was zur Verfertigung eines guten Baurisses erfodert wird.
§. 423. Von den dazu nöthigen Instrumenten.
§ 424. Von dem Entwurfe und Hauptrisse.
§. 425. Theile der Grundrisse.
§. 426. Wozu Grundrisse zu machen.
§. 427. Von dem Aufrisse.
§. 428. Von dem Durchschnitte.
§. 429. Von dem Fernrisse und Vogelperspective.
§. 430. Von dem Augenpunkte bey der Prospectiv.
§. 431. Regeln bey den Zeichnen.

2. Kapitel.

Von den Farben.

§. 432. Von den Hauptfarben.
§. 433. Von der Tusche.
§. 434. Von der Gummigutti.
§. 435. Von Karmin und Zinnober.
§. 436. Von Berlinerblau, Bergblau, Ultramarin und Indig.
§. 437. Von Grünspan und Saftgrün.
§. 438. Von dem Auftragen der Farben.

3. Kapitel.

Von Bauanschlägen.

§. 439. Erklärung der Bauanschläge.
§. 440. Nutzen derselben.
§. 441. Deren Deutlichkeit und Richtigkeit.
§. 442. Algemeine Anschläge sind nicht möglich.
§. 443. In wie fern die Anschläge richtig seyn können.
§. 444. Von den Maaßen.
§. 445. Von den Gewichten.
§. 446. Von den Preißen der Materialien.

§. 447. Eintheilung des Bauanschlags.
§. 448. Welches Maaß und Gewicht ich wähle.
§. 449. Worauf bey Berechnung des Fuhrlohns zu sehen.
§. 450. Wo Materialien und Fuhrlohn umsonst sind, da wird nur die Anzahl nicht deren Preiß bestimt.
§. 451. Von den Handarbeitern.
§. 452. Von deren Bezahlung oder der Verdüngung des ganzen Baues.
§. 453. Vom Baugeräthe.
§. 454. Der Anschlag muß sich auf eine richtige Zeichnung gründen.
§. 455. Kurze Beschreibung so dem Anschlage zu Tab. IIII. Fig. 2. beygefügt.
§. 456. Bauanschlag selbst zu Tab. IIII. Fig. 2.
§. 457. Bequemerer Anschlag zur Vergleichung der Baukosten.
§. 458. Eintheilung desselben.
§. 459. Beschreibung zum Anschlage zur I. Taf.
§. 460. Bauanschlag zu einem Maßiven Bauergehefte. 1) Der Keller.
§. 461. 2) Das ganze Gehefte.
§. 462. Baukosten eines Brunnens und Wasserleitung durch das Bauergehefte Tab. I.
§. 463. Bauanschlag zu einem hölzernen Bauergehefte nach Tab. II. mit einer Eindeckung von Stroh und Lehm.
§. 464. Bauanschlag zu einem Bauergehefte von Lehm nach Tab. I. mit einem Lehmhordendach.
§. 465. Vortheil dieser Bauart mit Lehm.
§. 466. Bauanschlag zu dem halben Bauergehefte nach Tab. IIII. Fig. 1.
§. 467. Anmerkung zu diesen Bauanschlägen.
§. 468. Bauanschlag zu dem Adelichen Geheft Tab. V. dessen Größe.
§. 469. Kosten des Wohnhauses.
§. 470. Kosten der Scheunen, Ställe und Remise.

Einlei-

Einleitung in die Landbaukunst.

§. 1.

Die Landbaukunst handelt von Erbauung guter Landgebäude, und enthält die Regeln, wie man dieselben fest oder dauerhaft, bequem, ordentlich, feuersicher, warm, einfach oder einförmig und wohlfeil einrichten und aufführen kan. Erklärung der Landbaukunst.

§. 2. Die Landgebäude sind entweder Wohnhäuser derer Landbewohner oder Viehställe oder Vorrathshäuser. Unter Gebäude oder Haus verstehet man meistens, einen durch Mauren oder Wände eingeschlossenen und mit einer Decke oder Dache bedeckten Platz, darin Menschen und Thiere vor der üblen Witterung gesichert wohnen, verschiedene Geschäfte verrichten und darin Vorräthe aufbewahren können. Erklärung derer Landgebäude.

§. 3. Die Wohngebäude richten sich in Absicht ihrer Anlage nach ihren Bewohnern und deren Beschäftigungen. Bewohner sind Eintheilung der Landgebäude.

1) Guthsherren, oder deren Pächter.

2) Geist-

2) Geistliche und Gerichtsobrigkeiten.

3) Gastwirthe zur Bequemlichkeit der Reisenden.

4) Bauern, Halbbauern und Kassöten.

5) Drescher, Tagelöhner, Hirten und Nachtwächter.

6) Zum Gottesdienste und zur Erziehung sind Kirchen und Schulen nöthig, und

7) Schmide, Rademacher, Zöllner u. dergl.

Haupteigenschaften der Landgebäude und Erklärung der Festigkeit.

§. 4. Die vorzüglichsten Eigenschaften derer Gebäude sind: Festigkeit, Bequemlichkeit und Ordnung.

Die Festigkeit oder Dauerhaftigkeit muß die Haupteigenschaft aller Gebäude seyn, weil ohne diese die andern Vollkommenheiten nur kurze Zeit bestehen können; man muß daher alle gute Eigenschaften, bey der Anlage jedes Gebäudes auf das genaueste in Erwegung ziehen, und sie so viel möglich auf das beste mit einander zu verbinden suchen.

Erklärung der Bequemlichkeit.

§. 5. Die Bequemlichkeit ist die Eigenschaft, vermöge welcher alle Theile eines Gebäudes zu ihrem Gebrauch, die gehörige Größe, Einrichtung und Anlage haben; so daß alles seiner Bestimmung vollkommen gemäß geordnet, und auf das vortheilhafteste eingerichtet ist.

Ehe man also ein Gebäude anlegt, muß untersucht werden, zu was es dienen soll, wie groß dessen Theile seyn müssen, wie diese beschaffen seyn sollen, in welcher Verbindung sie untereinander auf das vortheilhafteste stehen, wie sie geordnet und befestiget werden können.

Wird auf diese Stücke nicht in dieser Folge gesehen, und man will erst ein Haus fest, und hernach

nach dasselbe bequem bauen; so wird niemals was vollkommenes entstehen.

§. 6. Ordnung, Uebereinstimmung, oder eine gute Einrichtung herrscht in und an einem Gebäude, wenn dessen Theile nach dem Ebenmaaße und guten Verhältnisse in und äußerlich zusammengeordnet sind. Hiedurch werden Gebäude ohne Verzierungen angenehm und in die Augen fallend, zu ihrem eigentlichen Endzweck auch brauchbarer, ohne mehr Kosten zu verursachen. Erklärung der Ordnung.

§. 7. Folgende Eigenschaften sind der Aufmerksamkeit eines Bauherrns eben so würdig: Nüzliche Eigenschaften der Landgebäude.

1) Feuersicherheit, 2) Versicherung oder hinreichende Beschützung gegen die Kälte, und 3) so viel als seyn kan, Einförmigkeit in der Anlage und Anordnung, weil hiemit die wohlfeile Einrichtung auf das genaueste verbunden ist, oder eigentlich davon abhängt.

§. 8. Ein Gebäude ist feuersicher, wenn sowohl alle innere als äußere Theile desselben aus wenig feuerfangenden oder brennbaren Materialien bestehen, insonderheit da, wo sie dem Angrif des Feuers am meisten ausgesezt sind; wo dies aber nicht zu ändern ist, da müssen dieselben wenigstens mit feuersichern Materialien überkleidet werden. Von der Feuersicherheit.

§. 9. Gegen die Kälte ist ein Gebäude gesichert, 1) wenn dessen Wände fest und dicht, von guten trockenen und dauerhaften Materialien gemacht sind. Von der Versicherung gegen die Kälte.

2) Wenn die Dächer fest, gehörig stark, und genaupassend oder dicht, das ist gegen alle Nässe undurchdringlich gemacht sind.

3) Wenn so wenig Thüren und Fenster nach aussen angebracht werden, als ohne Schaden der

Bequemlichkeit geschehen kan, diese aber so dichte und gut sind, als man sie haben kan. Und

4) wenn in Wohnzimmer solche Oefen gesezt werden, welche die Zimmer auf das vortheilhafteste heitzen.

Von der Einförmigkeit.

§. 10. Einfach oder einförmig ist ein Gebäude, wenn es aus denen nöthigen Theilen bestehet, wenn diese die gehörige Größe haben, und auf die vortheilhafteste Art zusammengeordnet sind, so daß sie den wenigsten Raum einnehmen, und die wenigsten Materialien erfodern. Hiedurch sowohl als durch den Gebrauch wohlfeiler und ohne Fuhrlohn und andere Kosten zu erhaltender Materialien, wird ein Gebäude wohlfeil.

Was zu thun ist ehe man einen Bau unternimt.

§. 11. Nach denen vorausgesezten Bedingungen, und besonders nach denen im 4ten und 9ten §pho angeführten Ursachen, ist nöthig, daß, bevor man einen Bau anfängt, man untersucht und gehörig prüft, 1) welche und wie viel Theile das oder die neuzubauenden Gebäude in sich schließen sollen.

2) Wie groß diese Theile jeder besonders und zusammen seyn müssen, und nach was vor Regeln man sich hiebey zu richten hat, um jeden die nöthige Größe und Gestalt richtig zu zutheilen.

3) Wie diese Theile nach denen Regeln der Bequemlichkeit, und guten Uebereinstimmung, auf das Einfachste zur Erhaltung eines guten Ganzen zusammengeordnet werden müssen.

4) Was bey dem Bau selbst zu merken. Wie man die Baumaterialien prüfen, verbessern und gebrauchen muß, um dadurch alle angezeigte gute Eigenschaften auf das beste mit einander zu verbinden; und

5) Um

5) Um auch, ehe der Bau angefangen wird, theils die nöthigen Materialien zu gelegener und bequemer Zeit herbeyschaffen zu können, theils aber um zu wissen, wie viel Baukosten erfodert werden, ist nöthig, wenigstens 1 Jahr vor Anfang des Baues die nöthigen Zeichnungen und Anschläge zu verfertigen. —

§. 12. Damit aber jeder mit einigen Kenntnissen versehene Landbewohner, sich in diesen so nöthigen Stücken, bey vorfallenden Bauen, selbst helfen kan; so habe ich nicht nur hier die nöthigen Zeichnungen zu denen nothwendigsten Landgebäuden beygefüget, sondern auch angezeigt, wie dieselben nach Verschiedenheit des Gebrauchs in einigen besondern Fällen, abgeändert werden müssen. Vorerinnerung.

I. Hauptstük.

Von denen Theilen derer Landgüter und einigen Eigenschaften derselben, darauf man bey der Berechnung der Größe der Theile und deren Anordnung Rücksicht nehmen muß.

---

1. Kapitel.

Von denen Haupttheilen der Adelichen und Pfarrwohnungen.

§. 1.

Eintheilung überhaupt.

iese sind überhaupt

A. Wohnungen, für Menschen und Thiere.

B. Verwahrungsgebäude.

a) für das Geerndtete, als Getrayde und Futter.

b) zu dem Geräthe, Nutz und andern Holze.

Theile der Herrschaftlichen Wohnungen und Aemter.

§. 2. Herrschaftliche Landgüter und Aemter müssen folgende Theile enthalten:

A. Herrschaftliche Zimmer, als

a) Einen Saal oder groß Speisezimmer.

b) Zwey Wohnzimmer vor Herr und Frau.

c) Zwey Schlafzimmer.

d) Zwey Stuben und zwey Kammern vor Kinder und deren Lehrer.

e) Ein

e) Ein oder nach Befinden mehrere Zimmer vor Fremde.

B. Ist es ein Amt oder hat das Gut eigene Gerichtsbarkeit und Justitiarius und wohnt dieser nebst einem Schreiber, Verwalter u. dergl. mit im Amte, so müssen für diese die gehörigen Zimmer besorgt, und auch ein feuersicheres Archiv nebst Gefängnissen und dergl. angelegt werden.

C. Ist die Wirthschaft stark, und das Vieh nicht besonders verpachtet, so muß eine Frau zur Besorgung des Rindviehes und ein Verwalter zur Besorgung andrer Feldarbeiten die nöthigen Zimmer haben; diese müssen ohnweit der Ställe und des Hofes seyn.

D. Bedientenzimmer und solche für die übrigen Arbeiter sind nach der Anzahl derer nöthigen Leute einzurichten.

E. Zur Bereitung derer Speisen, eine Küche.

F. Zur Aufbewahrung derer Vorräthe die zum Essen und Trinken nöthig, Vorrathskammern und Keller.

G. Geheimegemächer.

§. 3. Zur Benutzung derer landwirthschaftlichen Gerechtsame, werden nicht nur die Ställe, sondern auch Brauhäuser, Brandeweinbrennereyen, Ziegelscheunen, Kalköfen und dergl. erfodert; sind aber diese, so müssen auch für die Arbeiter dabey, entweder besondere Wohngebäude, oder Wohnzimmer in dem Hauptgebäude mit erbauet werden. Im ersten Fall kan man sie als Häußler betrachten, im andern Fall aber muß bey dem ersten Entwurf des Hauptgebäudes, welches die sämmtlichen Woh- | Noch hiezu gehörige Theile.

 nungen

nungen enthält, mit auf den Raum für sie gesehen werden.

Die übrigen Gebäude sind Scheunen, und Remisen oder Schuppen, welche die nöthigen Futter- und Kornböden zugleich mit enthalten können.

Von Prediger Wohnungen.

§. 4. Die Predigerwohnungen sind nicht sehr von denen vorigen verschieden; denn sie enthalten auch

A. Herrschaftliche Wohnzimmer; auch welche für Kinder, Fremde u. dergl.

B. Arbeits- und Ruhezimmer für die Arbeiter oder das Gesinde.

C. Küche.

D. Vorrathskammern und Keller.

E. Bequemlichkeiten.

Fortsezung.

§. 5. Der Prediger gebraucht zur Benutzung seiner Wirthschaft nicht so viel, und auch nicht so große Gebäude, als eine Gutsherrschaft.

Die nöthigen sind, Ställe, Scheuren, Wagen- und Holzremisen, und gute Boden.

Uebergang zum Folgenden.

§. 6. Da die meisten Landbewohner Bauern sind, vor die Verbesserung der Gebäude derselben aber bis jezt die wenigste Sorge getragen ist; so will ich die Regeln zu deren Verbesserung besonders zu bestimmen suchen, und diese auch auf die übrigen Landgebäude anwenden.

2. Kapi-

2. Kapitel.

Von denen Theilen einer Bauerwohnung, deren Gebrauch und Einrichtung.

§. 7.

Diese sind

a) Für den Bauer und seine Familie.

b) Zur Verrichtung verschiedener häußlichen Geschäfte.

c) Für Knechte und an einigen Orten auch für Drescher.

d) Für die Mägde.

e) Zur Zubereitung der Speisen und des Getränkes.

f) Zur Aufbewahrung derer verschiedenen Vorräthe.

g) Zu bequemen Eingängen in diese verschiedenen Theile.

h) Geheimegemächer.

Eintheilung der Wohnung überhaupt.

§. 8. a) Für den Bauer und seine Familie muß eine gute Wohnstube seyn, in der seine ganze Familie und Gesinde Raum zum Essen hat, er selbst aber mit den jüngsten Kindern schlafen kan; so daß also 2 Betten, ohne in den übrigen Geschäften zu hindern, in der Stube Plaz haben, die in einem Verschlag oder auch frey stehen können.

Von der Wohnstube.

§. 9. b) Zu verschiedenen häußlichen Arbeiten, als Buttern, Käsen, Backen, Waschen, Schlachten, Flachs bereiten, u. dergl. ist bey einer

Von der Arbeitsstube.

ner mäßig starken Wirthschaft noch eine Stube nöthig, denn diese Beschäftigungen im Winter außer der Stube zu verrichten, würde zu kalt seyn; in der Wohnstube selbst aber, unbequem und ungesund. Diese Stube ist zugleich das Wohnzimmer für das Gesinde, darin sie sich bey nassen Wetter trocknen, und nach der Arbeit ruhen können.

Von der Knechtekammer.

§. 10. c) Für die Knechte, Drescher und Viehjungens ist eine mäßige und trockene Schlafkammer hinreichend, die nahe bey den Ställen ist, damit des Nachts nichts in denen Ställen ohne gehört zu werden geschehen kan. Diese Leute blos in den Ställen schlafen und wohnen zu lassen, ist die Gelegenheit daß oft Licht mit dahin genommen wird, dadurch Feuersgefahr entsteht, welches also ohngeachtet der Gewohnheit sehr zu widerrathen ist.

Von der Mägdekammer.

§. 11. d) Die Mägde müssen ebenfalls eine gute Schlafkammer nahe bey denen Kuhställen und entfernt von der Knechtekammer haben, damit alle Unordnungen durch die erste Anlage so viel möglich vermieden werden.

Von der Küche.

§. 12. e) Zur Zubereitung derer Speisen, zum Backen und Brauen ist eine gute geräumige, trockene und helle Küche nöthig, die im Sommer kühle, und im Winter nicht zu großer Kälte ausgesezt ist.

In dieser muß nicht nur Raum zum Kochen, Waschen, Backen und Brauen seyn, sondern die Stubenöfen müssen auch in derselben bequem können geheizt werden, es muß eine Plumpe oder ander fließend Wasser darin seyn, auch Speiseschränke, Tische, u. dergl. mehr darin Plaz haben.

Von den Rauchkammern.

§. 13. Zum räuchern, ist eine gute Rauchkammer nüzlich, weil nicht nur das Geräucherte

besser

besser wird, sondern weil man auch mehr räuchern kan als in dem Schornsteine, und mit weniger Gefahr.

Hiedurch wird der Landwirth in den Stand gesezt, das Vieh, was er nicht auf eine vortheilhafte Art verkauffen kan, selbst zu schlachten, zu räuchern, und alsdenn das gute Geräucherte mit doppelten Vortheil zu verkauffen.

§. 14. f) Zur Aufbewahrung anderer Vorräthe sind Kammern und Keller nöthig, die auch vor Wärme und Kälte gleich gut gesichert seyn müssen, oder man muß Stubenkammern die warm und trocken sind, zu solchen Vorräthen anwenden, die darin sich gut erhalten, als zu getrockneten und gebackenen; die kühlen aber zum frischen Fleisch u. dergl. Von Vorrathskammern und Keller.

Den Keller legt man gegen Abend oder Mitternacht, damit er nicht durch die Mittagssonne leidet, übrigens muß er trocken, geräumig, sicher vor Froste und nicht dumpfig seyn.

§. 15. g) Zum bequemen Eingange in die Haupttheile des Wohngebäudes dient ein Hausflur, und andere Zwischengänge. Von Hausflur.

Der Hausflur dient aber dem Landmanne nicht nur hiezu, sondern den ganzen Sommer über vertrit derselbe die Stelle einer Stube, oder des vorzüglichsten Sammelplatzes der Hausgeschäfte, denn er ist, vermöge der verschiedenen Ausgänge, immer luftig und kühle, und also am bequemsten zur Arbeit.

§. 16. Geheimegemächer bringt man auf dem Lande wo möglich in die Ställe, theils weil hier der übele Geruch nichts schadet, theils um denselben von den Wohnungen zu entfernen, endlich weil die Von Geheimengemächern.

Arbeits-

Arbeitsleute hier ihre meisten Geschäfte haben, und weil der Ausfluß derer Ställe die Unreinigkeiten mit fortnimt.

3. Kapitel.
Von den Ställen.

§. 17.

Eintheilung.

Ställe sind folgende nöthig:

a) vor die Pferde,

b) vor die Kühe oder das Rindvieh,

c) vor die Schaafe,

d) vor die Schweine,

e) vor die Gänse,

f) vor die Hüner,

g) vor die Tauben, und

h) zu Futter und dessen Bereitung.

Von Pferdestall.

§. 18. Der Pferdestall muß trocken, weder zu warm noch zu kalt seyn, nur wenig erleuchtet, damit das Licht denen Pferden nicht schadet, nicht gepflastert, sondern gedielt, doch mit gehörigen Abzugskanälen versehen, und damit auch die Dünste dem Viehe und Gebäude nichts schaden, so müssen Dunstzüge wie Rauchfänge angebracht werden.

Von Kuhstall.

§. 19. Der Kuhstall muß fast alle Eigenschaften des vorigen besitzen, aber gepflastert seyn: die Krippen müssen bequem auf und nieder können gezogen werden, damit im Winter, wenn viel Mist in den Ställen liegt, das Vieh nicht vorne zu niedrig stehen und sich nach dem Futter zu sehr biegen muß. Tab. XVII. F. 3.

Jedes

Jedes Stück muß seine Futterstelle durch einen kleinen Verschlag abgesondert erhalten, damit nicht bey vernachläßigter Aufsicht des Gesindes einige Stücke, die geschwind fressen, viel, und andere wenig bekommen.

§. 20. Der Schaafstall muß alle Eigenschaften derer vorigen Ställe haben, ausser, daß er gar nicht darf gepflastert seyn. Die Wärme ist den Schaafen im Winter besonders nöthig, vorzüglich in kalten Frühjahren, wenn dieselben zeitig lammen. Von Schaafstall.

Für die Lammschaafe oder wenigstens zu den Lämmern ist ein besonderer Verschlag zu machen nöthig, dieser kan zugleich mit für die Kälber dienen, welche man absezt.

§. 21. Für die Schweine müssen verschiedene Ställe oder Verschläge und Puchten seyn; damit die Sauen, die Jungen, und die Mastschweine von einander abgesondert seyn können. Diese Ställe müssen mit Ziegeln gepflastert werden, weil sonst diese Thiere sehr tief unter die Schwellen und Seitenmauren wühlen. Da sie auch sehr begierig auf das Futter sind, so muß dasselbe von aussen können eingeschüttet werden. Von Schweinestall.

§. 22. Der Gänsestall muß im Winter warm seyn, damit diese Thiere auch brüten können, ohne durch die Kälte beschädigt zu werden. Von Gänsestall.

§. 23. Der Hünerstall muß die Eigenschaften des vorigen haben, da er auch nur niedrig seyn darf, kan er über jenen gelegt werden. Alle Eingänge in diese Ställe müssen gegen die Marter, Iltisse und andere Raubthiere auf das sorgfältigste versichert seyn. Von Hünerstall.

§. 24. Das Taubenhaus ist gegen eben diese Feinde und besonders auch gegen die Katzen zu versichern; dieses kan nicht besser geschehen, als wenn Von Taubenhause.

man

man dasselbe auf einen dazu errichteten glatten Pfeiler erbauet; nach der Anlage die ich davon hernach beyfügen will.

Von Futterkammern.

§. 25. Gute und bequem eingerichtete Futterkammern sind ein nicht weniger nüzliches Stück derer Landwirthschaftlichen Gebäude; in diesen muß ein mäßiger Vorrath von Futter aufbewahret werden können, die Futterbank oder Futterschneide nebst Futterkasten, und der Futterbodentreppe muß darin Plaz finden. In dieser kan zugleich die Bequemlichkeit oder das Geheimegemach angebracht werden.

Von fliessenden Wasser in den Ställen.

§. 26. Fließend Wasser durch Röhren in die Ställe und in alle Hauptheile der Landgebäude zu leiten, ist sehr nüzlich, hievon wird in der Folge mehr erinnert werden.

4. Kapitel.

Von Vorrathsplätzen zu Getrayde, Holz, und Ackergeräthe.

§. 27.

Eintheilung.

Hierzu ist folgendes nöthig:

a) Eine Scheune darin das eingeerndete Getrayde Raum hat.

b) Geräumige Boden zu Heu, Stroh, und andern trocknen Futter.

c) Gute Boden zu den ausgetreschenen Körnern. Und

d) Eine geräumige Remise oder Schuppen und Scheuer.

§. 28.

§. 28. Die Scheune soll zur sichern und guten Verwahrung des ungedroschenen Getraydes dienen, und zugleich einen Dreschplaz oder Tenne zum Ausdreschen desselben enthalten. Wo die Wirthschaft stark und die Erndte groß ist, so daß sie mehr als 300 Schock Garben beträgt, da ist mehr als eine Tenne nöthig. Von der Scheune.

§. 29. Die Lager auf einer oder beyden Seiten der Tenne, darin das Getrayde liegt, nennet man Pansen. Von den Pansen.

Damit dieselben recht trocken seyn, und die untersten Lagen des Getraydes nicht verderben, so läßt man sie mit Ziegeln, die glasiret sind, pflastern; denn dieses hält nicht allein die Feuchtigkeit, sondern auch das Ungeziefer ab, und macht, daß die Körner welche ausfallen, nicht verlören gehen können.

§. 30. Die Tenne darf nicht gepflastert werden, weil durch das Dreschen die Steine bald entzwey gehen würden, man spündet sie deswegen von Mittelholze oder schlägt sie von Lehme, wo dieser nahe zu haben ist. Die lezte Art ist die wohlfeilste und dauerhafteste. Von der Tenne.

§. 31. b) Das Futterheu und Streustroh so man selbst gebraucht, wird am bequemsten über denen Ställen aufbewahrt; damit aber die Ausdünstung des Viehes dem Futter nicht schadet, so müssen die Decken derer Ställe ausgesteckt und mit Lehm bedeckt seyn. Diese Decken sind wohlfeiler als Bretdecken, und wenn man den Lehm zugleich über die Balken ausbreitet, so wird der untere Theil des Gebäudes destomehr vor Feuersgefahr gesichert; denn das Dach kan abbrennen und das Haus unten gerettet werden: wenigstens erhält man Zeit, Vieh und Mobilien herauszunehmen. Von Futterboden.

§. 32.

Von Vorrathsboden. §. 32. Das überflüßige Getrayde oder Stroh und Heu, so man entweder zum Verkauf oder zur Hülfe bey Miswachs aufbewahrt, muß noch trockener und luftiger liegen, als das vorige, hiezu kan man den Boden über der Remise anwenden.

Von Kornboden. §. 33. c) Zum ausgedroschenen Korn ist ein recht guter, frischer, und gesunder Kornboden nöthig, Aestrichdecken oder Ziegelpflaster auch gute Lehmdecken sind wegen der in 32. §. angeführten Eigenschaften und wegen der Mäuse die vorzüglichsten; unter denen Bretern muß alles mit Asche und Sand ausgefüllt werden.

Von der Remise. §. 34. d) Die Remise ist zur Bewahrung alles Ackergeräthes, als der Pflüge, Eggen, Wagen und dergl. dienlich, denn öfters leidet dasselbe durch die Witterung mehr als durch den Gebrauch selbst. Ferner dient sie zur Aufbewahrung alles Nutz- und Brennholzes, und zur Verfertigung kleiner Baue oder Ausbesserungen an Ackergeräthe und was dahin gehört.

Damit dieser Schuppen desto trockner und luftiger ist, so muß derselbe nur mit Thoren von Latten versehen, und wo möglich eine ganze Seite offen seyn und nur mit Latten verschlagen werden.

5. Kapitel.
Von dem Hofe.

§. 35.

Eintheilung. Der soll dienen,

a) daß der Dünger daselbst aufbewahret werden kan,

b) daß

b) daß das Vieh bey guten Wetter, ohne ausgetrieben zu werden, kan frische Luft schöpfen und sich Bewegung machen, und

c) daß man auf den Hof an alle Gebäude bequem anfahren, auf- und abladen kan.

§. 36. a) Zu dem Dünger ist es gut, besondere Plätze abzutheilen, da man nicht hinfährt, und wohin das Vieh nicht kömmt; denn beydes zerstreuet denselben auf dem ganzen Hofe, verunreinigt den Hof, und hält den Dünger von der nöthigen Fäulniß ab. Von Misthofe.

Diese Mistplätze oder Misthöfe müssen weder zu tief noch zu hoch liegen, denn im erstern Fall verhindert das Wasser die Fäulniß, im andern aber kostet es viel Mühe den Mist so hoch in die Höhe zu bringen. Wenn man von niedrigen Misthöfen Abzüge nach dem Garten machen kan, so sind dieselben vorzuziehen.

§. 37. b) Aus denen im 35 §. angeführten Ursachen ist es schon sehr nützlich, einen geräumigen und trockenen Viehhof zu haben; aber es ist derselbe bey der neu eingeführten Stallfütterung unumgänglich nothwendig; denn ohne Bewegung kan das Vieh nicht recht gesund bleiben, ist aber dieses, wie die meisten Oeconomen bestätigen, so ist keine bessere Art diese und zugleich den Dünger zu erhalten, als die hier vorgeschlagene. Von Viehhofe.

Auch in Feuersgefahr, ist ein großer Hof sehr heilsam, denn die Gebäude stehen dabey weiter auseinander, und man kan also besser zum Löschen kommen.

§. 38. c) Den Platz auf dem man fährt und viel herumgehet, von jenen abzusondern, ist nützlich, damit man in diesen Beschäftigungen nicht durch das auf dem Hof herumgehende Vieh gehindert wird und auch dieses nicht beschädigt; ferner, daß wenn wegen der Mistfuhren oder dergl. die Hofthore offen seyn müssen, kein Vieh von dem Hofe gehen kan. Von Platz zum Fahren.

II. Hauptstük.

Von der Größe der Landgebäude.

1. Kapitel.

Von den Maaßen, und worauf bey der Berechnung der Größe derer Theile zu sehen.

§. 39.

Von dem Nutzen der Vorausbestimmung der Größe.

Die Nothwendigkeit und der Nutzen der Vorausbestimmung der Größe derer Theile bey Landgebäuden, ist so einleuchtend, daß ich nichts zu deren Anpreisung zu sagen habe.

Denn das fält von selbst in die Augen, daß unmöglich ohne vorhergegangene richtige Berechnung oder ohne ein ander hinlänglich Muster, alle Theile derer Gebäude die nöthige und gehörige Größe haben können; wenigstens würde es mit einem so auf das Geradewol hingebaueten Hause eben die Verhältniß haben, als wenn ich in die Lotterie setzte um das höchste Loos zu erhalten. Ja dies würde noch eher zu erhalten möglich seyn, als ienes.

Von Baumaaße.

§. 40. Zum Baumaaße wähle ich den algemeinen Rheinländischen 12zölligen Fuß, und dessen Fuß 12 Zoll und 1 Zoll 12 Linien hat; der $\frac{1}{12}$ der Rheinländischen Ruthe ist. Aber 1 Quad. Ruthe hat 144 Quad. Fuß, und 1 körperliche Ruthe 1728 körperliche Zoll 2c.

§. 41.

§. 41. Zum Feldmaaße nehme ich das Geometrische Rheinländische 10theilige Maaß an; wobey 10 Fuß eine Ruthe, 10 Zoll einen Fuß in der Länge betragen, — Von Feldmaaße.

1 Quadrat Ruthe aber 100 Quad. Fuß
1 Quadrat Fuß - - 100 Quad. Zoll beträgt,
180 Quad. Ruthen machen 1 Morgen *
und 30 Morgen 1 Hufe.
1 körperliche Ruthe in Geom. M. ist 1000 Fuß.
1 körperlicher Fuß 1000 körperliche Zoll.

§. 42. Der Kürze wegen bediene ich mich der Geometr. Zeichen. — Von den bey den Maaßen in der Geometrie gewöhnlichen Zeichen.

Damit die hierin ungeübten sich daran nicht stoßen, so will ich die vorzüglichsten erkären. 4° 5′ 6″ bedeutet 4 Ruthen 5 Fuß 6 Zoll Längenmaaß, also die ° bedeutet Ruthe, der ′ zeigt den Fuß zwey ″ bedeutet Zoll. Ist aber hinten noch ein klein Quadrat über die lezte Zahl gemacht, so bedeutet es Quadratmaaß. 3E. 7° 16′ 12″□

Man kan dieses aber auch schon aus denen Zifferstellen erkennen, weil bey Quadr. Maaße öfters unter einem Zeichen 2 Ziffern stehen, welches sich bey Geometr. Längenmaaße nicht ereignen kan; aber wohl bey 12theiligen Baumaaße; alsdenn ist dieses Zeichen also zur Unterscheidung nothwendig; doch ist auch meistens aus der Verbindung zu sehen, welche Art des Maaßes gültig ist.

* Wenn ich 6 Hufen zu einem Bauergute annehme, so wird dies manchen viel scheinen, aber diese Hufen nach diesem Maaße betragen nicht halb so viel als die gewöhnlichen. Denn da hat 1 Morgen über 400 Quadr. Ruthen.

Das Zeichen des körperlichen Maaßes ist ein kleiner Würffel. . ▢ oder ein c oder z. E. 5 Cubicfuß = $5^{c\prime}$

Das Zeichen der Gleichheit sind 2 Striche = z. E. 4 Rthl. oder = 3 + 1 Rthl.

Das Zeichen der Addition ist ein stehend Kreuz . + 6 und 3 = 6 + 3.

Das Zeichen der Subtraction ist ein Strich — 8 weniger 3 = 8 — 3 = 5.

Das Zeichen der Multiplication ist ein liegend Kreuz × 7 mal 8 = 7 × 8 = 56.

Das Zeichen der Division sind zwey Puncte oder ein Strich über den der Dividendus a und darunter der Divisor b geschrieben ist : $\frac{a}{b}$ 3 : 4. = $\frac{3}{4}$.

Von den Zeichen der Winkel und einigen andern Zeichen.

§. 43. Die Winkel wenn sie durch Grade, Minuten, Secunden u. dergl. ausgedrückt werden, haben eben die Zeichen der Ruthen, Füße und Zolle. z. E. 46 Grad 7 Minuten und 28 Secunden wird bezeichnet 46° 7′ 28″. es erhellet aber aus den beystehenden ob es auf Linien- oder Winkelmaaß gehet.

Das Zeichen der Aehnlichkeit ist ∼

Das Zeichen der Gleichförmigkeit ist ≅

Das Zeichen der gleichlauffenden Linien ist ⁀

Das Wurzelzeichen des Quadrats ist √

Das Zeichen der Verhältniß sind :
z. E. 3 verhält sich zu 5 wie 9 zu 15.
ist 3 : 5 = 9 : 15.

Dieses sind die gewöhnlichsten, derer ich mich bedienen werde.

§. 44.

§. 44. Das erste Bauergut, welches ich gleichsam zum Maasstabe derer übrigen annehme, soll folgende Grundstücke haben:

Von den Grundstücken eines Bauerguts.

1) 4 Hufen tragendes Feld nemlich solche die jährlich geerndtet werden oder bey 3jähriger Brache 6 Hufen; von denen 2 Hufen in der Brache, sollen noch ½ Hufe mit Sommerfrüchten bestellt werden.

2) 2½ Hufe Wiese und Weide, die der Besitzer nach der Gemeinheits Auseinandersetzung nach Gefallen nutzen kan.

§. 45. Dieses Land soll von mittelmäßiger Güte seyn, und ohngefehr das 4te oder 5te Korn tragen; auf jeden Morgen rechne ich 1 Scheffel Aussaat, denn ob es gleich zuweilen weniger ist, so nehme ich doch eine Mittelzahl.

Von der Güte und dem Ertrag des Ackers.

Jeder Scheffel Aussaat, oder jeder Morgen trägt ohngefehr 60 Garben; und diese geben 4 bis 5 Scheffel reines Getrayde an Körnern. Also geben 4 Hufen ohngefehr 120 Schok Garben und diese 460 bis 600 Scheffel Körner.

Die 15 Morgen Sömmerung in der Brache könnten ohngefehr folgendermaßen benuzt werden:

4 Morgen Klee a 2 Metzen Aussaat, geben 2 Schok a Morgen, also 8 Schok a 4 M. . . . 2 Scheffel.

4 Morgen Erbsen, a 1¼ Scheffel Aussaat, giebt 6 Schok 24 Scheffel . 24 .

2 Morgen Linsen und Wicken 1 Scheffel Aussaat, giebt 2 Schok a 3 Scheffel 6 .

3 Morgen zu Kohl und Rüben.

2 Morgen zu Erdtoffeln a 1½ Scheffel Aussaat . . . 32 Scheffel.

Man kan also ohngefehr 128 bis 136 Schok Garben, und hievon 600 Scheffel zur Erndte an Körnern rechnen.

Von der Güte und dem Ertrag derer Wiesen.

§. 46. Von $2\frac{1}{2}$ Hufe Wiese und Weide werden 25 Morgen, als 2 schürige Wiesen das übrige aber blos als Hütung genuzt. Diese 25 Morgen geben in recht guten Lande a Morgen 16 Ctl. Heu und 8 Ctl. Grumt. An denen meisten Orten, sind die Morgen Wiesenland und Weide größer, als die in Acker, wie Z. E. hier bey Brandenburg beträgt ein Morgen Wiese 400□°, worauf denn bey der Anlage und Berechnung neuer Gebäude jedes Orts gehörig Rücksicht zu nehmen ist, damit man nicht durch die bloßen algemeinen Nahmen von Hufen, Acker oder Morgen in der Rechnung betrogen wird.

Die ganze Heuerndte beträgt also höchstens . . . 600 Ctl.

und das Grumt oder Nachheu . 300 Ctl.

Der Centner Heu, wenn er rauh und hart ist, erfordert mehr Raum, als wenn er weich und wollig ist, ohngefehr a Ctl. 12 bis 16 Cubic Fuß.

Von dem körperlichen Raum des Getraydes in Garben.

§. 47. 60 Garben oder ein Schok, erfodern folgenden Raum; wenn sie in der Panse fest aufeinander geschichtet sind,

Der Weizen a Garbe 5 C. Fuß also 60 Garb. . 300 C'

und wiegt a Garbe ohngefehr 30 - 36 ℔.

Rocken in guten Lande dasselbe.

Gerste und Hafer a 3 Cub. Fuß also 60 Garb. . 180 C'

und wiegt a Garbe 20 - 25 ℔.

Man

Man kan daher durch die Bank 4c Fuß pro Garbe annehmen oder 240c' pro Schock.

Mit dem Strohe ist es eben so, nur ist zu bemerken, daß bey weiten nicht so viele Bunde Stroh als Garben bleiben, weil durch das Dreschen viel mehr in ein Bund geht als vorher.

1 Bund lang Stroh wiegt 25 ℔. und erfodert 5c' Raum; krummes nur 3c' also durch die Bank jedes 4c'.

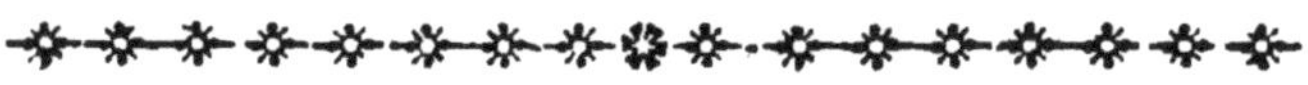

2. Kapitel.

Von der Anzahl derer Arbeiter und des Viehes die zur Bearbeitung und guten Benutzung des oben bestimmten Landes gehören.

§. 48.

Von den Personen die zu Bearbeitung des Guts gehören.

Zur Bearbeitung eines solchen Bauerguts, sind nöthig

a) Der Bauer und dessen Frau,

b) Zum Ackerbau
Ein Pferdeknecht, und
Zwey Pferdejungens oder Encken,

c) Zur Hütung und Fütterung derer Schaafe und des Viehes, ein Junge.

d) Zur Besorgung des Rindviehes und derer Schweine, eine Magd.

e) Zum Bestellen des Küchenlandes, bey dem Dreschen und Erndten zu helfen, eine Magd.

f) Zum Dreschen, Erndten, Graben u. dergl. 2 Drescher, oder Tagelöhner.

Von dem hiezu nöthigen Viehe.

§. 49. An Viehe ist folgendes nöthig:

a) 6 Pferde zur Bearbeitung des Ackers und Bestreitung derer Dienste.
3 junge Pferde zur Zuzucht und Hülfe wenn eins derer erstern krank wird. Zusammen also . . 9 Stük.

b) 12 Kühe, 1 Ochse und 5 Stük Jungvieh, zusammen also . . 18 Stük.

c) 50 Stük Lammschafe und 30 Hammel . . . . . . 80 Stük.
Diese Hammel werden jährlich verkauft, und Lämmer an deren Stelle genommen.

d) 2 Zuchtsäuen.
2 Mastschweine, und
4 bis 6 Läuffer oder junge Schweine, zusammen also ohngefehr . 10 Stük.

e) 5 Zuchtgänse und ein Ganser, also 6 Alte. von jeder Gans 6 Junge, also 30 Stük.

f) 20 bis 30 Hüner, mit Jungen, etwa 60 Stük.

g) Die Anzahl der Tauben läßt sich nicht wohl bestimmen, da die Hrn. Oekonomen noch zweifelhaft sind, ob sie nicht an der Saat mehr Schaden thun als sie das ganze Jahr Nutzen bringen; einige gute oekonomische Gutsherren hiesiger Gegend haben dieselbe daher nicht nur selbst abgeschaft, sondern auch ihren Unterthanen eben dieses zu thun befohlen. Indessen vermuthe ich, daß 30 Paar vor jeden Bauer nicht viel werden schaden können. Ob aber eigennützige Bauren die Zahl nicht übersteigen würden, ist eine andere Frage, doch könnte dieses nach meiner Anlage eines Taubenhauses nicht geschehen, weil darein nicht mehrere Platz finden können.

§. 50.

§. 50. Die Größe derer Theile des Bauergutes will ich nun nach eben der Ordnung zeigen, wie im ersten Hauptstük in 2ten und folgenden Kapiteln deren Anzahl, Einrichtung und Nothwendigkeit gezeigt ist.

a) Die Wohnstube des Bauers soll folgende Theile enthalten: Von der Größe der Wohnstube.

1) Einen Ofen, der 1 Fuß breit und 4 lang ist, dieser soll 2 Fuß von der Seitenwand abstehen, damit nicht zu viel Hitze in die Wand zieht, davon sind also mit dem Ofen an Grund fläche zu rechnen . . . 12□′

2) Zwey Tische a 24□′ . . . 48

3) Vor Stühle und Bäncke . . . 60

4) Vor 2 Betten a 24□′ . . . 48

5) Zum Durchgehen und andern Geschäften . . . 156

324□′

Diese Stube muß also 18 Fuß lang und eben so tief seyn; ein solch Zimmer läßt sich durch 2 Fenster bequem erleuchten.

§. 51. Die Wirthschaftstube enthält Größe der Wirthschaftstube.

a) den Backofen. Es versteht sich von selbst, daß dieses an solchen Orten wegfält, wo man Gemeindebackhäuser hat; denn der Nutzen der Holzersparung ist dabey zu einleuchtend, als daß ich auch nur das mindeste dagegen einzuwenden hätte; obgleich die bisher gewöhnliche Gemeindebackofen noch sehr große Verbesserungen bedürfen, da es doch an verschiedenen guten Mustern nicht fehlt, deren ich beym Schluß dieser Abhandlung einige anzeigen will, nebst Zeichnung einiger Stubenöfen.

Wird der Backofen in diese Stube gesezt, so hat man im Winter noch den Nutzen des Einheitzens davon; ingleichen kan man Wasserkessel in denselben mit lassen einmauren, und auf der graden Oberfläche desselben Obst und dergleichen trocknen: so daß der Verlust der Holzverschwendung und die Feuersgefahr nicht hiebey so gros ist, als wenn jeder Landmann einen in seinem Garten hat, davon die Funken viel weiter fliegen, als wenn sie erst durch den Schornstein fliegen müssen. Der Einwurf wegen der Feuersgefahr wird sich wiederlegen, so bald man die ganze Einrichtung und Bedachung meiner Gebäude gelesen hat. Hier würde es zu weitläuftig seyn, denselben zu widerlegen.

a)	Der Raum des Backofen, den er in der Stube einnimmt, ist ohngefehr .	12□′
b)	Der Stubenofen . . .	12′
c)	Zwey Tische, a 24□′ . .	48.
d)	Stühle und Bänke . .	48.
e)	Zu andern Geräth und Geschäften	204.
	An Quadratfläche Größe der Stube	324□′

oder 18′ lang und breit.

Größe der Knechte-kammer.

§. 52. Für den Knecht, die Jungens und die unverheyratheten Drescher ist eine Schlafkammer in der sie zugleich ihre Sachen haben, genug.

a) 5

a) 5 Betten, a 18□′ . . 90□′
b) Bänke und Kasten oder Laden . 48.
c) Zum Gehen . . . 42.

180□′

Diese kan also 18 Fuß lang und 10 Fuß breit seyn.

§. 53. Die Mägdekammer soll enthalten — Größe der Mägdekammer.
a) 2 Betten, a 18 Fuß . . 36□′
b) Bänke, Kasten und Laden . . 30
c) Zum Gehen . . . 46

Quadratfläche der Mägdekammer 112□′

Diese kan 14′ lang und 8′ breit seyn.

§. 54. Die Küche enthält folgendes. — Größe der Küche.
a) Der Feuerheerd . . . 12□′
b) Raum zum Heitzen derer Ofen und Backofen . . . 20.
c) Zu Schränken, Tischen und Bänken 80′
d) Zu Plumpen, Wasserfässern und Braugeräth . . . 60′
e) Zum übrigen Geschäften . 128.

Quadratfläche der Küche 300□′

Die Länge derselben kan 20 Fuß und die Breite 15 Fuß seyn; nicht leicht wird man dieselbe können zu gros machen, wenn sie auch noch einige Fuß verlängert wird, denn die gar zu verschiedenen Geschäfte, dazu sie von dem Landmanne gebraucht wird, erfordern oft mehr Raum als sich genau bestimmen läßt.

§. 55.

Größe des Hausflurs. §. 55. Eben dieses gilt auch von dem Hausflur, wie ich bereits in 15. §. des ersten Hauptstücks angeführt habe.

Dieser enthält die Boden- und Kellertreppe, die ich zur Ersparung des Raums unter einander anlege, so daß beyde ohngefehr . 48□′ erfodern.

Zum Gehen und andern Geschäften 240□′

Größe der Grundfläche der Flur 288□′

Die Breite desselben kan 15 und dessen Länge 16□′ betragen.

Größe der Vorrathskammern und des Kellers. §. 56. Zur Aufbewahrung häußlicher Vorräthe ist nach den 14. §. eine Stubenkammer, eine kühle Kammer und ein Keller nöthig; jene können etwa 140 Quadratfuß einschließen, und also 14 bis 18′ lang und 8 bis 10 Fuß breit seyn. Der Keller aber in den nicht nur das Getränke, sondern auch ein großer Vorrath von Kohl, Rüben, Erdtoffeln, und Eingemachten Raum finden soll; muß wenigstens 2 bis 300□Fuß Raum beschließen, er kan daher unter eine Stube und so gros als dieselbe ist, gemacht werden.

3. Kapitel.

Von der Größe derer Viehställe.

§. 57.

Größe des Pferdestalles. a) Der Pferdestall soll vor 9 Pferde Raum zum stehen, liegen, und bequemen Ein- und Ausgehen haben.

Ein Pferdestand vor ein mittelmäßig Pferd, wie man auf dem Lande hat, ist 4′ breit und 7′ lang,

lang, vor Kutsch- und große Pferde aber 4′ breit und 9′ lang, wenn ein Gang dahinten ist, seyn;

Dieser Gang zum Einführen muß wenigstens 4 Fuß und 1′ die Krippe breit seyn; also ist die Breite eines ländlichen Pferdestalles mit der Krippe 12 Fuß. Die Pferdeständе für die Füllen sind nur 3′ breit nöthig.

Also beträgt die Länge eines solchen Stalles vor 6 alte und 3 junge Pferde 33 Fuß. Läßt man daneben oder dazwischen durch einen Gang von 5 Fuß breit, so beträgt die Länge des ganzen Stalles 38′ und die Breite 12′, bey kleinern Pferden, wo nicht besondere Stände sind, ist 10 bis 11 Fuß zur Breite genug.

§. 58. b) Der Kuhstall soll 18 Stück Rindvieh in 2 Reyhen gestelt enthalten, die mit den Köpfen gegen einander stehen und zwischen sich einen Futtergang haben, weil dieses ohnstreitig die beste und bequemste Art zu füttern ist; und weil auch besonders auf Adlichen Gütern und Predigerwirthschaften die Herrschaft selbst dabey ohne Gefahr und Schmuz zu befürchten nachsehen können, ob jedes sein bescheiden Theil erhalten hat, und wie es sich befindet. Die übrigen Eigenschaften sind im 19. §. beygebracht. Größe des Kuhstalls.

Hinter denen Ständen sind zum Ein- und Ausgehen vor 2 Reyhen auch 2 Gänge nöthig, deren jeder 3′ der mittelste aber 4′ breit ist. Jeder Kuhstand ist $3\frac{1}{2}$′ breit und 5′ lang, also von 9 Stück in einer Reyhe $31\frac{1}{2}$ Fuß lang. Es ist bey dem Eingange und in der Mitte ein Durchgang, die zusammen $6\frac{1}{2}$ Fuß betragen. Also die ganze Länge ist 38′, die Breite aber

a) 2 Reyhen Stände, a 5′	. .	10′
b) 3 Gänge zusammen	. .	10′
c) 2 Reyhen Krippen, a 5′	. .	2′
Die ganze Breite		22′

Man würde zwar ohne Futtergang nicht so viel zur Breite brauchen, aber die täglichen Unbequemlichkeiten bey den Füttern durch das Vieh zu gehen, kömt in keine Vergleichung mit der kleinen Ersparung hiebey.

Größe des Schaafstalls.

§. 59. Der Schaafstall auf jedes 8 bis 10□′ Raum, thut 640 bis 800□′ zu einem Stalle vor 80 Schaafe; wenn er also 38′ lang ist, so wird er 17 bis 20′ breit. Je größer man diese Stelle anlegen kan, desto besser ist es; denn theils will man zuweilen den Schaafstand vermehren, theils mehrere Schaafe für andere durchwintern; beydes verlangt die Vergrößerung des Stalles, die nach einmal geendigtem Bau, nicht ohne große Kosten geschehen kan. Zu Fütterungen darf hiebey nichts gerechnet werden.

Größe der Schweineställe.

§. 60. d) Schweineställe oder Schweinepuchten sind nach der in 49. §. angezeigten Schweinezucht, 4 nöthig; nemlich zwey für die Sauen, eine für die Mast, und eine für die jungen Schweine.

Jeder derselben muß ohngefehr 7′ breit und 8′ lang werden; will man diese mit an die Kuhställe anlegen, so ist ein besonderer Gang dazwischen nöthig, der 3 bis 4′ breit seyn muß. Es ist also der Raum den diese Ställe erfodern, 28 Fuß lang und 11 Fuß breit.

§. 61.

§. 61. Zu 30 Gänsen a $2\frac{1}{2}\square'$ Raum erfodert . . . . $75\square'$ Größe der Gänse- Hüner- u. Tauben-ställe.

Zu 60 Hünern a $1\frac{1}{4}\square$ Fuß . 75

diese beyden kommen übereinander.

Zu 30 Paar Tauben wird ein Pfeiler 8′ hoch errichtet, und ein 6eck von 4 Fuß in Durchmesser, 3 Fuß hoch und inwendig auch zu Taubennestern eingerichtet, darauf gesetzt; Jedes Paar muß 2 Nester haben.

§. 62. Wenn alle Ställe zusammenhängen, so ist nur eine Futterkammer dazu nöthig, sind dieselben aber getheilt, so werden zwey erfodert. Größe der Futter- Kälber- u. Lamställe.

Jede muß folgende Theile und also auch diese bestimte Größe enthalten.

a)	Eine Futterbank oder Futterschneide	$8\square'$
b)	Stampfstrog . . .	4 ′
c)	Futterkasten . . .	8.
d)	Futterbodentreppe . .	18.
e)	Raum zum Futter und Gehen . .	42,
	Zusammen	$80\square'$

Es kan derselbe also etwa 8′ breit und 10′ lang seyn.

Der Kälber- und Lammstall darf nicht viel über 50 bis $60\square$ Fuß enthalten; er kan auch blos von Horden nach Gutbefinden zusammen gesetzt werden.

4. Kapi-

4. Kapitel.

Von der Größe derer Vorrathsgebäude, und des Schuppens.

§. 63.

Von dem, darauf hierbey besonders zu sehen.

Die Größe der Scheune und Böden richtet sich nach der in 45. §. bis 47. §. angezeigten Größe der Grundstüke und deren Ertrag. Ist mehr Land, oder ist dasselbe besser und trägt mehr Getrayde, so müssen auch die dazu gehörigen Vorrathsgebäude vergrößert werden; so wie im entgegengesetzten Fall die Verhältnißmäßige Verkleinerung derselben nöthig ist.

Da dies aber vor alle Fälle zu bestimmen unmöglich ist, und auch vor mehrere sehr weitläuftig seyn würde, so habe ich in 46. und 47. §. einige algemeine Regeln dazu angezeigt, und hier will ich deren Anwendung so machen, daß man sich in allen Fällen, auf eine ähnliche Art darnach richten kan.

Die Erndte betrug 136 Schok Garben nach dem 45. §. Davon kommen die 8 Schok geerndeter Klee nicht eigentlich in die Scheune, weil dieselben zum Futter gebraucht werden. Es bleiben also 128 Schok, dazu die Scheune hinlänglichen Raum haben soll. In der Scheune ist zugleich ein hinlänglicher Raum zu einer Tenne zu lassen; die wenigstens 12 Fuß breit und hoch seyn muß. Die Länge derselben richtet sich aber nach der Tiefe der Scheune.

Von der Größe der Scheune.

§. 64. 128 Schok Garben sind 7680 Garben a 4c′ beträgt 30720 Cubic Fuß.

Ist

Ist nun die Breite und Höhe der Scheune gegeben, z. E. 30′ tief und 14′ in Stichle hoch, so wird hiemit und mit der Durchschnitsfläche des Daches in die Summe des Raums der Garben und der Tenne dividirt, und der Quotient giebt die Länge der Scheune.

Sollte also die Scheune 30′ breit und 14′ hoch seyn, so wird die Tenne 30′ lang und 12′ breit und 14′ hoch, und der Cubische Raum den sie einschließt, ist gleich dem Product derer 3en Factorum.

30 × 14 × 12 = 5040. Hiezu den Raum des Getraydes = 30720

35760 □ Fuß. Inhalt der ganzen Scheune.

In diese Zahl wird mit der Quadratfläche des ganzen Giebels dividirt.

Ist also das Dach ein gewöhnlich deutsches, welches halb so hoch als breit ist, so ist die Quadratfläche des Dachgiebels einem Triangel gleich, dessen Grundlinie die Breite der Scheune und dessen Höhe die halbe Breite ist. Siehe Tab. III. Fig. I.

Nun ist die Quadratfläche eines Triangels = der Grundlinie multiplicirt mit der halben Höhe, oder umgekehrt, die halbe Grundlinie multiplicirt mit der ganzen Höhe, also wenn b = der Grundlinie = 30′ ist, a aber = der Höhe = 15. so ist die Quadr. Fl. des Scheungiebels = $a \times \frac{1}{2} b = \frac{1}{2} a \times b = = \frac{a \times b}{2} = 30 \times \frac{15}{2} = \frac{30}{2} \times 15$

$\frac{30 \times 15}{2} = 15 \times 15 = 225.$

Die Quadratfläche des Hausgiebels ohne das Dach aber, $= 30 \times 14 = b \times c$ wenn $c =$ der Höhe der Stiehle $= 14'$ ist, also = 420

Die Quad. Fl. des ganzen Scheungiebels 645□'

Noch kürzer kan man dieses ausdrücken $b \times c + b \times \frac{1}{2} a = b \times (c \times \frac{1}{2} a)$.

Ist nun die Länge der Scheune X, und der Inhalt der ganzen Scheune $= m = 35760^{c'}$. so ist $X = \frac{m}{b \times (c + \frac{a}{2})}$ Dieses ist der ganz allgemeine Ausdruck zu Erfindung aller möglichen Scheunlängen, die übrigen Stüke mögen seyn wie sie wollen. In diesen Falle nun ist $m = 35760^{c'}$ und $b \times (c + \frac{a}{2}) = 645$□' es ist also $X = 55 \frac{56}{64}$ Fuß = der Länge der Scheune.

Noch eine Berechnung dieser Art.

§. 65. Zu mehrerer Deutlichkeit, will ich diesen Satz noch einmal anwenden. b und a sollen größer werden, c soll bleiben. m wird also auch etwas größer, weil es aus der Anzahl des geerndeten Getraydes und dem körperlichen Inhalte der Tenne zusammengesezt ist. Bleibt also auch hier die Erndte wie vorher, so wird doch die Tenne größer, weil sie nach dem 63. §. sich nach der Breite der Scheune richtet, nemlich nach b. Nenne ich also den zu der Erndte erforderlichen Raum n, und den Inhalt der Tenne o. so ist $m = n + o$.

n war nach den vorigen §. $30720^{c'}$. und o ist zusammengesezt aus $b \times c \times n$.

Denn 12 ist die Breite der Tenne.

Ist

Ist nun in diesem Falle $b = 40$
und c bleibt = $= 14$.
so ist $o = 40 \times 14 \times 12 = 6720$

$m = n + o = 36940$.

$b = 2a$. denn das Dach ist halb so hoch als breit, also ist $a = 20$ wenn $b = 40$ ist, und $b \times (c + \frac{1}{2} a) = 960$.

und $X = \frac{m}{b \times (c + \frac{1}{2} a} = \frac{36940}{960} = 39$ Fuß.

Dieses gilt bey allen Scheunen, die gerade Giebel haben, bey Walmdächern aber, muß für diese noch etwas an Scheunenlänge zugegeben werden.

Ist die Länge und die Breite der Scheune gegeben, so kan auch deren Höhe c nach voriger Formel oder algemeinen Regel gefunden werden, und so wenn die Länge und Höhe gegeben ist kan man die Breite finden; so daß von jeden Fall, auf jeden Platz und vor jede beliebige Höfe allemal die Größe der Scheune, so wie m anzeigt, gefunden und bestimt werden kan. Mehrere Beyspiele würden für diese Anfangsgründe zu weitläuftig werden. Es ist zu merken, daß man an jedem Orte untersuchen muß, ob die Garben größer gemacht werden, weil sie alsdenn mehr Raum erfordern. In guten Lande wird das Stroh immer stärker als in schlechten.

§. 66. Das Stroh von dem ausgedroschenen Getrayde, der Klee und das Erdtoffelkraut beträgt gegen = 100 Schok Bunde, davon werden 50 Schok zum Streuen und = 20 Schok zum Futter gebraucht, die übrigen 30 Schok werden theils zu schlechten Jahren aufgehoben, theils zu Dächern verbraucht, theils verkauft.

Größe des Stroh- u. Heubodens.

Von den 900 Ctl. Heu und Grumt nach den 46 §. werden etwa 600 Ctl. verbraucht, das übrige aufbewahrt oder verkauft.

Die Futter- und Streuboden müssen also 70 Schok Stroh und 600 Ctl. Heu in sich fassen können, damit ein guter Wirth auf diesen Boden immer ein ganz Jahr Futter vorräthig haben kan.

1 Schok Stroh a Bund 4c′ erfodert 240c′
1 Ctl. Heu durch die Bank - 14c′
also 70 Schok 16800c′
und 600 Ctl. Heu 8400c′
25200c′

Nach denen zwey vorhergehenden §§. ist es ganz leicht die Länge eines solchen Bodens zu finden, dessen Breite und Höhe gegeben ist.

Z. E. es sey $b = 38$ so ist $a = 19$, $X =$ der Länge des Bodens.

und die Giebelfläche $= b \times \frac{1}{2} a = 361 \square'$

Nenne ich den ganzen Boden Raum $n = 25200$c′

so ist $X = \frac{n}{b \times \frac{1}{2} a} = \frac{25200}{361} = 69 \frac{291}{361}{}'$

Dieses ist bey geraden Giebeln.

Größe des Bodens zum überflüßigen Heu und Stroh.

§. 67. Zur Aufbewahrung des überflüßigen Stroh und Heues, ist ein anderer Vorrathsboden nöthig. Zu 30 Schok Stroh 7200c′
und 300 Ctl. Heu 4800c′
ganzer Inhalt des Bodens 12000c′ = n.

Ist $b = 40$ und $a = 20$, so ist $X = \frac{n}{a \times \frac{1}{2} b} = 30$.

Größe des Korn- oder Schüttebodens.

§. 68. Zum ausgedroschenen Getrayde ist ein guter Schüttboden nöthig. p. §. 32.

Eine

Eine Erndte beträgt nach den 45 §. 600 Scheffel. Damit er aber nicht aus Mangel des Platzes gezwungen wird, das Getrayde, wenn es sehr wohlfeil ist, zu verkaufen, so muß er zu 2 Erndten Raum haben. Gesezt dieses wären zusammen nach Abzug des Gebrauchs eines Jahrs, und der Aussaat ohngefehr 760 Scheffel, so müßte der Kornboden zu 1 Scheffel 2 Quad. Fuß gerechnet 1520□′ betragen; und wenn er 38′ breit ist, 40 Fuß lang seyn.

Die Erdtoffeln, Rüben, Kohl u. dergl. werden theils vergraben, theils in dem Keller aufbewahrt.

§. 69. Die Wagen- und Holzremise muß folgendes in sich fassen. 1) 20 Klastern Holz, à 5′ lang, breit und hoch, 2½ Klaster über einander, also nur zu 8 Klastern Grundfläche à 25□′ 200□′ — Größe der Wagen- und Holzremise.

2) Zum klein schlagen	=	=	50.
3) Zu Bau- und Stutzholz		=	250.
4) Zu 3 Erndte-Wagens		=	432.
5) Zu Pflügen, Eggen, 2c.		=	400.
6) Zu Treppen, 2c.	=	=	268.
Also zu 40′ breit auch 40′ lang Quad. Fl.			1600.

5. Kapitel.

Von dem Hofraum und des ganzen Gehefts Größe.

§. 70.

Nach dem 5. Kapitel des Isten Hauptstüks, soll der Hof aus 3 Theilen bestehen;

Größe des Viehhofs.

1) Der Viehhof soll folgenden Raum enthalten, damit das Vieh bequem darauf gehen kan.

a) Vor 18 Stük Rindvieh a 100□'		1800.
b) 3 Füllen a 100□'	= =	300.
c) 8 Schweine a 10□'	= =	80.
d) 80 Schaafe a 10□'	= =	800.
e) Zu Rauffen, Krippen und dergl.		260
Der ganze Viehhof		3240□'

oder beynahe $22\frac{1}{2}$ Quad. Ruthen.

Größe des Misthofes.

§. 71. 2) Die Misthöfe oder die Plätze zum Dünger, sollen denselben wenigstens von einem halben Jahre bequem in sich fassen können, ohne daß er zu hoch geschichtet werden darf.

Nach dem 66. §. wurden an Heu und Stroh in einem Jahre 25200c' verbraucht, wenn ich davon nur $\frac{1}{3}$ so viel Dünger rechne, weil sich derselbe übereinander brennt, und zusammendrukt, so sind dieses 8400c' also in einem halben Jahre 4200c'. Wird dieser nun 5 Fuß hoch über einander gebracht, nemlich so, daß die Grube 2 Fuß in die Erde gesenkt ist, und also 3 Fuß in die Höhe steht, so ist dies nicht unbequem, und es sind 840□' Raum dazu nöthig, oder $5\frac{1}{2}$□Ruthe. Die übrigen Eigenschaften desselben habe ich in 37. §. gezeigt.

Größe des Raums zum Fahren.

§. 72. 3) Der Raum zum Fahren soll, wo es sich will einigermaßen thun lassen, zwischen 12 und 20 Fuß bereit seyn; erstes wo nur ein Wagen fahren soll, das andere, da wo sich dieselben ausweichen müssen; da dieses nun auf dem Hofe sehr oft geschehen muß, so ist das lezte zu wählen. Die Länge dieses Platzes läßt sich nicht anders als nach dem die Figur derer zwey vorhergehenden bestimt ist, festsetzen; wobey noch zu bemerken, ob man um die

die Höfe ganz, oder nur um einen Theil derselben soll fahren können.

Ist der Vieh- und Misthof in ein Quadrat geworfen worden, um das man soll fahren können, und der Raum herum ist $1\frac{1}{2}°$ breit; so ist das ganze Quad. = 28□° und also eine Seite ohngefehr $5\frac{1}{3}$ Ruthe lang. Die ganze Umfahrt würde also 41□ Ruthen betragen, und der ganze Hof 69□° das ist beynahe noch einmal so viel, als die beyden nützlichsten Hofplätze. Nützlicher ist es daher, den Hof nur auf einer Seite umfahren zu lassen, nemam Hause; wird der Vieh- und Misthof dann auch kein Quadrat, sondern man macht ihn 7° lang und 4° breit, so beträgt die Fahrt auf der längsten Seite zu $1\frac{1}{2}$ Ruthe breit nur $10\frac{1}{2}$□ Ruthe, und mithin die Größe des ganzen Hofes $38\frac{1}{2}$□°, welches kaum die Hälfte des vorigen Falles ist.

§. 73. Die Größe des ganzen Geheftes zu finden, habe ich zu bemerken an Grundfläche

a) Das Wohngebäude.

b) die Ställe

c) die Vorrathsgebäude

d) Den Hof.

§. 74. a) Die Grundfläche des Wohngebäudes. Größe des Wohngebäudes.

1) Die Wohnstube nach den 50. §. . . $18 \times 18 = 324$.

2) Die Wirthschaftsstube nach den 51. §. . $18 \times 18 = 324$.

3) Die Knechtekammer nach den 52. §. . . $18 \times 10 = 180$.

4) Die Mägdekammer nach den 53. §. . . $14 \times 8 = 112$.

5) Die Küche nach den 54. §. 15 × 20 = 300.

6) Die Hausflur, eigentlich nach den 55. §. . 15 × 16.

Damit aber alles gleiche Breite erhalten kan 15 × 18 = 270.

7) Zwey Vorrathskammern nach den 56. §.

Eine . . 14 × 10 = 140.

Die zweyte . 18 × 8 = 144.

8) Ein Gang . . 5 × 18 = 90.

Die innere Grundfl. = 13□° 22□' = 1884□' ohne Scheidewände und Einschließungsmauren.

Größe der Ställe.

§. 75. b) Grundfläche der Ställe.

1) Der Pferdestall p. §. 57. ist 38 × 11 = 418.

2) Der Kuhstall p. §. 58. ist 38 × 22 = 836.

3) Der Schaafstall p. §. 59. ist 38 × 18 = 664.

4) Der Schweinestall p. §. 60. ist . 28 × 11 = 308.

5) Die Gänseställe p. §. 61. 8 × 10 = 80.

6) Lamm- und Kälberst. p. §. 62. ist . . 6 × 10 = 60.

7) Ein Futterstall . 8 × 10 = 80.

8) Der zweyte Futterstall 11 × 10 = 110.

Quad. Fl. aller Ställe 17□° 108' oder 2556□' ohne Einschließungs- und andere Wände.

Grundfläche der Mauren.

§. 76. Die Einschließungs- und Scheidewände betragen, wenn alles vorhergehende in ein Gebäude kömt,

a) Zwey

a) Zwey lange Seiten-Mauren, 2 Fuß breit, 121′ lang . . . 484□′

b) Zwey Giebel, 2′ breit 42′ lang . . . 168

c) Eine Scheidewand durch das Wohnhaus in die Länge 52′ und ½′ breit . . . 26

d) 4 Scheidewände durch die Breite 38′ lang ½′ breit . . . 76

Grundfl. derer Mauern = 754□′ = 5□° 32□′

§. 77. Die Grundfläche der Scheune und Remise. Größe der Scheune und Remise.

1) Die Scheune beträgt nach den 65 §. 39′ Länge und 40′ Breite, da dieses aber zu wenig seyn möchte, besonders wenn man ein Walmdach macht; so will ich 42′ zur Länge annehmen, also . . . 1680□′

2) Die Remise ist nach den 69. §. . . . 1600□′

3) Die Scheidewand ist 40′ lang die halbe Breite kömt in die Scheune.

4) Zwey Seitenmauren 82′ lang 2′ breit . . . 328

5) Zwey Giebel a 44′ lang 2′ breit . . . 176

Inhalt der Scheune und des Schuppens 3784 = 26° 40′.

Größe des Ganzen.

§. 78. Grundfläche des ganzen Geheftes beträgt

1) Das Wohngebäude p. §. 74.	1885□	=	13° 22
2) Die Ställe p. §. 75.	2556	=	17° 108′
3) Die Wände p. §. 76.	754	=	5° 32′
4) Die Scheune und Schuppen p. §. 77.	3784	=	26° 40′
			62 58□′
5) Der ganze Hof p. §. 72.			38 72
Das ganze Geheſte in allen			100° 130′.

III. Haupt=

III. Hauptstük.

Von der besten Anlage und Einrichtung derer Landgebäude.

I. Kapitel.

Algemeine Regeln bey der Anlage derer Gebäude.

§. 79.

Es ist hieben zuerst die beste Form; zweytens die vortheilhafteste Anzahl derer Gebäude; und drittens die Höhe derer Gebäude vestzusetzen; so, daß die hienach eingerichteten Gebäude alle, in der Einleitung angezeigten guten Eigenschaften übereinstimmend besitzen, und also feste, bequem, ordentlich, feuersicher auch einfach und wohlfeil sind. Von der besten Form derer Landgebäude.

Die einfachste Figur zur Grundfläche eines Gebäudes, ist ohnstreitig das Viereck, weil keine andere eine so gute Eintheilung als diese verstattet. Unter denen Vierecken aber, ist das gleichseitige rechtwinkliche (das gemeiniglich Quadrat genannt wird) das, so die kleinsten Seiten hat, und also die kleinsten Einfassungen erfordert. ZE.

Es sey der Raum von 1600□' einzuschließen, so ist jede Seite des Quadrats hiezu, 40' lang, und alle 4 Seiten zusammen 160'.

Solte aber eben der Raum von einen länglichen Viereck eingeschlossen werden, dessen Breite 10' ist,

ist, so wird dasselbe 160' lang seyn müssen, und alle 4 Seiten betragen zusammen 340' also mehr, wie noch einmal so viel. Dieses nimt allmählich ab, je mehr die Form sich dem Quadrat nähert, und in entgegengesetzten Fall zu, bis ins unendliche.

Da die kürzesten Einfassungsmauren oder Wände die wenigsten Kosten erfodern, so muß ein Gebäude, so viel ohne Nachtheil derer übrigen Eigenschaften geschehen kan, sich der Form eines Quad. nähern. Denn die Bedeckungskosten sind einerley bey gleichen □Flächen, wenn die Schiefe derer Dächer gleich bleibt.

Der Festigkeit ist ein so geformtes Gebäude nicht zuwider, so lange es nicht gar zu tief wird, denn ist dies, so sind gar zu lange und starke Balken und zu kostbare Dachverbindungen dazu nöthig. 40' ist zu Landgebäuden die ansehnlichste Tiefe. Diese Breite verstattet auch eine bequeme Eintheilung, und helle Zimmer ohne große Fenster. Bey Kirchen und ansehnlichen Gebäuden, kan man bis 50 Fuß gehen.

Die Anordnung wird auch durch diese Form nicht gehindert, sondern wie ich in der Folge zeigen werde, eher befördert.

Der Bodenraum wird bey tiefen Gebäuden sehr ansehnlich vergrößert. Denn auf ein Quad. von 40' zur Seite, dessen Dach 20' hoch ist, schließt das Dach 16000c' Raum ein. Ist es aber wie im 2ten Fall 10' breit und 160' lang, so ist der Dachraum 4000c' also der 4te des erstern; mir dünkt diese Fälle sind einleuchtend.

In Absicht des Feuers ist ein langes Gebäude der Gefahr mehr ausgesetzt, als ein Quadrat, denn

denn es zeigt dem Feuer weit mehr Fläche, die anzubrennen vermögend ist, als das kurze.

Nun will ich zeigen, ob es nützlicher sey, viele oder wenige Gebäude anzulegen.

§. 80. Wenn 2 einzelne Gebäude auch die vortheilhafte Form ein Quad. haben, und man zieht sie in eins, so spart man doch dabey 2 Giebel, statt deren nur eine Scheidewand nöthig ist; also bey 2 Gebäuden von 40′ ins Gevierdte 2 mal 40′ Giebelmauer in die Länge, = 80′. Dieses ist schon sehr wichtig, und man muß daher so oft es ohne Nachtheil des übrigen geschehen kan, mehrere Gebäude in eins zusammen ziehen; ich will hievon ein Beyspiel geben.

Von dem Vortheil bey Anlegung weniger Gebäude.

Nach den 74. §. war ein Wohnhaus von 1884□′ zu dem berechneten Bauergehefte und nach den 75. §. sind 2556□′ Ställe nothwendig. Daraus macht der Bauer oder sein Baumeister fast durchgängig 3 Gebäude, nemlich ein Haus von 30′ tief und 63′ lang, und 2 Ställe, jeder 20′ tief und 64′ lang.

Diese erfodern beyde	332′ Einfassung
und das Wohnhaus	186 Einfassung
also zusammen	518 Einfassungen.

Dagegen wenn dieses alles in ein Gebäude so 38′ tief und 121′ lang ist, gezogen wird, so erfordert es 318′ Einfassungsmauren, also 200 Längen-Fuß weniger. Dieses beträgt, wenn die Mauer 10′ hoch und 2′ stark ist, 4000 Cubic Fuß; welches, wenn 100c′ in allen 3 Rthlr. kosten, 120 Rthlr. beträgt, und also vor einen Bauer schon eine sehr wichtige Ersparung ist, der nun zu Wohnhaus und Ställen nur 6360c′ Einfas-

sungs-

sungsmauren gebraucht. Maurer und Zimmerleute haben bey Anlegung vieler Gebäude ihren Vortheil. Deswegen zeigen sie nicht leicht dem Bauherrn die wohlfeilste Art, und oft wissen sie diese auch selbst nicht; oder widerrathen wohl gar das nützliche, weil es wieder den eigenen Vortheil ist. Ich werde kürzlich noch einige Einwürfe, die gegen das Zusammenziehen derer Wohngebäude und Ställe gemacht werden, widerlegen.

Fortsetzung §. 81. Man führt an, daß wenn einmal in dem Wohnhause Feuer auskömt, Ställe und alles mit verbrennen, wenn sie zusammen gebauet sind.

Hiegegen sind 5 Stücke zu bemerken:

a) Auch bey mehrern einzelnen Gebäuden, die aber wie gewöhnlich, nahe zusammen stehen, ist keine Rettung, wenn erst eins brennt, da die Quergebäude zugleich die gegenüberstehenden, mit entzünden, so sind nicht nur Ställe, sondern auch Scheunen und alles verlohren. Diese entzünden alsdenn derer nahe anstehenden Nachbarn ihre Gehefte, und so geht ein ganz Dorf verlohren, und alle Rettungsmittel sind vergebens; weil man sie nicht anbringen kan. Ja man hat Beyspiele, daß Feuerspritzen und Sturmfässer die in so enge Zwischenräume der Höfe zum Löschen gebracht worden sind, bey überhandnehmender Flamme haben mit verbrennen müssen.

b) Es ist also vortheilhafter nur ein oder zwey Gebäude auf einem Gehefte anzulegen, weil man an diese von allen Seiten zum Löschen kommen kan.

c) Auch nur zwey Gebäude müssen nicht mit denen Giebeln zusammenstoßen, sondern in einiger Entfernung neben einander stehen.

d) Diese

d) Diese Gebäude können in- und äußerlich so feuersicher als möglich, gemacht werden, und alle Theile die es nicht sind, müssen vor dem Feuer verwahret und davon entfernt werden. Deswegen habe ich Stallfenster in die Stube gemacht, damit die Ställe ohne mit Licht dahin zu gehen, erleuchtet werden können.

e) Auch das Beyspiel derer Westphälischen Gebäude lehrt, daß ohne Feuersgefahr zur grossen Bequemlichkeit, alles in eins kan gebracht werden.

§. 82. Bey der Anlage derer Landgebäude ist zu bemerken, welches vortheilhafter sey, ein oder zwey Stockwerk hoch zu bauen.

Von der Höhe der Bauergebäude.

Die Geschäfte des Bauers und seiner Arbeiter müssen in dem Hofe, in Ställen, in der Scheune und Schuppen verrichtet werden; und nur wegen des Futters, hat er zuweilen auf dem Boden zu thun. Es würde also 1) unbequem seyn, wenn er oben wohnen solte; weil er beständig Treppen steigen, und durch Umwege zu seinen Zweck gelangen müßte. 2) Es würde nicht so fest und dauerhaft seyn, weil allemal hohe Gebäude dem Windstoße und der Witterung mehr, als niedrige ausgesetzt sind; oder wenigstens würden sie einen stärkern Grund, festere Mauern und bessere Materialien erfordern, also kostbarer werden. 3) Die Gebäude, wenn oben bey denen Futterböden die Wohnungen seyn solten, wären der Feuersgefahr mehr ausgesetzt. 4) Man ist nicht wie in der Stadt an einen sehr kleinen Raum bey Aufführung derer nöthigen Gebäude gebunden.

Die Holländer, welche in Absicht der festen Bauart zum Muster aufgestellt zu werden verdienen,

nen, gehen uns mit diesen Exempel vor, denn fast alle ihre Landgebäude und Mühlen sind nur ein Stockwerk hoch.

Hieraus folgt, daß gewöhnliche Bauerwohnungen nicht mehr, als ein Stockwerk hoch seyn sollen.

Von der Höhe der Adelichen und Prediger Häuser.

§. 83. Landgebäude für Herrschaften und Prediger, in so fern sie zu Wohnungen bestimt sind, sind nicht nach diesen Regeln zu beurtheilen, aber wol, in so fern sie zur Wirthschaft dienen.

Der sehr geschickte Hr. V der Oec. Forensis, behauptet zwar, in seinen Vorschlägen zu Herrschaftlichen Wohngebäuden p. 194. §. 206. daß auf die Bequemlichkeit einzelner Personen, bey Landgebäuden nicht Rüksicht genommen werden müsse; aber ich bin der Meynung, daß ein Gutsherr, oder Prediger sich auch nicht aller Bequemlichkeiten berauben müsse; blos aus Eigennuß, oder um die bessere Bewirthschaftung zu befördern.

Ein Gutsherr und Prediger muß zwar ein guter Wirth seyn, aber dazu gehört zugleich mit, daß er fleißig ließt, und zugleich einigen Umgang mit andern guten Land- und Stadtwirthen hat.

Hiebey ist nöthig, daß er nicht ganz in dem Geräusche der Wirthschaft wohne; sondern eine Wohnung von 2 Etagen, davon der untere Theil zur Wirthschaft, der obere zur Bequemlichkeit dient, habe. Dieses wird ihm gewiß sehr nützlich seyn.

Ueberdies hat er nicht Ursach, so oft die Treppen zu steigen, als der Bauer oder seine Knechte, und bey Erbauung darf er nicht so ängstlich auf die Ersparung der Kosten sehen, als der arme Unterthan.

Was von der Lage und dergleichen zu bemerken, werde ich im folgenden Hauptstük zeigen, siehe §. 118. und 119.

2. Kapi-

2. Kapitel.

Von der Zusammen-Ordnung derer Theile, des im 2ten Hauptstük berechneten Bauergeheftes, nach Tab. I. u. II.

§. 84.

Die Hausflur A wird in die Mitte gelegt, damit man bequem von denselben in alle übrigen Theile kommen kan. Die II. Taf. zeigt dieses; es muß, wo möglich, nur eine Hausthüre seyn, damit die übrigen nicht zu Schleppwinkeln vor das Gesinde dienen.

Von der Einrichtung des Wohnhauses nach Tab. I. u. II.

An die linke Seite des Flurs bey dem Eintritte wird die Wohnstube B gelegt, damit man aus dieser den ganzen Hof gut übersehen kan.

An die rechte Seite des Flurs lege ich die Wirthschaftsstube F.

Hinter der Flur, die Küche E. welche in zwey Rauchfänge den Rauch von 2 Ofen, von dem Backofen und Heerde fasset.

Zur linken Seite der Küche liegt der Gang K der nach der Stube und den Kammern C und D führt, und zum Eingange in den Stall dient. C ist die Vorraths- und D die Mägdekammer.

In der Küche mag es scheinen, als wenn der Feuerheerd nicht die beste Lage hätte, es ist diese aber 1) zur Ersparung eines Schornsteins nöthig, 2) hindert auch den Luftzug des brennenden Feuers nicht, sondern befördert es noch, das Rauchen aber wird dadurch verhindert, daß man eine Scheidemauer an die Seite des Heerdes aufführet, die an der Thüre liegt, die ½ Stein stark ist, und die zugleich zur Unterlage des Rauchfanges dient.

Zur rechten Seite der Küche lege ich die Speisekammer G. und die Kammer für die Knechte L.

Wie die Einrichtung derer Stuben innerlich zu machen, erhellet aus der Zeichnung, wie nemlich Backofen, Stubenofen, Thüren und Fenster zu ordnen sind.

Von der bequemen Einrichtung derer Stubenöfen, daß man darinn kochen und mit wenigen Holz heitzen kan, ohne daß sie rauchen, will ich in einem besondern Kapitel des folgenden Hauptstüks etwas zeigen.

Uebergang. §. 85. In dem vorhergehenden Kapitel habe erwiesen, daß es vortheilhaft sey, die Ställe mit dem Wohnhause zusammen zulegen. Hier will ich die Anordnung derselben zeigen, wie sie in der I. u. II. Zeichnung gemacht ist.

Lage des Pferdestalls. §. 86. Neben die Wohnstube F hinter der die Knechtekammer L liegt, habe ich den Pferdestall N geordnet, damit die Knechte gleich bey den Pferden seyn; das Fenster o erleuchtet den Stall des Gebäudes, durch das Licht, so die Stube zugleich helle macht.

Damit man bey den füttern derer Pferde, nicht zwischen denenselben durchgehen darf, und befürchten muß getreten zu werden, so habe ich die Krippe gegen den daran stoßenden Schaafstall gestelt, da denn von dort das Futter bequem eingeschüttet werden kan; von der Einrichtung derer Krippen werde noch eine größere Zeichnung sowol vor Kühe als Pferde beyfügen; die nachdem der Mist hoch liegt, können höher und niedriger gestelt werden.

§. 87.

§. 87. Den Schaafstall O, habe neben den Pferdestall geordnet, weil die Ausdünstung der Schaafe denen Pferden angenehm und gesund ist; aus eben dieser Ursache und um zugleich die Bequemlichkeit mit dem füttern, die im vorigen § angemerkt ist, zu haben, habe keine Scheidewand zwischen diese Ställe gemacht, sondern blos einen Verschlag von Bretern unter die Krippe. Einrichtung des Schaafstalls.

Da nichts die Wärme im Winter so sehr in den Ställen erhält, als wenn wenige Oefnungen sind, so habe ich zu diesen zwey Ställen in Tab. I. nur eine Hofthüre angeordnet; weil doch nur eine Art Vieh auf einmal ausgeführt wird; dieses aber auch zur größern Festigkeit der Mauren dient. Die Thüre selbst wird 5′ breit gemacht, damit in Feuersgefahr das Vieh geschwind ausgeführet werden kan. Damit aber die Schaafe nicht in den Pferdestall gehen können, so wird vor den Eingang desselben eine Horde gesezt. Tab. II. zeigt die Anordnung wenn jeder Stall seine eigene Thüre hat. Das Fressen derer Schaafe aus der Pferdekrippe wird durch ein schief Bret das hinten an die Krippe befestigt ist, verhindert, dieses dient zugleich dazu, daß kein Futter aus der Krippe und kein Heu von der Rauffe fallen kan, sondern daß es in die Krippe fält.

§. 88. Da der Schaafstall warm ist, die Gänse, Hüner, Lämmer und Kälber aber ebenfals warme Ställe erfodern, so habe diese wie P und R zeigen hieher geordnet, und zugleich den Futterstall Q.: denn wenn die Hüner im Winter nicht warm sitzen, so legen sie nicht, und erhalten das theure Winterfutter umsonst; dieser lezte hat ordentliche Scheidewände, damit die Ausdünstung durch denselben nicht so auf den Boden ziehen kan, Anordnung der Gänse-, Hüner-, Lämmer-, Kälber- u. Futterställe.

für die übrigen ists besser, wenn der Dunst des Viehes hineinzieht, sie werden daher nur mit Latten oder Horden abgetheilt. Im 18. §. habe schon deren Dunstzüge erwehnt; die nicht zu vergessen sind, damit alle faule Luft freyen Abzug haben kan.

Nutzen dieser Einrichtung in Absicht der Sitten des Gesindes.

§. 89. Alle jezt geordnete Ställe werden durch Knechte und Jungens besorgt, die, so durch Mägde bedient werden, lege ich auf die andere Seite des Wohnhauses, damit hiedurch alle Zusammenkünfte des Gesindes aufgehoben, und sowohl Zank als besonders aller lasterhafte Umgang so viel möglich vermieden wird; welches vor eine Wirthschaft allemal durch Nachläßigkeit, Faulheit und Betrug solches liederlichen Gesindes, übele Folgen hat, die ich hiedurch einigermaßen zu vermeiden gedenke.

Lage des Kuhstalls der Schweineställe und Futterkammer.

§. 90. Der Kuhstall S wird an die Wohnstube B neben die Mägdekammer C gelegt, so daß man durch den Gang K aus der Küche alle Ueberbleibsel und warmen Trank ohne über den Hof gehen zu dürffen, dahin tragen kan. Zur Erleuchtung des Kuhstalls ist aus der Stube das Fenster N gemacht, die übrigen Vollkommenheiten dieser Ställe sind schon im 18 u. 58 §. beygebracht worden. Die Einrichtung selbst erhellet aus der Zeichnung am deutlichsten.

An den Kuhstall S lege ich, nachdem ein Gang gelassen ist, die Schweineställe T und den Futterstall V; der Gang ist nur durch 5' hohe Horden von dem Stalle abgetheilt, damit die Schweine bey dem Aus- und Einlassen nicht den Kuhstall durchstreichen können. Die Schweineställe selbst sind nur durch Puchten abgesondert.

Der Futterstall hat dichte Wände aus den im 88. §. angeführten Ursachen.

Alle

Alle diese Ställe haben nach Tab. I. nur eine Hofthüre aus obigen Ursachen s. §. 87.

Denn dieses verhindert im Winter sowohl das Eindringen der Kälte als im Sommer die Hitze; die Luftzüge aber verschaffen immer frische und gesunde Luft.

In denen Pferde- und Schaafställen würde es in Sommer zu warm werden, wenn beyde Vieharten zugleich darinn wären; aber um dieses zu vermeiden läßt man die Schaafe alsdenn in Horden auf dem Felde oder doch auf dem umzäunten Hofe, in beyden Fällen erspart man, im ersten das Mistfahren ganz, im andern aber wenigstens das Austragen desselben;

Und eben so kan man es auch mit Schweinen und Kälbern machen, daß man sie nemlich, so lange es sehr warm ist, des Nachts auf dem Hofe und nur bey kühlen Nächten in die Ställe läßt. Hiedurch erhält man im Winter recht warme und auch im heißesten Sommer mäßig kühle Ställe. Tab. II. zeigt eben diese Ställe mit 2 Thüren.

§. 91. Alle Eingänge lege ich gegen Morgen oder Mittag, wo aber bey großen Wirthschaften Durchfahrten können angelegt werden, die zum Ausfahren des Mistes sehr dienlich sind, da mache ich auch welche gegen Norden; erstere werden im Winter, um das Vieh auf dem Hofe zu lüften, bey warmen Sonnenschein geöfnet, da jene, zur Vermeidung alles Luftzugs, so lange die strengste Kälte anhält, ganz mit Miste zugelegt werden. Diese gegen Norden können im Sommer zum Austreiben des Viehes auf das Feld geöfnet werden; so ist es vor jede Jahrszeit vortheilhaft, und die Hitze zieht nicht so in die Ställe. Durch das

Von der Anlage der Eingänge.

Durchfahren aber erspart man das Austragen des Mistes, welches jährlich bey einem großen Viehstande an 100 und mehr Rthl. kostet, darauf ein guter Oekonom immer rechnen muß.

Die Höhe derer Ställe steigt von 8-12′ jene kosten weniger, diese haben den Vortheil, daß man mehr Dünger darinn lassen kan.

Von den Streu- und Futterboden über den Ställen.

§. 92. Hier will ich untersuchen, ob die Anlage dieser Ställe auch auf denen Böden wird genug Raum verschaffen, zu einen ganzen Jahr Vorrath für Futter und Streu, nach dem, was §. 66. hiezu berechnet worden ist.

Es war dazu 25200c′ Raum nöthig.

Die Länge der Ställe ist zusammen 66′.

Die Breite 38′ und die Höhe halb so viel.

Der Cubic Inhalt derer Boden ist also 23826c′.

Macht man Walmdächer, so hat der Boden 3600c′ weniger Raum.

Von den Korn- und Vorrathsboden über der Wohnung.

§. 93. Ueber das Wohnhaus macht man einen doppelten Boden, davon ein Theil zu Verwahrung allerley Vorräthe an Flachs, und Früchten, der Raum über denen kühlen Kammern aber zum Getreideschütten dienen kan. Da derselbe 20′ breit und gegen 50′ lang ist, ohne dem Schornsteine zu nahe zu kommen, so hat er 1000□′ Fläche, wo wenigstens nach dem 68. §. 500 Scheffel Getrayde recht bequem können geschüttet werden, ohne daß es durch die Wärme der Zimmer Schaden zu leiden befürchten darf; da dieser Kornboden und Boden über dem Hause um 8′ hoch seyn darf, so bleibt eben noch ein Boden von 22′ breit und 11′ hoch übrig der 60′ lang ist, der also 7260c′ Raum einschließt,

auf

auf den das vom vorigen §. übrige Futter und Stroh ganz bequemen und überflüßigen Raum hat.

§. 94. Der Raum zwischen den Schornsteinen wird zu einer guten Rauchkammer angewendet, die etwa 4′ breit 10′ lang und 8′ hoch seyn kan; deren Nutzen im 13. §. hinlänglich gezeigt ist. Von der Rauchkammer.

§. 95. Scheune und Schuppen können ohne sich zu hindern bequem in eins gebracht werden, es ist dies um desto vortheilhafter, da gleich aus der Scheune auf den über der Remise befindlichen Boden das Stroh gebracht werden kan; überdies wenn die Erndte sehr reichlich ausfallen solte, so kan dieser Boden mit zu Hülfe genommen werden; in so fern die Scheune zu klein ist. Von der Scheune und Remise.

In dem ersten Kapitel dieses Hauptstücks habe ich weitläuftig gezeigt, welche Form die wohlfeilste sey, ich fand daß die Scheune nach dem 65. §. bey 40′ Tiefe wenigstens 39′ breit seyn müsse; diese Länge müßte aber bey einem Walmdache noch vermehrt werden, ich setze also vor die Länge der Scheune 44′ und für die Remise auch 44′ also die ganze Länge 88′ die Tiefe aber 40′.

§. 96. Die Tenne Aa kömt in die Mitte der Scheune, und zu beyden Seiten derselben gleich große Pansen B. Von der innern Einrichtung der Scheune und der Remise.

In den Schuppen C kömt die Bodentreppe Ee. Durch Scheune und Schuppen kan man fahren, das übrige ist aus der Zeichnung zu ersehen. Das Ebenmaaß der äußern Theile habe ich so viel möglich beyzubehalten gesucht.

§. 97. Der Boden der Wagen-Remise ist 40′ tief und 44′ lang, es kan hievon der Theil unter den Walmdache zu einem treflichen Kornvorraths- Von dem Boden über der Remise.

 boden

boden dienen, denn er hat alle gute Eigenschaften desselben, er ist trocken, lüftig, kühle, er kan gegen Morgen oder Abend gelegt werden. Damit kein Getrayde durch die Dielen fält, kan man ihn doppelt dielen, oder was gegen die Mäuse noch besser ist, einen Estrichguß machen lassen; hiedurch erhält jeder Einwohner einen vortreflichen Vorrathsboden, ohne daß man, nach den Vorschlägen verschiedener neuer Oeconomischen Schriftsteller, nöthig hätte, besondere Kornhäuser bey einem Dorfe zu erbauen; wozu entweder die Einwohner sich nicht verstehen, oder sich doch bey dem Gebrauch desselben betrügen; doch werde im folgenden auch dafür sorgen, ohne eigene Gebäude dazu errichten zu dürfen. Dieser Boden kan 40′ lang und 15′ breit seyn. Die übrigen 29′ Breite und 40′ Tiefe des Bodenraums, der beynahe 12000c′ einschließt, können zu Aufbewahrung des im 66. §. gedachten überflüßigen Heu und Strohes angewandt werden.

Vom Hofe. §. 98. Die vortheilhafteste Lage und Einrichtung des Hofes, erhellet aus der Zeichnung.

3. Kapitel.

Von der Anlage eines halben Bauergutes, oder das nur halb so viel Grundstüke und Vieh, also auch weniger Arbeiter als das vorige hat, nach der IIIIten Zeichnung.

§. 99.

Grösse und Einrichtung des Wohnhauses. Will man das nützliche der ersten Anlage beybehalten, so sind nur wenig Theile ganz zu entrathen, alle übrigen aber müssen theils nach Län-

Längen, theils nach Flächen, theils nach körperlichen Maaße um die Hälfte verkleinert werden.

Bey diesen Gute ist der Bauer zugleich Knecht, dessen Frau vertritt die Stelle einer Hausmagd, außer diesen ist ein Pferde- und Schaafjunge und eine Magd nöthig.

Diese alle gebrauchen nur eine Stube, in der zugleich die wirthschaftlichen Geschäfte mit gemacht werden müssen, außer dieser ist eine Vorrathskammer, die Küche, der Flur und eine Schlafkammer für den Knecht nöthig, denn die Magd kan in der Kühe- oder Futterkammer schlafen.

1) Der Flur A ist 10′ breit, 12′ tief.

2) Dahinter die Küche B ist 10′ breit, 20′ tief.

3) Die Stube C ist 14′ breit, 18′ tief.

4) Die Vorrathskamm. E ist 8′ breit, 14′ tief.

5) Die Schlafkammer F ist 6′ breit, 14′ tief.

Das ganze Wohnhaus ist also 34′ breit und 32′ tief.

§. 100. Die Ställe werden auf beyde Seiten geordnet, wie die Zeichnung lehrt. Auf die rechte Seite der Stube lege ich den Pferdestall L zu 4 Pferden 12′ breit und 19′ lang, und den Schaafstall M. beyde zusammen 32′ tief und 19′ breit. An die linke Seite des Flurs und der Küche komt der Kuhstall F 19′ breit, 22′ tief, und die Schweinställe H. mit dem Von den Ställen.

Futterstall G. 19′ breit, 10′ tief.
Zusammen also wieder 19′ breit, 32′ tief.

Der Kuhstall ist zu 8 Stük Rindvieh, auch zu einem Futtergange eingerichtet. Der Schaafstall aber zu 30 bis 40 Stük. In den Schaaf-

 stall

stall kömt der Lamm- und Kälberstall N. Die Hüner bekommen darüber einen Verschlag.

Von der Remise.

§. 101. Dieses ganze Gebäude ist also nur 62′ lang, und 32′ tief; da die Scheune und Wagenschuppe auch nur ein klein Gebäude ausmachen würde, so kan man zur Ersparung derer Giebel alles in ein Gebäude ziehen, und daher den Schuppen O neben den Pferdestall legen, und hierein die Futterkammer R machen. Der Schuppen kan etwa 20′ bis 24′ breit seyn, und so tief wie das Wohnhaus.

§. 102. An den Kuhstall ordne ich die Scheune P. die 34′ breit und 32′ tief, nach der im 64. und 65. §. angegebenen Methode gefunden wird. Die ganze Länge des Gebäudes ist mit denen Scheidewänden 120′ in der Länge und 32′ in der Tiefe.

Von dem Hofe.

§. 103. Die Lage des Hofes ist aus der Zeichnung zu sehen, der Vieh- und Misthof zusammen müssen 14 bis 16□° oder die Hälfte der von dem großen Gut berechneten Fläche betragen.

Ich habe ihn daher 2° breit, und beynahe 8° lang gemacht. T ist der Viehhof, und S die Mistplätze. Q der Raum zum fahren ist 8° lang und $1\frac{1}{2}$° breit.

Die Boden haben auch die Verhältnisse derer vorigen, und der Raum derselben ist also auch hinlänglich das nöthige Futter und die Streue zu fassen, eben so wie das gedroschene Getrayde; ich überlasse die weitere Berechnung hievon jedem, der Gebrauch davon zu machen gedenkt.

4. Kapi-

4. Kapitel.

Von der Anlage eines Adlichen Landgutes, das blos zur Wirthschaft eingerichtet ist, und zugleich zur bequemen Wohnung für die Herrschaft dienet, nach der Vten Taf.

§. 104.

Hiebey ist wieder auf die Menge und Güte des Ackers und Wiesewachses zu sehen; und wie viel Vieh darauf zu halten. Von der Größe deren Grundställe und der Scheunen.

2) Auf die Größe der hiezu nöthigen Gebäude.

3) Auf deren Lage, Einrichtung und Anordnung.

Dieses Gut soll 3000 Morgen Acker haben, davon jährlich 2000 Morgen in ordentlicher Frucht und etwa 100 Morgen in der Brache geerndtet werden. Es soll Mittelland oder gemengtes seyn, nehmlich gutes und schlechtes.

Auf den Morgen soll, wie im ersten Hauptstüke gezeigt, 1 Scheffel gesäet und 1 Schok Garben davon geerndet werden.

Die Hälfte der Sömmerung besteht in Rüben, Kohl und dergleichen Gewächsen. Die andere Hälfte in Erbsen, Linsen, Wicken, Klee und dergleichen. Jenes kömt nicht in die Scheune, aber dieses. Die ganze Erndte ist also 2050 Schok Garben.

1. Schok nach dem 47. §. 240c' also alles zusammen erfordert 492000c' Raum und 6 Tennen.

Denn vielmehr als 300 Schok können in 6 Monaten auf einer Tenne nicht wohl durch 3 bis 4 Mann gedro=

gedroschen werden, und in dieser Zeit will man doch gern das Getrayde auf den Boden haben. In Körnern beträgt es ohngefähr 10000 Scheffel.

Von den Wiesen und Viehstande.

§. 105. An Wiesewachs, soll dies Gut 500 Morgen und 2000 Morgen Holz und Hütung haben.

Die Heu- und Grumterndte wird daher 10, bis 15000 Centn. betragen.

Und man wird füglich bey diesem Gute, wenn die Bauern oder Unterthanen nicht alle Dienste thun, sondern der Herr selbst einige Spannpferde halten muß, auf 24 bis 30 Pferde rechnen können; davon gegen die Hälfte zur Zucht an Füllen sind, und einige Kutschpferde.

Rindvieh können wenigstens 70 Stük und 200 Schweine gehalten werden, die Schäferey kan 5 bis 600 Stük stark seyn.

Von der Remise.

§. 106. Zu Bau- Nutz- und Brennholze so wie zu Ackergeräthe, Kutschen und dergleichen, ist eine hinlängliche Remise nöthig, die wenigstens 5 mal so gros als bey dem ersten Bauergute seyn muß; ein jeder Bauherre kan sich die Größe derselben nach der Vorschrift des 69. §. selbst berechnen, sobald er weiß, wie viel er von jeden Vorrath gebraucht.

Von den Ställen.

§. 107. Die Größe der Ställe ist ebenfals nach denen im 2ten Hauptstük vorgesetzten Gründen sehr leicht zu finden; hier ist nun noch zu merken, daß die Ställe so eingerichtet werden müssen, daß man den Mist gleich aus den Ställen fahren kan; deswegen müssen also die Gänge etwas weit seyn, und keine Ständer im Wege stehn.

§. 108.

§. 108. Von dem Wohnhause will ich anfangen, die Grösse und Anordnung derer Theile zu zeigen. Unter dasselbe kommen wenigstens 3 geräumige gute Keller, davon dient der erste zu Rüben und Eingemachten; der zweyte, zu Milch und Getränke; und der dritte, zu Wein. Der Erste muß der größte seyn, etwa 24′ lang und 20′ breit, die beyden übrigen können halb so gros seyn. Von der untern Etage.

Die erste Etage enthält, nach dem 3. §.

A. Einen geräumigen Hausflur, der in die Mitte kömt, er ist 18′ breit und 16′ tief, und enthält die Kellertreppen, die unter der Treppe der 2ten Etage a, angebracht ist.

B. Die Küche hinter dem Flur, ist 18′ breit und 24′ tief, hier ist der Feuerheerd, der Backofen und 2 Stubenofenlöcher, wie aus der Zeichnung zu sehen.

C. Die Wohnstube des Verwalters mit seiner Frau, nebst der Kammer D, liegt an der linken Seite des Flurs, beydes zusammen ist 24′ breit und 20′ tief.

E. Der Gang so von der Küche nach den Stalle führt, ist 24′ lang und 5′ breit.

F. Die Mägdekammer liegt an dem Kuhstalle, sie ist 10′ breit und 14′ tief.

G. Die Vorrathskammer liegt an der Küche, und ist 14′ breit und tief.

H. Die Wirthschafts- und Gesindestube ist auf der andern Seite des Flurs 24′ breit und 20′ tief, in dieser und des Verwalters Kammer, sind die Fenster, b, zur Erleuchtung der Ställe angebracht.

I. Die

I. Die Speisekammer an der Küche, ist 12′ breit, und 20′ tief.

K. Die Knechtekammer ist 12′ breit und 20′ tief. Diese untere Etage des Wohnhauses ist also eigentlich blos zur Wirthschaft abgetheilt.

Die 2te Etage.

§. 109. Die 2te Etage, davon der Grundriß besonders gezeichnet ist, dient eigentlich zur Wohnung und Bequemlichkeit des Gutsherrn.

L. Der Flur ist 18′ breit und 20′ tief.

M. Die Wohnstube des Herrn mit der Kammer.

N. Die zugleich zum Bücherzimmer dient, beyde zusammen sind 24′ breit und 20′ tief.

O. Wohnstube der Frau von Hause.

P. Schlafzimmer dazu, beyde sind wieder 24′ breit und 16′ tief.

Q. Wohn- und Schlafzimmer der Kinder.

R. Wohnzimmer des Hofmeisters, beyde sind 24′ breit und 20′ tief.

S. Der Gang ist 24′ lang und 4′ breit.

T. Der Saal ist 30′ lang und 20′ tief.

V. Ein Zimmer vor Fremde, ist 12′ breit und 20′ tief.

W und X. sind zwey Gänge, 24′ lang und 4′ breit, die nach denen Abtritten Y. Z. führen.

Und b c sind Treppen, welche in die Ställe führen.

Die Böden des Wohnhauses.

§. 110. Die Boden über dem Wohnhause dienen blos zur Bequemlichkeit der Wirthschaft, denn zum Korn schütten sind sie theils zu hoch, theils wird

wird das Haus dadurch zu sehr belästigt; sie sind daher 1) zu Wohnungen für die Bedienten, Kammermägde und dergleichen, ja allenfals für die Demoisell und kleinsten Kinder eingerichtet.

2) Zum Trockenen der Wäsche, zur Aufbewahrung des Flachses, Obsts und dergleichen, ferner Eisenwerk, Stricke und andere Hausgeräthe daselbst aufzubewahren dienlich.

§. 111. Die Berechnung der Grösse deren Ställe hier anzumerken, würde zu weitläuftig seyn, ich setze daher nur die gefundenen Größen, wie sie seyn müssen. Größe der Ställe.

A. a. Der Pferdestall ist zu 27 bis 30 Pferden eingerichtet, davon 9 oder 10 in einer Reyhe stehen, also 3 Reyhen; zwischen denen ersten 2 Reyhen e. f. ist der Futtergang g. und zwischen der 2ten und 3ten Reyhe f. und h. ist die Durchfahrt i.

e.	Die erste Reyhe ist breit ⸗	10′
g.	Der Gang ist breit ⸗ ⸗	5′
f.	Die 2te Reyhe Stände ist breit ⸗	5′
i.	Die Durchfahrt ⸗ ⸗ ⸗	10′
h.	Die 3te Reyhe ist breit ⸗ ⸗	5′
	Ganze Breite des Stalles ist	35′

Die Tiefe desselben ist 40′ mit einem Quergange.

B. a. Der Schaafstall soll 500 Schaafe enthalten, und zugleich einen kleinen Futterstall C a, die 20′ lang und 10′ breit ist die Länge dieses ganzen Stalles muß also zu 40′ Tiefe, 102′ seyn; darinn ist zugleich der kleine Lammstall D a. 16′ lang und 10′ breit, E a. der Gang geht von der Gesindestube durch den Pferdestall nach den Futter-

und

und Schaafstalle. Der Schaafstall hat auch eine Durchfarth.

Fa. Der Kuhstall enthält zu 70 Stük Rindvieh in 7 Reyhen hinlänglichen Raum.

Die erste Reyhe k ist breit	= =	7′
Denn ein Futtergang und 2 Krippen l.		7′
m. Die 1ste Durchfahrt, und 2 Reyhen Stände	= = = =	14.
n. Der 2te Futtergang ist breit	=	7.
o. Die 2te Durchfarth ist breit	=	14.
p. Der 3te Futtergang ist breit	=	7.
q. Die 3te Durchfarth ist breit	=	14.
Länge des ganzen Stalles		70′

In der Tiefe ist er 40′ vorne nach dem Hofe ist ein Durchgang Ga. und in der Mitte der 2te Ha. jeder zu 3′ bis 4′ breit.

Ia. Ist der Gang, so die Schweinställe von den Kuhställen absondert; dieser dient zugleich zum Futtergange für die letzte Reyhe Kühe, er ist 6′ breit, und enthält die letzte Kuhkrippe noch mit.

An diesen Gange liegt auf einer Seite der Futtergang K.a. und auf der andern der Kälberstall L a. davon jeder 16′ lang und 10′ breit ist.

M. a. und N. a. sind 2 Futtergänge, jeder 4′ breit, davon einer zwischen denen vorigen Ställen durchgeht.

N. a aber ist die Fortsetzung des ganzen G a. an der Hofseite.

O a. sind 6 Schweineställe, deren jeder 17′ lang und 10′ breit ist, und ohngefehr 30 Schweine enthalten kan, also zusammen 180 Stük. P a.

und

und Q a. sind Quergänge, jeder 5′ breit. R a. sind 5 kleine Schweinställe, jeder 10′ lang 8′ breit, zu Sauen und Mastschweinen.

§. 112. Die Boden über denen Ställen sind 274′ lang 40′ breit und 20′ hoch. Von den Futterboden.

Sie schließen daher 109600c′ Raum ein;

Die Heuernde betrug nach dem 105 §. höchstens 15000 Centl. a 14c′ sind 210000c′. Rechne ich nun vor 70 Stück Rindvieh, jährlich a 10 Ctl. Heu, so sind dies

Ctl. Heu, so sind dies	700	Centl.
vor 30 Pferde a 20 Ctl.	600	=
vor 500 Schaafe a 4 Ctl.	2000	=
Summa	3300	Centl.

Zum eigenen Wintervorrath, von den übrigen können noch 1700 Ctl. auf schlechte Jahre bewahret werden, die übrigen 10000 Ctl. aber werden verkauft, und dazu sind gar keine Boden nöthig; denn wenn man es nicht sogleich von der Wiese verkauft, so wird es nur in Haufen zusammengesetzt. Diese 5000 Ctl. zum eigenen Gebrauch a 14c′ betragen 70000c′ also sind noch zu Strohe 39600c′ über denen Ställen übrig, wo 165 Schock Bunde Raum haben.

Ob dieses nun gleich kaum auf 4 Monate hinreichend ist, so kan man das übrige in denen Scheunen aufbehalten und allmählig anfahren, oder auch auf dem Schuppenboden; den ich aber so viel möglich allein zum Getraydeschütten lassen wolte. Denn dazu würde er alle mögliche Vollkommenheiten haben; durch das Stroh aber würden Mäuse dahin gebracht, die sich darinn sehr gut verstecken könten.

§. 113. Die Scheunen B C müssen nach dem 104. §. 2050 Schock Garben oder 492000c Raum ohne die Tennen einschließen. Von den Scheunen.

Ein Gebäude würde hiezu zu lang, denn dieses müßte mit denen nöthigen 6 Tennen 532320c' einschließen, und also nach der im 64 u. 65 §. gegebenen Vorschrift zu 40' Tiefe und 14' Höhe in Stiele 554½ Fuß lang werden. Ferner wäre hier alles ohne Rettung verloren, wenn unglücklicher Weise einmal Feuer in dieser Scheune auskäme; ich theile dieselbe daher in 2 Gebäude, die zu beyden Seiten des Hofes 50 Fuß von dem Wohngebäude abgebauet werden, wie die Zeichnung lehret. Damit der Hof nicht gar zu breit werden durfte, habe ich diese Scheunen nicht über die Giebel des Hauses, sondern einwärts gelegt, jede Scheune ist 280' lang und hat 3 Tennen BD die zum Ausfahren eingerichtet sind.

Größe der Remise.

§. 114. Die Remise muß wenigstens 5 mal so groß als des Bauers seine seyn p. §. 106. Da jene nun p. §. 69. 1600□' einschließt und 40' tief und 40' lang ist, so muß diese wenigstens 200' lang seyn; und an beyden Giebeln 30' von denen Scheunen abstehn. Die innere Seite derselben Remise nach dem Hofe zu, ist nicht auszumauern oder auszukleben nöthig, damit die Luft desto besser die Vorräthe darin austrocknen, und das Ackergeräthe gut erhalten kan; der Grund- und Aufriß BB zeigt dies deutlicher. In der Mitte dieses Gebäudes über der Einfarth ist ein Thurm, der mit einen Gewitterableiter versehen ist.

Vom Kornboden und Dorfmagazin.

§. 115. Eben dieser freye Luftzug verbessert auch den darüber befindlichen Kornboden, denn dieser hat fast alle Eigenschaften eines recht guten Kornmagazins. Er hat

1) ganz freyen und gesunden Luftzug.

2) Er

2) Er ist feuersicher, weil er ganz frey und allein stehet.

3) Man kan so viel Lucken und Luftzug machen als man will.

4) Man kan demselben auch die nöthige Höhe in Ueberfluß geben, da man doch nicht mehr als höchstens 2 Bodens übereinander anlegt.

5) Er ist nahe bey den Scheunen, und folglich das Getrayde nicht weit dahin zu tragen; und

6) ist er hinlänglich groß; denn es können füglich auf den Unterboden der 200' lang und 40' breit ist a Scheffel 2□' gerechnet,

4000 Scheffel und auf den obersten der 160' = lang und 25' breit ist in allen = 2250 Scheffel geschüttet werden

also zusammen 6250 Scheffel, welches mehr beträgt als ein Jahr Erndte, ist dieses trocken, so kann man dies höher schütten, und denn können füglich 2 Erndten nach Abzug der Saat und des eigenen Gebrauchs aufbewahret werden.

Hat man nun noch eine Erndte in Stroh, so ist dieses ein sehr ansehnlicher Vorrath, den man nicht leicht auf dem Lande finden wird.

Hätte aber die Gutsherrschaft nicht Lust vorräthig Getrayde zu haben, so könten diese schönen Boden zu Magazienen des Dorfs dienen, welches gewiß gerne einige Zinsen davor entrichten würde, und dadurch erhielte man ein in verschiedenen neuen oeconomischen Schriften so angepriesenes Kornmagazin ohne besondere Baukosten anwenden zu dürfen.

§. 116. Der Hofraum bestehet aus 2 Theilen, nemlich dem Viehhofe und dem Raum zum Fahren; Von dem Hofe.

 in

in dem Viehhofe sind die Mistplätze und ein großer Wasserhalter Aa A der 100′ lang und 60′ breit ist.

1) Der vordere Raum an dem Hause dient zum Fahren, er ist 50′ breit und 340′ lang;

2) der übrige Hofraum besteht aus dem großen Hofe, und denen zwey kleinen Plätzen zwischen der Remise und den Scheunen, erstere ist 240′ breit

und 260 lang	=	62400□′
die beyden andern sind jeder 30′ breit und 40′ lang		2400□′
		64800□′
also der ganze Viehhof ist		450□°.

Dieser Hof ist so geräumig, daß alles Vieh mit der größten Bequemlichkeit Raum hat.

Größe des ganzen Gehöfts.

§. 117. Die Größe dieses ganzen Gehöfes beträgt 340′ in der Länge oder Fronte des Hauptgebäudes und 370′ in der Breite, mit Hofe und allen also 125800□′ = 873 $\frac{11}{18}$□° = oder 4 Morgen 153 $\frac{11}{18}$□°, welches in der That nur ein kleiner Raum zu einem so beträchtlichen Wirtschaftsgehöfte ist. Aus der Zeichnung dieser Beschreibung erhellet, daß auch eben diese Anlage sich vortreflich zu einem Vorwercke schickt, dabey läßt man nur die 2te Etage weg, und macht den Schuppen etwas kleiner. Aus dieser Ursach habe keine besondere Zeichnung zu einen Vorwercke beygefügt; weil sie mit diesen fast gleich gewesen wäre.

5. Kapitel.

Von der Anlage eines großen Adelichen Landhauses oder Amtswohnhauses nach der 6ten Zeichnung.

§. 118.

Bis jetzt bin ich den ersten Hauptplan, den ich zu einem Bauergehöfte gemacht hatte, auch bey Anlegung des vorigen Adelichen Gutes gefolgt; da ich denselben vortheilhaft finde, so behalte ich ihn auch hier meistens bey. Nicht als wenn ich nicht auch andere Zusammensetzungen für gut hielte, sondern weil diese die vollkommenste fast unter allen Umständen ist. Von einem großen adelichen Gehöfte.

§. 119. a) Die Lage aller Theile des ganzen Gehöftes muß so seyn, daß der Besitzer alles was möglich mit einem Blick übersehen kan. Worauf bey dessen Anlage besonders zu sehen.

b) Wo seine Gegenwart oft und geschwind nöthig ist, da muß er ohne Umwege bald aus seinem Wohnzimmer hin können.

c) Eben dieses gilt auch von der Wirthin.

d) Die Theile die nicht so viel oder genaue Aufsicht erfordern, können am entfernsten von der Wohnung gelegt werden.

e) Alle Theile die untereinander in Verbindung stehen, müssen so nahe als es sich thun lässet zusammen seyn, oder doch gleich auf einander folgen.

f) Die Theile deren nähere Verbindung schädlich seyn kan, müssen getrennt werden, wenn der Schaden ihrer Verbindung größer, als der mit dem Gegensatz verknüpfte Vortheil ist, oder wahrscheinlicher Weise leicht werden kan.

g) Alle nöthige und nützliche Theile müssen angebracht seyn, und alle nur möglichen Vollkommenheiten haben, sowol in Absicht ihrer Anlage, Verbindung, Anordnung und Bau selbst, wie ich letzteres vorzüglich in nächst folgenden Hauptstüke zeigen werde.

Von den Theilen der Wohnung.

§. 120. Hier muß ich wieder einige Nachrichten von denen Theilen voraus schicken, die das zu erbauende Wohnhaus enthalten soll.

1) Es soll ein Justizamt seyn, darauf der Iustitiarius oder ein Actuarius wohnen muß.

Es sind hiezu folgende Stücke nöthig.

a) Eine Gerichtsstube.

b) Ein Feuersicher Archiv.

c) Wohnzimmer für die Justizpfleger.

d) Gefängnisse.

e) Wohnung für den Gerichtsknecht.

2) Wohnungen für die Herrschaft, für mehrere Fremde, für Kinder, deren Lehrer und Aufseherin, vor Wirthschaftsverwalter, Bedienten, und Arbeiter.

3) Es hat die Brau- und Brandeweinbrenner-Gerechtigkeit.

Diese ist entweder gering, mittelmäßig oder stark, letztere wird meistens wieder besonders verpachtet, und so erfodert sie besondere Gebäude; die ganz ab von den übrigen Gehöfte gebauet werden müssen.

4) Die

4) Die Vieh- und Ackerwirthschaft will ich, wie bey vorigen Gute annehmen, und nur von dem Wohngebäude folgendes anmerken.

§. 121. Nach der VIten Zeichnung sind folgende Theile nach der bezeichneten Größe und Anordnung nothwendig. Ein Souterrain, Unteretage, und 2tes Stockwerk, nebst verschiedenen Böden.

§. 122. Das Souterrain oder Kellerstockwerk, so gröstentheils in die Erde gesenkt ist, enthält folgende Theile.

A. Den Gang, 6' breit mit der Treppen a.

B. Den Gang, der unter der Hofthürtreppen seinen Eingang hat, 8' breit.

C. Die Küche, 12' breit und 18' tief.

D. Speisekammer, 12' breit und 18' tief.

Da 18' die algemeine Tiefe der Foder- und Hinterzimmer dieses Souterrains ist, so erinnere dieselbe nicht wieder, und bemerke nur die Breite:

E. und F. Weinkeller, 24' breit.

G. H. Gefängniß, 20' breit.

I. K. Stube und Kammer des Gerichtsknechts, 22' breit.

L. M. Stube und Kammer des Kochs, 22' breit.

N. O. Stube und Kammer des Brauers, 20' breit.

P. Q. Brau- und Brennhaus, 36' breit, hier kan der Backofen, der in der Küche geheitzt wird, mit angebracht werden.

R. S. T. U. 4 Keller, zu Bier und Brandtewein.

Davon sind zwey 32′ breit, und zwey 24′ breit, und 8′ zum Gange.

Der Eingang B so neben diesen Keller liegt, dient zum auswinden der Bier- und Brandtweinfässer, damit dies nicht in der Mitte geschehen darf, weil durch das Geräusch, die Herrschaftlichen Wohnungen beunruhigt werden.

Der Eingang in der Mitte dient vorzüglich vor den Koch und Gerichtsdiener.

Die erste Etage.

§. 123. Die erste Etage No. II. über der Erde, enthält folgende Theile.

a) In der Mitte der Flur, 24′ breit, 20′ tief.

b) Der Gartensaal, 24′ breit, 20′ tief.

c) Die Wohnstube des Hausherrn, diese ist gleich bey dem Eingange, damit die Ankommenden nicht lange suchen dürfen, 24′ breit.

d) Bedientenzimmer, 12′ breit.

e) Flur 10′ breit, wegen der schwächern Mauern wird hier der Raum größer, oder die Zimmer tiefer, als in der Kelleretage.

f) Die große Wirthschaftsstube, 24′ breit.

g) Knechtekammer 12′ breit.

h, i) Stube und Kammer für den Schäfer und dessen Frau, 22′ breit.

k) Verwalterzimmer, 10′ breit.

l und m) Zwey Zimmer für Fremde, 26′ breit.

n. o) Zwey Zimmer für die Frau in Hause, 26′ breit.

p) Kammermägdezimmer, 10′ breit.

q) Milchkammer, 10′ breit.

r) Klei-

r) Kleine Küchen zum Käsen, 12′ breit.

s) Mägdekammer, 12′ breit.

t) Wohnung des Hausverwalters und dessen Frau, die zugleich die Aufsicht über das Rindvieh, die Milch und das Buttern hat. Er aber besorgt Brau- und Brandeweinbrennerey, 24′ breit.

u) Gang, 10′ breit.

w) Wohnzimmer des Iustitiarii, oder Actuarii, 20′ breit.

x) Gerichtsstube und Archiv, 16′ breit.

Aus dieser Eintheilung folgt:

§. 124. Die größte Bequemlichkeit für alle. Der Hausherr kan alles übersehen, was auf dem Hofe vorgeht, und ist mitten in dem Bezirk seiner Leute. Die Hausfrau hat die angenehme Aussicht nach den Garten, und kan zugleich die nahe bey arbeitenden Mägde übersehen, und ein wachsames Auge auf sie haben. Es würde zu weitläuftig seyn, zu zeigen, daß die Wohnungen der übrigen Leute eben so bequem wie diese zu ihren Geschäften eingerichtet sind. Denn der Gerichtshalter ist bey der Gerichtsstube, der Hausverwalter bey den Bauern, und der Feldverwalter bey seinen Arbeitern, und nahe bey den Pferdeställen.

Von der Bequemlichkeit der Etage.

§. 125. Für die nothwendigen Theile wäre nun zwar ziemlich hinlänglich gesorgt, wann aber der Hausherr Kinder und öftern Besuch hat, auch zu seiner Bequemlichkeit noch Zimmer gebraucht, so sind diese über den mitlern Theil des Wohnhauses in eine 2te Etage eben so zu ordnen, wie in der untern a b c d k l m n o p v w x geordnet sind, und auf folgende Art zu gebrauchen.

Die 2te Etage.

Aa. Der Hausflur, 24′ breit.

Bb. Wohnzimmer des Herrn mit den Alcoven, 24′ breit.

Cc. Nebenzimmer, 12′ breit.

Dd. Wohnzimmer der Frau des Hauses, 24′ breit.

Ee. Zimmer für die Lehrerin der Kinder, 12′ breit.

Ff. Gg. Gastzimmer.

Hh. Saal.

Ii. Kk. Kinder- und Hofmeisterzimmer.

Ll. Gang.

Mm. Nebengänge nach Bequemlichkeit, und Treppen, nach unten, wie in der V. Taf.

Mehrere Treppen in einem Gebäude von mehreren Etagen haben den großen Nutzen, daß man bald und bequem von allen obern Theilen nach allen untern kommen, und besonders in Feuersgefahr sich mit Mobilien desto leichter retten kan.

Von den Ställen.

§. 126. Die Ställe behalten die in der Vten Taf. gezeigte Form, und werden nur nach der Verhältniß des größern Viehstandes, der sich mit nach der Brau- und Brandweinbrauerey richtet, vergrößert.

Von dem Hofe und Wasserhälter.

§. 127. Der Hof hat hier eine sehr ansehnliche Größe, und er verstattet daher die Bequemlichkeit einen kleinen Teich mitten in dem Gehöfte anzulegen, der nicht nur zum Schwemmen, Trenken und zur Verschönerung des ganzen dient, sondern auch in Feuersgefahr von dem erheblichsten Nutzen ist.

Das

Das Passein kan füglich 100′ lang und 60′ breit seyn; wenn es aber bey dieser Grösse nur 3′ tief Wasser hat, so enthält es doch 18000c′. Welcher Vorrath nicht leicht in der größten Feuersgefahr verbraucht werden kan. Da die Ställe und Scheunen eben die Einrichtung, wie bey der Tab. V. behalten, und nur vergrößert werden, so habe ich zur Ersparung der Kosten, nur das Wohnhaus gezeichnet.

6. Kapitel.

Von der Anlage und Einrichtung einer bequemen Ländlichen Pfarrwohnung, nach Tab. VII. Fig. I.

§. 128.

Die nöthigen Theile der Predigerwohnung sind schon im 4. §., deren Eigenschaften aber almählig mit angegeben worden. Was die Wirthschaftsgebäude betrift, so muß man sich dabey wieder nach der Größe des Feldes, dessen Güte und Art es zu benutzen richten, und untersuchen, wie viel Vieh und Arbeiter darauf zu halten nöthig sind, und wie gros die Gebäude dazu, nach denen zuerst gesetzten Maaßen, seyn müssen. Vorerinnerung hiezu.

Hier bemerke ich nur, daß, wenn die Wirthschaft nicht größer, als bey dem halben Bauergute ist, alles in ein Gebäude kan gebracht werden; ist sie aber größer, so wird die Scheune und Remise wie bey dem ersten Bauergute abgesondert; weil ohne dieses das Gebäude eine gar zu lange Fronte bekommen müßte, und alles in einem der Feuersgefahr ausgesetzt wäre.

§. 129.

Größe der Erndte und Anzahl des Viehes so hiezu gehöret.

§. 129. Diese Pfarre, zu der ich die Gebäude in der VII. Tab. Fig. I. gezeichnet habe, soll an Grundstücken und Vieh die mitlere Arithmetische Proportion zwischen dem großen Bauerngute und dem kleinen die ich oben beschrieben habe, oder die Erndte mit den Zehend in Garben soll $\frac{3}{4}$ von dem, was das große Gut erndtet betragen, danach sich denn die Größe der Scheune richten muß.

Die Erndte in Garben beträgt also 96 Schok.

An Heu und Grumt in allen 672 Centn.

An Vieh folgendes nöthig:

1) 6 bis 7 Pferde mit Füllen.

2) 9 Kühe, und 4 bis 5 Stük jung und gelde Vieh.

3) 60 Stük Schaafe und Hammel.

4) 6 bis 7 Schweine und Sauen.

5) 4 Alte oder Zuchtgänse, oder 20 bis 24 in allen.

6) 15 bis 20 Hüner mit Jungen 48.

Untere Etage des Wohnhauses.

§. 130. Hiezu sind nöthig, wenn der Prediger seine Wirthschaft durch einen Meyer besorgen läßt, für diesen Stube und Kammer. Ein Knecht. 2 Jungens zum Vieh, und 2 Mägde zur Feldarbeit und Besorgung des Hauswesens.

Hiezu sind folgende Theile nöthig, wie Tab. VII. zeigt.

A. Der Flur, 16′ breit und 10′ tief.

B. Die Wohnstube des Meyers und dessen Kammer.

C. Zusammen 22′ breit 16′ tief.

D. Die Mägdekammer, 10′ breit und tief.

E. Die

E. Die Vorrathskammer, 12′ breit 10′ tief.

K. Der Gang, 22′ lang 4′ breit.

F. Die Küche, 16′ breit 20′ tief.

G. Speisekammer, 12′ breit 14′ tief.

H. Knechtekammer, 10′ breit 14′ tief.

I. Wirthschafts- und Gesindestube, 22′ breit 16′ tief.

Aus dieser Anordnung erhellet, daß eben dieses Haus ohne die 2te Etage auch zu einem Bauerhause, Vorwerke oder Meyerey dienen könnte. Denn blos die 2te Etage dient zur Wohnung des Predigers.

Doch in dem Fall der Prediger seine Wirthschaft selbst besorgt, dient die Stube B und die Kammer C zu seiner gewöhnlichen Wohnstube, aus der er alles übersehen kan.

§. 131. In den No. 2. im Hofe des Gehöfts besonders gezeichneten Grundrisse der 2ten Etage sind die übrigen Wohnungen enthalten. 2te Etage des Wohnhauses.

K. der Flur mit der Treppe, 16′ breit 12′ tief.

L. Studierstube des Predigers, und

M. Bücherzimmer zusammen 20′ breit und 18′ tief.

N. Wohnung der Frau Predigerin, und

O. Schlafzimmer, 20′ breit 16′ tief.

P. Gang 4′ breit.

Q. R. Zimmer vor den Hofmeister und die Kinder 20′ breit 10′ tief.

S. Speisesaal 22′ lang 18′ breit

T. Zimmer für Fremde 14′ breit 12′ tief.

§. 132.

§. 132. Die Stallungen und Scheunen haben die Form des ersten Bauergutes, nur daß die Ställe nicht so tief, die Scheune und Remise aber nicht so lang als jene sind.

a) Der Pferdestall zu 4 bis 5 Zug und einigen jungen Pferden, ist mit dem Quergange 30′ lang und 11′ breit.

b) Der Schaafstall zu 60 Schaafen ist 17′ breit und 30′ tief.

c) Der Futterstall ist 6′ breit 10′ lang.

d) Der Lammstall ist 6′ breit 6′ lang.

e) Der Gänse- und Hünerstall ist 4′ breit 16′ lang.

f) Der Kuhstall zu 14 Stük Rindvieh ist 21′ breit 30′ tief.

g) Die 3 Schweineställe zu 6 bis 8 Schweinen, und

h) der Futterstall, nebst

i) dem Gange sind zusammen 11′ breit 30′ lang.

Das übrige erhellet aus der Zeichnung.

§. 133. Die Scheune l soll mit der Remise m wieder 40′ tief und 14′ hoch werden, zu 90 Schok Garben aber ist sie nur mit der Tennen zu 12′ Breite 36′ lang nöthig, und eben so auch die Remise.

Mit denen Korn- Stroh- und Vorrathsbodens bleibt es bey der ersten Einrichtung, die bey dem ersten Bauerhofe ist angegeben worden, und wo hier alles ähnliches Verhältniß behält.

§. 134. Die Anlage des Hofes und dessen Einrichtung ist auch dieselbe, nur daß er hier kürzer wird, die Breite bleibt dieselbe, damit die Gebäu-

de

de nicht zu nahe an einander kommen, und weil hiedurch auch an dem Platze zum Fahren einige □Ruthen ersparet werden.

§. 135. Die Größe des ganzen Gehöftes beträgt folgendes:

1) Das Wohngebäude und die Ställe ist 124′ lang und 34′ tief mit den Mauern a 2′ ist = = = 4216□
2) Die Scheune und Remise ist 76′ lang 44′ breit = = = 3344.
3) Der ganze Hof ist 76′ lang 60′ = 4560.

Die Größe des ganzen Gehöfts 83½□° = 12120□′

Mehrere Veränderungen sind nach dieser Methode sehr leicht zu machen, so daß für alle Fälle bequeme, und wohl eingerichtete Wohnungen derer Herren Landprediger nach diesem Muster eingerichtet werden können.

Ist der Garten gleich hinter dem Wohnhause, so lege ich bey V eine Treppe und Thüre nach denselben an, die in eine Laube führet, so, daß wenn man in den Gartengängen geht, das Gebäude einen regelmäßigen Prospect giebt.

7. Kapitel.

Von Landgebäuden zu Wohnungen für Justiz- oder Zollbeamten, von Wirthshäusern, Trescher- und Häußlerwohnungen.

§. 136.

Bey der Anlage und Anordnung der Wohnung eines bemittelten und in mehrern Geschäften befindlichen Justizbeamten, oder Zolldirectors oder Post- Auf was hiebey zu sehen.

Postmeisters oder adlichen Familie, die sich nicht um die Wirthschaft bekümmert; die aber öfters Besuch bekömmt, einen Schreiber und Bedienten halten muß, und noch Kinder bey sich hat; ist folgendes zu bemerken:

1) Sind Zimmer zur Wohnung für ihn und seine Familie,

2) zu Geschäften,

3) zu fremden Besuchen, und

4) zur Haushaltung für das Gesinde nöthig.

Einrichtung des Hauses nach Tab. IIII. Fig. 2.

§. 137. Die nöthigen Zimmer und andern Theile habe ich in der IIIIten Tafel Fig. 2. in zwey Geschoße, nach der möglichsten Bequemlichkeit vertheilt, wie aus der Zeichnung erhellet.

A. Der Flur ist 12′ breit 16′ tief.

B. Die Wohnstube mit der Kammer für den Schreiber und Bedienten 18′ breit 14′ tief. Diese ist gleich bey dem Eingange, damit der Schreiber die ankommenden Unterpartheyen gleich unten vernehmen, und sie, wenn es nöthig ist, zu den Herrn führen kan.

C. Gartenzimmer D Kammer 26′ breit 14′ tief; dies Zimmer dient im Sommer zum Speisen.

E. Gang zwischen denselben ist 4′ breit.

F. Gang nach dem Garten, 4′ breit.

G. H. Küche und Speisekammer, 18′ breit 14′ tief.

I. K. Gesindestube und Kammer, 18′ breit 18′ tief.

Wie

Wie die Einrichtung der innern Theile, ingleichen die Anlage der Treppen gemacht ist, erhellet aus der Zeichnung. Es würde nur unnöthig weitläuftig seyn, dieses hier besonders durchzugehen.

Die 2te Etage Litt B. enthält folgendes:

L. Den Flur, 12′ breit.

T. U. Studierzimmer und Bibliothek, 18′ breit 18′ tief.

N. Wohnzimmer und Schlafgemach der Haus-Frau, 18′ breit 14′ tief.

O. Gang, 4′ breit.

P. Schlafzimmer für Fremde.

Q. Speisezimmer im Winter, sonst wenn C dazu gebraucht wird, so dient dieses auch für Fremde.

R. Gang, 4′ breit.

S. s. Zimmer für Hofmeister und Kinder.

V. W. Geheime Gemächer.

N. Wartezimmer, für die Bedienten.

X. und Y. Keller unter denen Stuben, B und I.

W. Gang zu denselben, oder Vorkeller, vor die Bedienten, jeder 12′ breit und 14′ tief, der Gang 6′ breit.

Der Boden dient zu allerley Vorräthen, zum Trocknen, und dergleichen.

Die Länge des ganzen Hauses, wenn es von Holz ist, beträgt 50′ und die Tiefe 34′ mit denen Wänden.

Also in allen noch nicht ganz 12□Ruthen.

Nach diesem Plane könte auch eine Pfarre ohne Acker und Wirthschaft erbauet werden.

Wohnung für niedrige Zollaufseher.

§. 138. Zur Wohnung für einen Iustitiarius oder Zolleinnehmer, der keinen Schreiber hat, ist die untere Etage des vorher gezeigten Gebäudes hinlänglich; ja wenn es Zöllner von der niedrigsten Klasse sind, so ist dieselbe noch zu gros. Denn diese können sich mit einer solchen Wohnung, wie ich nachher für die Tagelöhner und Drescher entwerfen werde, behelfen.

Von dem Wirthshause.

§. 139. Der Mangel bequemer und gut eingerichteter Wirthshäuser, auf den Lande, wo große Landstraßen durchgehen, bewegt mich auch dazu eine Vorschrift beyzufügen.

1) Ist hiebey besonders auf die Bequemlichkeit und Sicherheit aller Reisenden und ihrer bey sich habenden Sachen und Güter zu sehen.

2) Auf die Wohnung und Bequemlichkeit des Wirthes und seiner Leute.

3) Auf seine anderweitige Oeconomie.

Zur Erhaltung des ersten, ist nöthig:

a) Daß hinlängliche Zimmer für Reisende hohen und niedern Standes angebracht sind.

b) Eine große Gaststube für gemeine und Fuhrleute, die der Bequemlichkeit wegen nahe am Stalle seyn muß.

c) Gute Ställe für eine große Anzahl Pferde.

d) Zur Erhaltung der Sicherheit, ein zugemachter Hof.

e) Und zur Bewahrung derer Waaren und Wagen für Regen, gute und geräumige Wagenremisen.

Zur

Zur Erhaltung des 2ten Stükes:

a) Eine bequeme Wohnstube und Kammer vor den Wirth.

b) Eine gute Küche, mit Vorraths- und Speisekammern.

c) Keller, zu Vorräthen, Bier, und nach Beschaffenheit der Umstände, auch Wein.

d) Vorrathsboden zu Korn, Heu und Stroh.

e) Schlafkammer für seine Leute.

Zur Erhaltung des 3ten Stükes:

a) Hinlängliche Ställe, Futterkammer und dergleichen.

b) Eine Scheune, die verhältnißmäßig gros ist.

§. 140. Dieses Wirthshaus soll eben so viel Akerbau aber nicht ganz so viel Viehzucht haben, als das große Bauergut. Zubehör dieses Hauses.

Es soll aber noch gegen 100 Stük fremden Pferden Stallung geben, und das hiezu nöthige Futter auf ein Jahr vorräthig enthalten können.

Die Lage und Einrichtung ist aus Tab. VIII. zu ersehen, und ist folgende.

§. 141. Das Wohnhaus hat in der Mitte den Flur A. 12′ breit und tief. Untere Etage.

B. Die Gaststube ist 20′ breit 18′ tief.

C. Die Kammer für den Wagenmeister und den Knecht, 14′ tief 12′ breit.

D. Speisekammer, 14′ tief 8′ breit.

E. Küche, 12′ breit 20′ tief.

 F. Vor-

F. Vorrathskammer, 12′ breit 14′ tief.

G. Mägdekammer, 8′ breit 14′ tief.

K. Gang, 4′ breit. V. Geheime Gemach.

I. H. Wohnstube und Kammer des Wirths, 20′ breit 14′ tief.

2te Etage.

§. 142. Die 2te Etage dient besonders für vornehme Fremde.

L. Der Flur, 12′ breit und tief.

M. Der Speisesaal, 20′ breit und tief.

N. Vorzimmer.

O. Wohnzimmer für Fremde zusammen, 20′ breit 18′ tief.

P. Schlafzimmer für Fremde, 12′ br. 14, tief.

Q. u. T. Stube und Kammer, 26′ br. 14′ tief.

R. u. S. Stube und Kammer, 20′ br. 14′ tief.

W. Gang, 4′ breit.

V. u. X. Privete mit dem Gange, 4′ breit.

Die Pferdeställe.

§. 143. AB. Der Pferdestall zu 90 bis 100 Pferden, ist 40′ tief und 100′ lang, und an denselben eine Durchfarth AC. von 20′ breit angehangen, die in nassen Wetter zum Schutze der Kutschen und derer mit guten Waaren beladenen Wagens dient. Die Pferdeställe sind mit zwey Durchfarthen gemacht, damit der Mist gleich davon weggefahren werden kan, und damit auch hier, wenn nicht sehr viel Pferde in den Ställen sind, Frachtwagens können untergefahren werden.

Von den andern Ställen

§. 144. Auf der andern Seite des Wohnhauses liegen die Ställe zum eigenen Gebrauch.

AD.

AD. u. AC. Der Futter- und 3 Schweineställe mit einem Gange, 12′ breit 32′ lang. — und der Remise.

AE. Der Kuhstall zu 16 Stük Rindvieh mit dem Futtergange in 2 Reyhen, 24′ breit 32′ tief.

AF. Der Schaafstall zu 80 Stük Schaafen, 25′ breit 32′ tief.

AG. AH. Lämmer- Kälber- Gänse- und Hünerställe, zusammen 4′ breit 32′ tief.

AI. Eine große Remise zu Holze, Wagens und dergleichen, darinn, wenn der Pferdestall voll ist, auch noch Pferde Raum finden können, 55′ lang 32′ tief.

AK. Die Scheune ist 38′ tief 52′ lang.

Diese stehet aber 50′ von denen Seitengebäuden ab, damit sie feuersicher ist, und einen bequemen Viehhof verstattet.

Die Zeichnungen lehren das übrige.

Die Größe des ganzen Gehestes ist:

a) Die Wohngebäude, Ställe und Hof zum fahren, 130′ lang und 120′ breit - - -	15600□′
b) Die Scheune und der Viehhof, 52′ lang 90′ tief. - -	4680

Größe des ganzen Gehefts 140⅔□° = 20280

§. 145. Nach eben diesen Muster und nach denen Regeln die ich beyläufig gegeben habe, wird es leicht seyn auch ein halb so gros Wirthshaus, nach einer geringern Passage einzurichten; wie es denn überhaupt nicht möglich ist, bequeme Gebäude zum voraus zu bestimmen, wenn die Data dazu nicht gegeben sind. — Von kleinern Wirthshäusern.

In dieser Absicht habe ich die Regeln zur Erfindung und Anordnung derer Theile so umständlich auf einige Fälle angewandt, damit jeder, der auch kein Bauverständiger ist, sich hienach richten und in allen Umständen bequeme Gehefte anlegen kan.

Ein Garten- oder Weinberghaus.

§. 146. Zu einem Hause in einen Weinberg oder Garten, der nur in Sommer bewohnt wird, doch ohne Familie, will ich ein Muster beyfügen. Tab. IIII. Fig. 3.

A. Der Flur enthält zugleich die Weinpresse, a 16′ breit und tief.

B. Ein Gartensaal zu Lustbarkeiten, 24′ breit 16′ tief.

C. D. Stube und Alcoven, 16′ breit und tief, für Fremde.

E. F. Wohnstube und Kammer, 24′ breit und 16′ tief.

G. H. Wohnstube und Kammer für den Weinmeister und Bedienten, 24′ breit 12′ tief.

I. K. Küche und Speisekammer, 24′ breit 16′ tief.

L. M. Zwey Keller unter denen Zimmern. G. und H. oder unter den Saale B. wohin der Wein oder Most durch Schleuche fließen kan. Das ganze Haus ist 64′ lang und 32′ tief.

N. O. Sind geheime Gemächer.

Der Boden dieses Gebäudes dient zu Vorräthen, auch können noch einige kleine Schlafkammern für die Bedienten darauf angebracht werden.

§. 147. Hier füge ich noch die Zeichnung zu einigen kleinen Tagelöhner- und Drescher-Häusern bey,

bey, davon das erste zu zwey, das andere für eine Familie eingerichtet ist. Tab. IIII. F. 4. u. 5.

Fig. 4. enthält 2 Familienwohnungen.

A.B. Flur und Küche, 10′ breit 16′ tief.

C. Die Wohnstube, 12′ breit 12′ tief.

D. Die Kammer, 12′ breit 10′ tief.

E. Der Stall, 10′ breit 10′ tief, ist zu einer Kuh und 2 Schweinen hinlänglich.

Die Stube habe ich etwas klein eingerichtet, damit sie desto leichter kan geheizt werden, um aber die Wohnung nicht zu kleine zu machen, so habe ich den Flur und die Kammer vergrößert. Die Gebäude sind von einander geschieden, damit aller Hausstreit unter beyden Familien vermieden wird. Das ganze Gebäude ist 44′ lang u. 22′ tief.

§. 148. Fig. 5. ist der Grund und Aufriß eines einzelnen Familien-Häuses.

Es enthält die Stube A. 12′ breit 16′ tief, in der ein Verschlag B. zu Betten ist.

C. D. Flur und Küche, 8′ breit 16′ tief.

E. F. Kammer und Stall, 8′ breit 16′ tief.

Der Stall ist zu einer Kuh und 2 Schweinen eingerichtet.

Das ganze Haus ist 28′ lang und 16′ tief.

Mehr als 2 bis 4 solche Wohnungen ist nicht rathsam in ein Gebäude zu bringen, weil sie sonst der Feuersgefahr zu sehr ausgesezt und einige zu weit von ihren Gärtens entfernt werden. Jede Familie kan sich allein oder zwey zusammen einen Keller machen; bey dieser Gelegenheit erinnere, daß man wenigstens jeder Familie 1 bis 2 Morgen

Garten und Wiese geben muß, wenn die Leute nicht Betler werden sollen. In einem neuen Colonistendorfe so ich kürzlich ausstach, dessen Grundherr ein sehr edeldenkender wahrer Menschenfreund ist, wurden jedem Colonisten 2 Morgen Garten, und 2 Morgen gute Wiesen gegeben, dem Schulzen aber doppelt so viel; überdies wurde denen neuen Unterthanen erlaubt, ihr Vieh auf die Weide mit dem Hofviehe gehen zu lassen, und gegen die Düngung jährlich ein oder mehrere Morgen Acker zur Sommerfrucht zu nutzen überlassen. Die ganze Anzahl derer Colonisten wurde in eine Gemeinde gefasset, und jeden seine Wohnung und Grundstüke Erb- und Eigenthümlich überlassen. Die angesezten Handdienste bestunden in einigen Morgen Heu zu machen, und der Grundzins ist eben so mäßig. Gezwungene Dienste werden gar nicht verlangt: denn Freyheit giebt Kräfte und stärkt den, der durch Zwang niedergedrückt, faul, falsch und mistrauisch wird.

§. 149. Zu einer Dorfschmiede und Wagenerwohnung, die auch Rädemacher genant werden, füge ich noch Zeichnungen oder Muster bey; weil diese Gebäude besonders fast in den meisten Dörfern nöthig sind.

Von der Schmiede.

Es sollen diese Gebäude nicht blos die Wohnungen, sondern auch die zur bequemen Betreibung der Handthierung des Besitzers nöthigen Theile in bester Form enthalten; hiedurch unterscheiden sie sich von denen Colonisten- und andern Wohnhäusern.

So erfordert nemlich die Schmiede Tab. XIIII. Fig. I. folgende Theile: 1) Wohnstube nebst Kammer. 2) Küche und Kammer. 3) Einen gehörigen Raum zur bequemen Betreibung des Schmiedehandwerks, der sowohl die Schmiede-Esse nebst

Ambo-

Ambosen und kleinen Geräth enthält, als auch zugleich mit zur Remise für die Wagen und Pferde, welche beschlagen werden sollen, dient; damit dies alles unter dem Dache und ohne von Regen gehindert zu werden geschehen kan. 4) Eine Kammer zu Kohlen und vorräthigen alten und neuen Eisenwerk, und 5) eine Kammer für die Arbeiter des Schmieds.

Die einfachste Anordnung dieser Theile erhellet aus der angemerkten Zeichnung. Der Boden ist zu vorräthigen Holze zu gebrauchen.

Von dem Hause eines Wageners.

§. 150. Das Haus eines Wageners würde etwa folgende Theile enthalten müssen:

1) Zur Wohnung Stube und Kammer.

2) Küche und Vorrathskammer.

3) Eine geräumige Remise zur Arbeit und den nöthigen Vorräthen an Holze, die so gros ist, daß wenigstens 2 Wagens darinn können zusammengesezt werden.

4) Eine Kammer zu Handwerkszeuge und dergleichen.

5) Eine Kammer für die Arbeiter.

Die Anlage und Einrichtung dieser Theile könte nach der Methode, wie in der XIIII. Tab. Fig. 2. zu sehen, am besten gemacht werden.

Wo es der Raum verstattet, können diese Gebäude mit Ersparung eines Giebels in eins gebauet werden, und zugleich wird dadurch der Bodenraum vergrößert, auch die Stuben mehr gegen die Kälte geschüzt. Es mag nun dieses geschehen oder nicht, so sind die Gebäude für jeden Fall symmetrisch.

8. Kapitel.

Von Kirchen und Schulgebäuden, auch Predigerwitwen-Wohnungen.

§. 151.

Erklärung einer Kirche.

Damit die nothwendigsten Landgebäude hier sind, so will ich noch die Zeichnungen zu einer Kirche und zu Schul- und Witwenhause beyfügen. Es ist dieses auch nothwendig, damit ich nachher, bey Zusammensetzung eines Dorfes, alle Gebäude desto bequemer anordnen kan.

Die Kirchen sollen bequem und feste, dem öffentlichen Gottesdienste gewidmete Gebäude seyn. Sie müssen daher sowohl vor Lehrer als Lernende die nöthige Bequemlichkeit verstatten, und nichts, die Andacht störendes, enthalten, sondern schon durch ihre Gestalt und Anlage die Herzen der Lernenden erheben, und zur Bewunderung und Lobe des allervollkommensten Wesens ermuntern.

Was zu einer bequemen Kirche erfodert wird.

§. 152. Vor Lehrer und Lernende ist es nöthig, daß die Kirche a) groß genug für die Gemeinde, b) gehörig erleuchtet, c) daß der Lehrer alle seine Zuhörer sehen, und destomehr durch seine Gegenwart die Aufmerksamkeit derselben erregen kan, d) daß man bequem, ohne sonderlich Geräusch nach sich zu ziehen, ein- und ausgehen kan. Hiezu ist nöthig, daß theils der Herrschaftliche Stand, theils der Predigerstuhl nahe bey denen Thüren sind, damit nicht durch die spätere Ankunft dieser vorzüglichen Personen, die Andacht derer übrigen gestört werde. Der Prediger, wenn er Filiale hat, kan oft nicht eher, als wenn er bald auf die Kanzel soll, ankommen; daher muß er eine besondere Thüre haben,

ben, die so wie sein Stuhl, nahe an der Kanzel ist, damit er nicht, um auf die Kanzel zu steigen, erst durch die ganze Kirche gehen muß. c) Muß sie dauerhaft und fest erbauet seyn.

§. 153. Die Größe der Kirche richtet sich nach der Anzahl derer Einwohner, die sich daselbst versammlen sollen, und ist also hier nicht anders zu bestimmen, als daß ich eine gewisse Anzahl annehme und danach rechne. Größe derselben richtet sich nach den Zuhörern.

1) Die Herrschaft mit allen ihren Leuten, als Justizverwalter, Schreibebediente, Knechte, Mägde, u. dergl.
2) 24 Bauern, der Gastwirth und Schulze.
3) 8 Halbbauern oder Kossäten.
4) 36 Häußler, als Drescher, Tagelöhner, Hirten, Nachtwächter, u. dergl.
5) Für Prediger- und Amtmanns-Familie.
6) Für die Kirchenvorsteher.
7) Für Schulmeister und Kinder bey der Orgel.

§. 154. Die Kirche soll gehörig erleuchtet seyn, nichts hemt aber das Licht mehr, als Emporkirchen; daher sind diese, so viel möglich, zu vermeiden, und lieber die Grundfläche der Kirche zu vergrößern. Andere Eigenschaften derselben.

Damit der Prediger von der Kanzel die ganze Gemeinde desto besser übersehen kan, und daß der Ton der Stimme vernehmlich für jeden Zuhörer ist, so wähle ich die Form des 4ecks; diese Figur erfodert, wie bekant, das einfachste Dach; denn alle Einkehlen sind, besonders bey Kirchendächern, sehr zu vermeiden.

§. 155.

Deren innere Einrichtung.

§. 155. Die Einrichtung der Kirche ist folgende: und die Größe derer Theile erhellet aus der Zeichnung.

A. Der Beichtstuhl.

B. Der Kirchenvorsteher-Stand.

C. Der Gang dazwischen.

D. Die Kanzel.

E. Der Taufstein darunter.

F. Der Altar.

G. Stand der Herrschaft.

H. - der Predigersfamilie.

I. - Justizbeamtenfamilie.

K. Weiberstände der Bauern.

L. Weiberstände der Halbbauern und Kossäten.

M. Weiberstände der Häußler.

N. Stände der Bauern.

O. Stände der Halbbauern.

P. Stände der Tagelöhner, Häußler, Bedienten und Knechte vom Hofe.

Die Emporkirche R. S. T. enthält die Orgel und Kinderstände.

Die Kirche ist 84′ lang und 42′ breit.

Die übrige Einrichtung derselben erhellet aus der Zeichnung, die sowohl den Grund als Aufriß und Durchschnitt davon enthält.

Von dem Kirchthurm und dessen Gewitterableiter.

§. 156. Damit die Glocken bequem können gehangen werden, und die Kirche ein desto besser Ansehen erhält, so ist ein Thurm Q nöthig, der zugleich die Treppe zu dem Herrschaftlichen Stande und

und Boden enthält. Dieser Thurm ist, wie die Zeichnung lehrt, mit einem Gewitterableiter versehen; der aus einer eisernen Stange oder etwa Finger starken eisernen Drathe besteht, und durch 1′ bis 16 Zoll lange eiserne große Nagel, die mit einem Loche versehen sind, dadurch die Stange gehet, an die Thurmseite befestigt wird, doch so, daß der Drath oder Ableiter wenigstens 8″ von der Thurmseite entfernt ist. Dieser Drath wird so tief in die Erde geleitet, bis er Wasser erreicht. Die Spitzen der Nägel, welche in der Mauer stecken, überzieht man mit Pech, weil sich die elektrische Materie dadurch nicht mittheilt.

Die Höhe der Kirche bis unter das Dach kan 18 bis 24′ seyn. Die größere Höhe verursacht unnöthige Kosten, niedriger aber darf sie, der Bequemlichkeit wegen, nicht seyn.

§. 157. Die Predigerwitwen- und Schulmeisterwohnung kan bequem und mit Ersparung derer Baukosten in ein Gebäude gebracht werden, wie die 2te Fig. der 7ten Taf. zeigt. Dieses Gebäude ist so eingerichtet, daß der Schulmeister selbst etwas Vieh und Zehend in Strohe erhält, wie dieses an vielen Orten gewöhnlich ist; dazu er denn Ställe und Scheunen haben muß. Pferde hat er aber nicht nöthig, weil die Bauern ihm den Zehend selbst einfahren müssen.

Von der Schulmeister- und Predigerwitwenwohnung zusammen.

Eben diese Einrichtung findet sich auch bey der Predigerwitwe ihrem Gebäude, die gleichfals etwas Zehend vom Gutsherrn und Dorfe erhält, und einiges Vieh halten darf.

Da beyde Wohnungen ganz gleich sind, so will ich nur eine beschreiben:

A. Der Flur, 10′ breit 12′ tief.

B. Die

B. Die große Schulstube, 20′ breit 18′ tief.

C. Der Gang, 3′ breit.

D. Mägdekammer, 8′ lang und breit.

E. Speisekammer, 12′ breit 8′ tief.

F. Küche, 10′ breit 17′ tief.

Die 2te Etage enthält:

G. Den Flur, 10′ breit 18′ tief.

H. Die Wohnstube und

I. die Schlafkammer, 20′ breit 18′ tief.

K. Kammer, 8′ breit 11′ tief.

L. Kleine Stube, 12′ breit 11′ tief.

M. Kammer, 10′ breit 11′ tief.

Die Ställe sind 20′ breit und 30′ tief und enthalten

N. den Futterstall, 8′ lang und breit.

O. Zwey oder drey Schweineställe zusammen 12′ breit 8′ tief.

P. Den Gang, 3′ breit.

Q. Den Kuhstall zu 4 Kühen, 20′ lang 9′ tief.

R. Den Schaafstall zu 20 Schaafen, 20′ breit 10′ tief.

S. Die Scheune soll 20 Schok Garben enthalten,

und T. die Tenne 12′ breit, sie muß daher 20′ Breite zu 30′ Tiefe und 10′ Höhe haben. Wenn der Schulmeister keinen Zehnten bekömt, fält die Scheune weg.

Diese Schulwohnung scheint vielleicht verschiedenen zu groß, indeß können Fälle kommen, wo sie nur die nöthige Größe hat. Z. E. Wenn der Schul-

Schulmeister alt wird und einen Gehülfen braucht, oder zahlreiche Familie hat, oder so geschickt und treu ist, daß man Waisen und andere Kinder bey ihn ins Haus giebt. Jezt ist leider dies bey den noch so sehr verdorbenen Landschulen nicht so leicht zu vermuthen; indeß läßt doch der jetzige Zeitpunkt in dieser Absicht sehr viel hoffen.

Die Einrichtung der Predigerwitwen-Wohnung habe ich deswegen so schulmäßig gemacht; weil ich wünschte, daß diese zugleich zum Unterricht der jungen Mädgens, in weiblichen Arbeiten, dienen möchten.

§. 158. Zu einem einzelnen Schulmeister- oder Predigerwitwenhause, dabey kein Acker und Wirthschaft ist, kan folgender Plan dienen. Tab. XIIII. Fig. 2. Von einem kleinen Schulmeisterhause.

A.	Der Flur -	10′ breit	12′ tief.
B.	Die Schulstube	16′ breit	20′ tief.
G.	Wohnstube	16′ breit	6′ tief.
E.	Küche -	10′ breit	14′ tief.
D.	Speisekammer	10′ breit	10′ tief.
C.	Stube -	16′ breit	10′ tief.
H.	Schlafkammer	16′ breit	6′ tief.
I.	Gang -	3′ breit.	
F.	Mägdekammer	6′ breit	7′ tief.

So lange der Schulmeister nicht Kinder hat, ist C und H für fremde Kinder, oder wie in dem vorigen §. angemerkt, zu gebrauchen.

9. Kapitel.

Von Wasserleitungen und Maschinen dasselbe zu heben.

§. 159.

Von deren Nutzen.

Nichts ist in allen Wohnungen nützlicher und heilsamer, als der Zufluß von frischen, reinen, oder guten Wasser, in hinlänglicher Menge zu allen, auch in den trockensten Jahreszeiten.

Besonders stiftet dieses auf dem Lande in aller Absicht den ansehnlichsten Vortheil; denn es ist zur Ersparung der Zeit und der Arbeitsleute, die sich mit dem Wassertragen für das Vieh beschäftigen müssen, nicht allein nützlich, sondern besonders in Feuersgefahr unschätzbar.

In dieser Absicht ist nicht nur nöthig, das Wasser in die Gebäude zu leiten, sondern auch in denen Dörfern und Städten auf öffentlichen Plätzen Wasserhälter und Brunnen anzulegen, damit man im Nothfall hiedurch sich helfen kan; denn in solchem Unglük ist es nicht erst Zeit, aus den Häusern oder verbaueten Höfen Wasser zu holen. Kürzlich habe ich dieses durch das nahe bey Brandenburg völlig abgebrante Dorf Schmerzke bestätigt gefunden.

Denn hier war kein Brunnen oder Wasserhälter in oder bey dem Dorfe, der nicht in den Höfen selbst verbauet war, daher geschahe es, daß das ganze Dorf durch einen Gewitterstral und Wirbelwind in Zeit von einer halben Stunde gänzlich in Flammen stund.

Die

Die Kirche hätte nebst vielen Baumaterialien sehr gut können gerettet werden, wenn nur zu einer Spritze Wasser vorräthig gewesen wäre, so aber waren 1000 hülfreiche Hände unnütz.

Bey der Anlage der Wasserleitungen ist auf folgendes zu sehen:

A. Wie Quellen und Brunnen zu finden.

B. Wie diese anzulegen.

C. Wie sie zu leiten, und

D. welche Maschinen die einfachsten zur Hebung des Wassers.

Man wird hier weder was neues noch vollständiges erwarten, nur gemeinnützig und zweckmäßig will ich mich bemühen, das beste und einfachste hievon vorzutragen.

§. 160. Um Quellen zu suchen und sie ohne große Mühe zu finden, muß man mit der Natur und Ursprung nicht unbekant seyn. Vom Suchen des Wassers.

Die wahrscheinlichste Meynung hierüber ist, daß alle oder doch die meisten, durch den herabfallenden Regen, Schnee, und Dünste entstehen, und unterhalten werden.

An denen Orten, wo es am meisten regnet, schneyet, oder nebelt, müssen mehr und stärkere Quellen oder Bäche und Flüsse entstehen, als an andern Gegenden; dieses bestätigt die Natur. Am Harze, in der Schwelz und andern bergigten Gegenden, als Fichtelberg, Böhmen, Tyrol u. dergl. regnet es, nach der täglichen Erfahrung weit mehr, als in flachen Lande, und eben hier entspringen die meisten Flüsse.

Von Entstehung der Quellen.

§. 161. Um dieses etwas näher zu beweisen, führe ich folgendes nach Meriotte an:

In flachen Lande regnet es ohngefehr jährlich 30'' hoch Wasser; Die Ausdünstung beträgt nach Verhältniß des Bodens oder der Pflanzen oder anderer Umstände 29'' hoch, theils minder theils mehr. Der noch übrige Zoll dient zur Unterhaltung der Quellen, Brunnen, Bäche und Flüsse, und beträgt in einer Quadratmeile, 40 Millionen Cubic Fuß Wasser.

In der Schweiz hat man bemerkt, daß jährlich 50, 60 bis 65 Zoll hoch Wasser gefallen ist; gesezt daß nun auch hier bis 45'' Zoll Wasser verdünstet, so bleibt doch noch ein großer Vorrath zum Abfluß, so, daß hier ansehnliche Ströme entstehen können.

Es scheint mir daher wenig wahrscheinlich; Aus sehr entfernten Meeren unterirdische Kanäle herbey zu ziehen, um durch diese, durch Ausdünstung und unterirdische Kessel erst Quellen hervorzubringen.

Die gütige Vorsehung bedient sich immer der einfachsten Mittel, um große und herrliche Zwecke zu erreichen; statt daß wir dieses desto dankbarer erkennen solten, so übersehn wir es, und machen uns des strafbarsten Undanks würdig.

Von dem Grundbette der Bäche und Flüsse.

§. 162. Das herabgefallene Wasser senkt sich vermöge seiner Schwere, so lang es keinen Widerstand findet, immer tiefer in die Erde, bis es irgendwo einen Abfluß findet.

Zum Widerstande oder Grundbette des Wassers dienen Felsen, Thon, Lehm, oder dergleichen fette und feste Erdarten; auf diesen samlet es sich, und fließt entweder über die Erde, oder almählig

mählig in lockern Erdarten, Felsenritzen und dergleichen fort. Die lockern Erdarten sind Sand, Kies, Schut, Meergrund ꝛc.

Ersteres wird Quell- das andere aber Brunn- auch Grundwasser genant.

§. 163. Bey den Quellsuchen und Brunngraben hat man besonders auf folgende Anzeigen zu sehen:

Worauf bey dem Suchen des Wassers zu sehen.

1) Auf die Lage des Orts, ob Quellen- oder Grundwasser zu vermuthen.

2) Auf die daselbst befindlichen Pflanzen und Kräuter, auch Baumarten; ob diese gewöhnlich an nassen Orten wachsen, und also auch hier Wasser vermuthen lassen.

3) Auf das Aufsteigen der Dünste.

4) Auf das Rieseln und Rauschen unterirdischer Wasseradern.

5) Auf den feuchten nassen Geruch wässeriger Gegenden.

6) Auf Untersuchungen durch den Bergbohr, dieses ist das sicherste Mittel.

§. 164. 1) Bey der Lage des Orts ist zu merken:

Fortsetzung.

a) Daß Felsen und Gebürge, Quellen und Wasseradern geben, das sind solche Adern, die durch lockere Erdarten oder Felsenritzen in der Erde fortfließen. Quellen hingegen strömen von selbst hervor, oder doch so bald eine Oefnung gemacht wird.

b) Ebene Flächen, besonders Sandgrund, der nicht zu weit von Strömen, Bächen, Sümpfen u. dergl. liegt, und mit denselben in Verbindung ist, giebt Grundwasser.

2) Unter denen Bäumen zeigen besonders die Ellern, Eschen, Weiden u. s. w. Wassergrund und Quellen, nur selten aber Wasseradern an. Auch selbst der Wuchs der Blätter der Bäume zeigen schon etwas in dieser Absicht. Eben dies thun auch die Pflanzen, davon Hr. Gruner in seiner Preisschrift, von Ausspürung der Quellen; die in den Abhandlungen der Oec. Gesellsch. zu Bern von Jahr 1769. abgedruckt ist; über 60 Arten anführt, die aber nur in lockern Lande sichere Anzeigen sind.

3) Um die aufsteigenden Dünste von unterirdischen Wasser bemerken zu können, rathet Vitruv, man soll sich kurz vor Sonnen Aufgang auf die Erde legen, und so untersuchen, ob etwa von einem Platze besonders viele Dünste aufsteigen.

Ferner, man soll einige Fuß tief einen neuen Topf eingraben, wenn dieser zerfält, soll es Wasser anzeigen. Schwamm oder dahin gelegte Wolle, die man vor- und nachher wiegen kan, sind auch Anzeigen von Wasser, wenn sie stark mit Feuchtigkeiten erfült werden.

4) Das unterirdische Rieseln und Rauschen verschiedener Quellen in Wasseradern kan man in felsichten Grunde besonders des Nachts und bey recht stillen Wetter bemerken; noch mehr aber, wenn man ein Loch an solche Orte in die Erde macht, und ein Hörrohr dahinnein hält.

5) Durch den Geruch Quellen zu finden, mag sehr feine Nasen erfodern.

6) So bald nach denen vorhergehenden Gründen Bemerkungen gemacht sind, und Wasser vermuthet wird; so ist das sicherste, den Ort mit

dem

dem Erdborer näher zu untersuchen, um die Eigenschaften des Grundes und des Wassers näher kennen zu lernen, welches bey dem Bau der Brunnen sehr nöthig ist.

§. 165. B. Wie Quellen und Brunnen anzulegen.

Die Quellen und Wasseradern werden an Bergen oder Höhen gefunden, und können meist so niedrig gefaßt werden, daß sie bis über die Erde fliessen, oder doch so hoch kommen, daß man sie ohne Mühe fassen und in Röhren weiter leiten kan. Wie die Quellen zu fassen.

Um diese Quellen und Wasseradern niedrig fassen zu können, muß vorher ihr Ursprung untersucht werden; ist dieser bestimt, so führt man von der Seite des Berges einen Stollen dahin; und es ist geschehen was man verlangte.

Die Quelle oder den Ursprung des Wassers gräbt man etwas aus, und bauet den Ort mit Erlenholze aus.

§. 166. Die Brunnen auf Wassergrund sind sehr beständig, haben aber die Unbequemlichkeit, daß man das Wasser aus der Niedrigung durch Menschenhände oder Maschinen in die Höhe heben muß. Von Anlegung der Brunnen.

Hat man dergleichen gefunden, so wird in hinlänglicher Größe ein Brunnen gegraben, der nach Befinden der Umstände weiter oder enger seyn muß, und dieser so tief gegraben, als man in den trockensten Jahreszeiten vor Wasser kommen kan, oder bis man eine etwas feste Erdschicht gefunden, die zur Grundlage des Brunnens dienen kan; auf diese wird der sogenannte Grundkasten gesezt, der wieder am besten von Eller- oder Eichenholze ist, und hierauf gemauert.

Unten so weit das Wasser kommen kan, werden Sandsteine und oben rund oder nach dem Zirkel des Brunnens gebrannte Ziegel genommen.

Die Weite dieser Brunnen richtet sich nach denen Maschinen, die darinn sollen angelegt werden; 3 Fuß ist das gewöhnlichste. Große Brunnen aber, die vor ein ganz Dorf, Stadt oder dergleichen dienen sollen, werden 4 bis 6 auch wohl 8′ weit gemacht.

C. Von Leitung der Quellen.

Von Wasserleitern in Graben.

§. 167. Hiebey ist zuerst auf die Lage oder Höhe der Quellen in Verhältniß gegen den Ort, wohin man das Wasser zu leiten gedenkt, und 2) auf die zwischen beyden Puncten befindlichen Thäler und Höhen zu sehen.

Es sey nach Tab. XI. Fig. I. A B. eine Horizontal-Linie; das ist eine solche, in der das Wasser, wenn es durch Rören zusammengehengt wäre, bey A. und B. und in allen in der Linie befindlichen Puncten, so oft die Rören diese Linie erreichen, gleich hoch stehen würde.

C. Sey die Quelle, und B. der Ort wohin das Wasser soll geleitet werden;

Ist C. über der Linie A.B. befindlich, so wird das Wasser, wenn keine außerordentlichen Thäler oder Höhen dazwischen sind, durch Rören von C. nach B. können geleitet werden; ja zuweilen durch Graben, Kanäle und Rinnen.

Da das Leiten des Wassers in Graben die einfachste Art der Wasserleitungen ist, so will ich sie etwas näher beschreiben, Tab. XI. Fig. 2.

1) Werden die kleinen in dem Wege C.B. befindlichen Höhen durchgegraben.

2) Die

2) Die größern durch Umwege vermieden.

3) Wenig beträchtliche Niederungen ausgefüllt.

4) Größere durch Umwege vermieden.

5) Die Wasserleitung so tief eingesenkt, daß sie vor der Gefahr zu frieren gesichert, also 4′ bis 6′.

6) Das Grundbette der Wasserleitung mit Lehm oder Thon ausgestampft, damit das Wasser nicht versiegen kan.

7) Wird dieser Graben 4 bis 6″ mit Kies ausgefüllt, und dann zugedeckt, und so wird dieses die beständigste und einfachste Wasserleitung.

§. 168. Ist aber der Quell niedriger als B, wie hier D, so kan das Wasser davon nicht ohne Maschienen nach B geleitet werden. *Welche Quellen nicht ohne Maschinen geleitet werden können.*

Dieses ist ganz algemein, denn ob es wohl unter den Punct B geleitet werden kan, so steigt es doch daselbst nicht höher als es gefallen ist, ja es ist auch nicht rathsam, daß man es ganz so hoch wieder steigen lasse, als es gefallen; weil es alsdann fast gar keinen Zufluß hat, je mehr aber das Wasser fält, desto lebhafter fließt es durch die Rören zu.

§. 169. So bald das Wasser zwischen A B steigen und fallen muß, kan die im 167. §. beschriebene Methode nicht angewandt werden; weil diese ohne Einschrenkung ein almähliges Fallen erfodert; hier gebraucht man alsdenn die Rören; eine der vortreflichsten Erfindungen, durch die man das Wasser durch Thäler und Berge steigen läßt. *Von den Quellen die in Rören geleitet werden müssen.*

Es sey nach der 3ten Fig. C die Quelle. EFG, IKL, MNE und GHI Höhen und Thäler. Diese

 müßten

müßten nun, nach der vorigen Methode alle durchgraben, durchdammt oder durch Umwege verbunden werden, durch die Rören aber werden wir nun in dem Stand gesezt, fast grade durch sie hin zu gehen, außer daß nie die Rörenleitung höher, als der Anfang derselben bey C ist, steigen darf, weil sie sonst ganz unbrauchbar ist.

Worauf bey Anlegung der Rörleitungen zu sehen.

§. 170. Bey denen Rörenleitungen ist besonders auf 4 Stüke zu sehen:

1) Auf die Lage der Oerter CB und die dazwischen befindlichen Thäler und Höhen.

2) Auf die Masse der Rören selbst.

3) Auf die beste Art sie zu legen, und

4) Wie das Wasser am bequemsten und leichtesten durch sie zu vertheilen.

Daß die Bestimmung der Horizontallinie hiezu nothwendig.

§. 171. Ohne die Bestimmung der Horizontal-Linie ist es unmöglich genau zu wissen, ob und wie viel ein entfernter Ort, dazwischen nur mäßige Höhen oder Thäler sind, höher oder niedriger als ein anderer liegt; und so lange man dies nicht weiß, kan man auch keine tüchtigen, wohlfeilen und vollkommnen Wasserleitungen anlegen. Denn legt man einmal die Rören höher als C, so kan nach dem 179. §. die Wasserleitung nicht gebraucht werden, und man muß durch schwere Kosten den Fehler verbessern.

Von den Wasserwagen.

§. 172. Die Horizontal-Linie wird durch die Nivellier- oder Wasserwage von einem mäßig geübten, ganz leicht gefunden, obgleich die Instrumente zum Theil schlecht und wenig brauchbar sind; die denn leider auch weniger richtige Messungen veranlassen. Fast alle Geometer haben in ihren practischen Schriften dergleichen Instrumente

mente beschrieben, die zum Theil mehr oder weniger zusammengesezt, besser oder schlechter sind. Das beste mir bekannte, ist das Brandersche, wozu Hr. Lambert größtentheils die Regeln entworfen. Picards Traité du nivellement, welche die Messungen damit beschreibt, kostet wenige Groschen, und verdient in vielen Händen zu seyn, doch kan sie ohne mathematische Kenntniß nicht wohl gebraucht und verstanden werden. Nicht weniger gut ist auch die von dem Hrn. Ober-Consistorial-Rath Silberschlag in seiner Hydrotechnik beschriebene, die der Berlinische Mechanicus Hr. Ring, verfertigt hat.

§. 173. Die 4te Fig. zeigt eine ganz einfache Nivelliermage, sie besteht aus einem rechtwinklichten Kreuz von zwey Linialen, die von sehr guten in Oele gesiedeten Holze, das sich gar nicht in der Nässe wirft, gemacht werden. Das senkrechte Linial ist an beyden Enden, recht in der Mitte mit Haken und AB das Horizontale mit Dioptern, zum visiren grader Linien versehen.

Eine ganz einfache Wasserwage.

Der oberste Haken dient zum Anhängen des Instrumentes an das Stativ D. und an den andern Haken wird ein Gewicht C gehenkt, welches das Diopterlinial recht Horizontal richtet, wenn es einmal gut eingerichtet ist.

§. 174. Um das Instrument seiner Richtigkeit wegen zu versuchen, stellet man es an einen Baum, oder dergl. und sieht nach einen ziemlich entfernten Gegenstande durch die Diopter A. und bemerkt wohin B zeigt; hernach drehet man das Instrument um, bemerket aber an dem Baume wie hoch es gestanden, damit es wieder eben so hoch zu stehen komt, und sieht nun durch B nach den vorher bemerkten Puncte in der Entfernung, zeigt A eben dahin, so ist es gut, und das Instrument ist rich-

Deren Berichtigung.

 tig,

tig, wo nicht, so ist es entweder nicht rechtwinklicht oder die Haken sind nicht recht angemacht; welches denn leicht zu verbessern. Dergleichen Versuche kan man öfter wiederholen, damit man erfährt, ob sie sich nicht verändert. Nach der von Herrn Ob. Consistorial-Rath Silberschlag in der Hydrotechnik §. 174. vorgeschlagenen Methode kan auch mit einer unrichtigen Nivellierwage richtig gemessen werden.

§. 175. Wolte ich wissen, ob in Fig. 4. der Quell C höher, und wie viel er höher wäre als B; so visire ich von B gegen C, da aber EFG dieses zu sehen verhindert, so bemerke bey G die Höhe des Punctes durch einen Stab mit einer halbweiß halbschwarzen Scheibe. Dann setze das Instrument in G und visire über oder um den Berg in O u. P. bis ich von da gegen C sehen kan, bey M lasse wieder einen Stab stecken, und nun ist es durch das Höhersetzen des Instruments leicht zu sehen wie hoch CA, oder wie viel C höher als B. Denn ist das Diopterlinial 5' über der Erde, und man hat das Instrument 3mal von M bis C höher gesezt, so ist MQ + QR + RS = AS = IS. Ist das Instrument noch in GO u. P. höher gesezt worden, so wird dies zusammen zu den ersten gerechnet.

Man muß das möglichst größte Gefälle zu erhalten suchen.

§. 176. Dieses wenige mag genug hievon seyn, nur bemerke ich, daß man ja lieber etwas mehr als weniger Gefälle zu neuen Wasserleitungen zu erhalten suchen muß.

Denn nie kan und darf man Quellen, die geleitet werden sollen, ganz oben bey dem Einfluß, so wenigstens einige Fuß tief, unterwärts in die Rören lassen, damit bey trocknen Wetter der Zufluß nicht fehlt, oder derselbe durch den Frost nicht gehemt wird.

§. 177.

§. 177. 2) Von der Masse der Rören. Dieser nach sind sie:

Von denen verschiedenen Materialien daraus Rören zu machen.

a) Hölzerne.

b) Töpferne.

c) Eiserne.

d) Blecherne.

e) Metallene, Meßingene oder Küpferne.

Die Hölzernen sind:

α) Eichene.

β) Küferne.

γ) Tannene und Fichtene

δ) und Ellerne.

Die übrigen Holzarten boren sich theils sehr übel, theils faulen sie oder stocken und geben dem Wasser einen faulen und ungesunden Geschmack.

Von Eichenen Rören.

§. 178. α) Die Eichenen sind feste und dauerhaft aber theuer, schwer zu boren und geben im Anfange dem Wasser einen übeln Geschmack.

β) Die Küfernen sind vorzüglich gut, besonders wenn sie recht fett sind, und man die Schale oder Borcke daran läßt, welche die Röre sehr gegen die Fäulniß sichert. Denn überhaupt findet sich, daß die Borcke der Fäulniß weniger als das Holz ausgesezt ist, vermuthlich weil sie mehr Salztheile als das Holz enthält.

γ) Tännene und Fichtene sind nicht so gut als die vorhergehenden, aber doch sehr brauchbar.

δ) Die Ellernen sind vorzüglich im nassen und Bruchgrunde ganz unverbesserlich; ja sie versteinern sich beynahe.

§. 179.

Von töpfernen Rören.

§. 179. Die töpfernen Rören sind besser, dauerhafter, und reinlicher als die hölzernen, aber etwas theuer; da sie aber beynahe für die Ewigkeit halten, so darf man die ersten Kosten nicht scheuen, denn diese gewinnt man in der Folge bald wieder, und eben so viel erspart man noch an Arbeitskosten für Verbesserungen.

Von metallenen Rören.

§. 180. Die Eisernen, Bleyenen und Metallenen überhaupt sind zu kostbar, und selten zu trinkbaren Wasser brauchbar; daher werden sie nur bey Druckwerken und großer Herrn Wasserkünste gebraucht. Gewöhnlich nur zu Stifeln, Metallene und Kupferne.

Unter den Bleyenen sind die gegossenen besser als die gelöteten, und die von weißen Bley besser als die übrigen.

Vom Boren der hölzernen Rören.

§. 181. Was von der Art Rören zu boren und zu verfertigen zu merken, gehört zu der practischen Kentniß der Zimmerleute oder Rörborer; die sich allenfals noch bey Herr Leupolden von der Wasserbaukunst im XII bis XIV. Kap. Raths erholen können.

Wo große Rörleitungen vom Holze angelegt werden sollen, da sind die Bormühlen sehr heilsam; diese werden theils durch Wasser, oder Thiere und Menschen getrieben.

Worauf bey dem Zusammensetzen zu sehen.

§. 182. 3) Von der besten Art Rören zu legen.

Hier ist a) auf die Rören selbst zu sehen, daß sie gut, grade, gehörig weit, und reine gebort, und immer mittelmäßig feuchte erhalten sind.

b) Wegen des stärkern Druckes, den die Rören in den Thälern vor den übrigen auszustehen

hen haben, müssen dahin die stärksten genommen, oder doch besser als die übrigen verwahrt werden.

c) In Absicht des Grundes findet sich, daß fast alle feste Boden und der nasse Grund, die Rören besser als der übrige erhält. Trockner Sand ist der schlechteste.

d) Das Wasser selbst trägt zur Erhaltung der Rören zum Theil was bey, einige faule und warme Wasser aber befördern die Fäulniß.

e) Der Frost schadet und sprengt die Rören, wie schon oben angemerkt, daher lege man sie 5 bis 6′ tief.

f) Bey der Zusammensetzung der hölzernen Rören ist besonders auf die Zwischenrören, und die besten Arten der Zusammensetzung zu sehen.

§. 183. Ohne Zwischenrören kan man sie nach Fig. 5. zusammensetzen, wenn ein Ende zugespizt wie B, die andere Röre bey A aber 1 oder 2″ weiter gebort wird, als sie durchgängig ist; und so werden beyde zusammengesezt. Fortsetzung.

Damit aber das Ende der Röre bey A nicht aufspringen kan, so versieht man sie mit einem eisernen Reiffe.

Die 2te Art ist nach Fig. 6. diese: man bort beyde Enden der Rören etwa 1″ weiter aus, und macht eine kleine keilförmige Zwischenröre etwa 1 ½ bis 2″ weiter als das Loch der Rören ist; und diese schiebt man zwischen beyde Rören ein; bey den Zusammenschlagen derselben muß man aber sehr vorsichtig seyn, weil die Rören sehr leicht davon springen. Wenn man dies alsdenn nicht gleich bemerkt, so ist die ganze Arbeit umsonst, und man weiß

nicht

nicht wo der Fehler ist, daher ist auch diese Art unvollkommen.

§. 184. Die 3te Art ist, wenn man kleine Zwischenrören von Eisen macht, die, wenn sie nur so weit als das Rörloch sind, dieselben weder leicht sprengen, oder nicht Wasser halten.

Die 4te und nach meiner Erfahrung, die beste Art, ist die Zusammensetzung durch sogenante blecherne Büchsen oder Bürsen.

Diese werden ohngefehr von Linien starken Eisenbleche gemacht, und mit einem eisernen Ringe ½″ stark umgeben, sie sind 1 bis 2″ stärker als die Rören, 3 bis 4″ lang, und an beyden Enden zugeschärft.

Man schlägt sie in 2 an einander stoßende Rören, rings und gleich weit um das Loch in die Röre feste; diese verhindern nicht nur den Durchfluß des Wassers, sondern auch das Aufspringen der Rören selbst.

Wenn das Wasser nichts Alcalisches bey sich hat, so halten diese Bürsen 2 bis 3 Rören aus, sonst auch nur 1; doch kan man sie auch durch einen Ueberzug von Laßpech und Theer dagegen etwas verwahren.

Die kupfernen Bürsen sind zu weich, und gehen daher nicht gut ins Holz.

Von Zusammensetzen der töpfernen Rören.

§. 185. Die Zusammensetzung der töpfernen Rören geschicht folgender maßen:

Die Rören werden entweder ganz kegelförmig gemacht, oder nur an einem Ende zugespitzt, wie Fig. 8 und 9. zeigen; sie sind an den engsten Enden 3″ weit, und an den weitesten 4, 5 bis 6″.

Die

Die Länge ist nach Geschicklichkeit derer Meister und Güte des Thons verschieden von 2, 3 bis 5 Fuß.

Das Aneinandersetzen geschicht nun folgendergestalt:

Man läßt das enge Ende der einen Röre in das daranstoßende weite Ende der andern einreiben, oder gleichsam auf einer Drehbank eindrehen; doch muß man sie vorher sorgfältig untersuchen, ob sie gut, fest, und ohne Steinlöcher oder Ritzen sind. Nachher bewindet man das spitzige Ende der Röre mit Werke, und bestreicht es mit einer Masse von Theer und Pech, und drehet sie so in einander.

Das Lager derer Rören wird aus fest gestoßenen Lehm oder Thon gemacht; darauf wird etwas lockere Erde geschüttet, und so werden sie eingelegt, alsdenn almählig mit Lehm oder Thon 6'' hoch überschüttet und festgestoßen, und denn der Graben zugefüllt; so hilft nicht nur diese Umkleidung die Rören halten, sondern wenn auch wo eine Röre mit der Zeit einen Riß bekömt, dient der Thon zur Erhaltung der Röre.

Man hat noch verschiedene andere Arten von Kitten, die aber nicht so einfach sind.

Wie diese Rören gegen das Springen zu versichern.

§. 186. Soll das Wasser in diesen Rören hoch steigen, so haben sie einen starken Druck auszuhalten; damit sie hiezu gehörig bereitet sind, so umgiebt man sie in der Mitte mit einem dünnen eisernen Ringe; denn an den Enden springen sie so nicht, weil sie da doppelt sind.

Alle 100 Fuß legt man zwischen diese Röhren eine Eichene, die ein Spund hat, damit man sie desto leichter reinigen, und auch sehen kan, wo etwa was entzwey ist.

Da alle diese Rören an 6′ tief gelegt werden müssen, so muß man die hölzernen Rören und Spunde durch kleine eichene Pfähle bezeichnen, damit man nicht Ursach hat, umsonst danach zu suchen und zu graben.

Wie das Wasser vom Schlamm und Unrath zu reinigen.

§. 187. In Betracht der Reinigung des Wassers und der Rören selbst, von dem sich darin ansetzenden Schlamme, Sand und andern Unrathe ist folgendes zu merken:

Wo unreines, schlammiges oder Sand bey sich führendes Quell- oder Flußwasser zu leiten ist, da ist sehr nöthig und nützlich, dasselbe vor den Einfluß in die Rören zu läutern oder klären.

Dieses kan folgendermaßen geschehen nach Fig. 10. a. sey die Quelle oder die Steigeröre von dem Wasser eines unreinen Flusses, so durch Maschinen gehoben werden.

Unter diese Quelle oder Röre a. macht man einen großen Kasten oder gräbt ihn aus, und setzt ihn mit Steinen aus, die durch Thon und Wasserkitt verbunden sind; diesen Kasten macht man nach Beschaffenheit und Menge des Wassers 2′ hoch und 10′ ins Gevierdte, und füllet ihn unten mit geschälten Rohre 2″ hoch, das übrige aber mit Kieselsteinen einer Haselnuß groß aus, und läutert durch diese das Wasser.

Ist es sehr schlammig, so verliert es hier denselben noch nicht alle, sondern man läßt es noch durch einen eben so angelegten Kasten, der oben mit rohen grobkörnigen Sande ausgefült, unten aber ebenfals mit Rohre belegt ist, fließen: Hier wird es so klar als eine Krystalle, wenn es auch vorher ganz leimig und trübe ist, und nun kan man es aus dem Sammelkasten d, der 6 bis 8′ tief und

3′

3′ ins Gevierdte ist, damit sich der mit durchfliessende Sand darin setzen kan, bequem in Rören fassen, bey denen nachher niemals Verschlemmung zu befürchten.

§. 188. Eben diese Wasserklären, die ich größtentheils von denen Holländern entlehnt habe, und die mein Vater schon seit 23 Jahren im Gebrauch vortreflich gefunden, können nicht allein bey Quellen an der Erde, sondern bey Wasserkünsten in Thürmen u. so weiter gebraucht werden. Von Wasserklären.

Von dem mit Sand gefülten Kasten muß bey trüben Wasser alle 8 bis 14 Tage die obere schlammige Rinde $\frac{1}{4}$ Zoll hoch abgenommen werden, sonst verhindert dieses den Durchfluß. Dieses geschiehet so lange, bis nur noch $\frac{3}{4}$ Fuß hoch Sand im Kasten ist, alsdenn wird er alle ausgeräumt, und neuer eingebracht; der mit Kieselsteinen gefülte Kasten, und der untere d wird nur alle 1 oder 2 Jahre gereinigt.

Der Sand und die Steine können gewaschen und vom Schlamme gereinigt, und dann von neuen gebraucht werden.

§. 189. Kan man keine solche Wasserklären anbringen, oder ist das Wasser auch an sich klar, und führt nur wenig Unreinigkeiten bey sich, so sezt sich doch almählig etwas in die Rören, besonders da, wo sie durch Thäler geführt werden, und wo also das Wasser sehr langsam fliest, lässet es gerne Sand zurück. Von der Reinigung der Rören.

In diesen Gegenden muß man also Oefnungen in die Rören machen, dadurch man sie nach Belieben reinigen kan, dieses geschicht wie Fig. 5. in E. eine solche Oefnung zeigt, die man ein Spund-

 loch,

loch, und das daneben liegende Stük Holz F womit es verschlossen wird, das Spund nennt.

Diese Oefnung macht man 8 bis 9″ lang und 2″ Zoll breit; Da wo etwa Verstopfungen derer Rören zu befürchten, legt man alle 50 bis 100 Fuß dergleichen an.

Oefters ist blos das Aufmachen eines niedrig gelegenen Spundlochs hinlänglich, die Reinigung derer Rören zu befördern, denn das schnell daraus fließende Wasser nimt alle Unreinigkeiten mit sich.

Damit aber dieses desto mehr befördert werde, so macht man sogenante Schlamruthen, die aus gespaltenen Haselstangen bestehen, und so lange zusammen gebunden werden, bis sie 60 bis 100′ lang sind, an dem Ende wird ein Lappen, oder Bürste daran gebunden, und so werden sie von Spunde zu Spunde durch die Rören gezogen, und nehmen alle Unreinigkeiten mit sich. Außer dieser hat man auch andere Arten dieses zu bewerkstelligen, da dieses aber die einfachste, kürzeste und bequemste ist, so halte die übrigen anzuführen, für überflüßig.

Von Vertheilung des Wassers überhaupt.

§. 190. 4) Soll eine Wasserleitung für eine ganze Stadt oder Dorf dienen, und folglich in viele Theile und Aerme getheilt werden; so ist zu untersuchen, wie viel oder den wie vielsten Theil der ganzen Wassermenge man 1) von jedem Haupttheil oder Hauptarm bestimmen, und 2) in wie viel Nebentheile jeder davon wieder besonders getheilt werden muß.

Wie es für die Einwohner des Dorfs Tab. X. Fig. 3. zu vertheilen.

§. 191. Würde eine starke Quelle in das Dorf Tab. I. Fig. 3. geleitet, darin ein gros Adelich Gut A einige Nebengebäude dazu B. C. 14 Bauerhöfe D. 8 Halbbauern oder Kossäten K. Die Kirche O. Die Pfarre F. Das Schul- und Witwen-

Haus

haus G H. und an 24 kleine Häußer sind, so ist nöthig, daß wenigstens zwey Hauptsammelkasten in das Dorf gemacht werden, davon einer auf dem Gute A a und der andere mitten im Dorfe ist bey M.

§. 192. Der auf dem Gute in A a wird in zwey Arme a b und a e getheilt, davon der erste in das Hauptgebäude gehet, und so wohl ins Brauhaus, als Küche, Keller und dergl. das Wasser führt; der 2te aber a e leitet was nach B und C. und nach denen beyden Wasserkasten f. g. die für die kleinen Wohnhäuser dienen.

Das überflüßige Wasser auf dem Hofe unterhält das Wasser in dem großen Wasserhälter auf dem Hofe, und fließt durch einen im 167. §. beschriebenen Graben nach den langen Dorfkanal N. Dieses Wasser, da es beständig Zu- und Abfluß hat, wird nie unrein, sondern bleibt frisch, und ist in Feuersgefahr von dem erheblichsten Nutzen; überdies dient es zu Viehtränken, und zum Schwemmen des Viehes, ja es kan zu Fischteichen angewandt werden.

§. 193. Der andere große Sammelkasten in M. vertheilt das Wasser in das ganze Dorf durch 4 Aerme, k l. m n. o p. und q r. n und r sind zwey kleine Wasserkasten, vor die unten wohnenden Dorfhäußler, als Drescher, Hirten und Wächter, weil es würde zu weitläuftig seyn, das Wasser in jedes einzelne Drescherhaus zu leiten. Fortsetzung.

In jedes Gehefte geht ein Nebenarm 12′ lang, der das Wasser in die Küche jedes Geheftes leitet, von da sich es denn jeder Wirth auf den Hof und in die Ställe führen kan, wie meine Grundrisse derer Bauergehefte zeigen.

Alle Ständer in denen Küchen sind höher, als das Einflußloch in M, damit dieselben nicht zuweilen überflüßen.

Wie es einzurichten daß jeder genug und doch nicht zu viel Wasser erhält.

§. 194. In allen Wasserständern des ganzen Dorfs sind in gleicher Höhe Hähne von Holz angebracht, durch die sich jeder Hauswirth so viel Wasser als er braucht, kan zufließen lassen, damit er aber ein gewisses Maas nicht überschreitet, so sind alle Hähne gleich weit, $\frac{1}{2}''$ in Durchmesser. Dieses ist so eingerichtet, daß wenn auch alle Hähne zugleich fließen, doch Wasser genug durch die Hauptrören zufließt; alles Wasser, was im Dorfe nicht gebraucht wird, fließt nach denen kleinen Wasserkasten n u. r. oder in die Dorfkanäle.

Die Wasserhähne vor die Halbbauern sind nur $\frac{1}{3}$ Zoll weit; da nun die 4 Wasserärme kl. mn. op. und qr. aus $1\frac{1}{2}''$ weit gebohrten Rören bestehen, so muß die Hauptzuflußröre, welche zu diesen 4 Rören das Wasser herbey führen soll, $3''$ in Durchmesser haben, weil sie bey dieser Weite so viel Wasser zuführt, als jene 4 Rören abziehen.

Wie viel jeder Arm versorgt.

§. 195. Jeder Arm versorgt ohngefehr fünf Bauerhöfe, 3 Halbbauern und den Prediger, so viel wie der Halbbauer, also 5 Ständer zu $\frac{1}{2}''$ Ausflußlöcher und 4 zu $\frac{1}{3}''$ zusammen, also so viel wie 7 halbzöllige Löcher erfodern, die $1\frac{1}{2}''$ weite Röre führt aber so viel, wie 9 halbzöllige Löcher erfodern, herbey, daher erhellet, daß auch alle Hähne zugleich fließen können, und doch noch Wasser übrig ist.

Daß man nach eben dieser Methode in Städten das Wasser

§. 196. Eben so leicht es ist, für dies angenommene Dorf die Wasservertheilung zu machen; so leicht wird es auch für jedes andere Dorf oder Stadt, wenn nur die Hauptabtheilungen richtig gemacht werden.

D. Wie

D. Wie das Wasser durch Maschinen und Kräfte auf die leichteste Art in die Höhe gehoben werden kan. vertheilen könne.

§. 197. Aus allen Brunnen, Flüssen und Bächen muß das Wasser durch Maschinen in die Höhe gehoben werden. Von den gewöhnlichen Arten das Wasser aus Brunnen zu heben.

Die gewöhnlichsten hiezu sind die, wo ein Eimer an einer langen Stange befestigt, und durch einen grossen wagerechten Baum, durch Menschenhände getrieben, das Wasser in die Höhe zieht.

Bey etwas tiefern Brunnen legt man eine Cylindrische Welle quer über das Gerüste derselben, an die 1 oder 2 Eymer befestigt werden, die man durch Dreher auf und nieder windet; da auch dieses nur durch Menschenhände getrieben werden muß, und also viel Arbeit und Zeit erfodert; so sind auch diese der Nachahmung nicht werth.

Die Plumpen sind zwar bequemer als jene, doch werden sie in einzelnen Geheften auch nur durch Menschenhände getrieben.

§. 198. Daher ist für ein Dorf oder Stadt nichts nützlicher, als Wasserkünste, es seyen Plumpen oder Druckwerke anzulegen, dadurch das Wasser gehoben, und nach der vorher gezeigten Eintheilung unter alle Einwohner vertheilt wird. Diese Maschinen können ganz bequem durch Thiere, Wasser, Wind oder Feuer getrieben werden, oder auch ein Mensch kan, wenn er mit seiner Kraft auf eine vortheilhafte Art würkt, und die Maschine in einer gleichmäßigen Bewegung erhält, mehr ausrichten, als sonst kaum bey einzelnen 5 bis 6 Personen. Von dem Nutzen der Wasserkünste.

§. 199. Wo das Wasser nicht über 30 Fuß zu heben ist, kan man Plumpen anlegen; die mit Von der Plumpe.

 dem

dem sogenanten Schiffkolben sind die besten. Nach Tab. XI. Fig. 11. besteht eine solche Plumpe aus folgenden Theilen:

A B. die Plumpenröre ist, nachdem viel Wasser darin aufsteigen soll, weiter oder enger, zu Hausplumpen ist 2 bis 3'' weit genug, zu öffentlichen aber 4 bis 6''. C. die Saugröhre oder der Kegel enthält oben das Ventil D. unten die Sauglöcher G. diese müssen auch bey dem niedrigsten Wasser einige Zoll unter der Oberfläche desselben erniedrigt seyn.

E. ist der Plumpenkolben oder Stempel, dieser hat 1 Zoll oder ½'' weniger als die Röre weit ist im Durchmesser, unten aber ist er mit einem 3 bis 4'' breiten Streiffen des stärksten Sohlleders, wie die nebenstehende Fig. 12. a. deutlicher zeigt, umgeben, und unten fest genagelt, oben aber weit und lose, doch sind die Enden fest, daß er gleichsam wie ein Becher aussieht, zusammengenäht, so daß wenn der Kolben unterwärts gedrückt wird, sich der Becher zusammendrückt, und das unter sich über D befindliche Wasser über sich läßt, steigt er aber aufwärts, so dehnt sich der Becher aus, und schließt sich dicht an die Röhrseiten an, so daß kein Wasser zurück kan.

Damit sich das Leder nicht so bald an dem Holze abreibt, so wird die Plumpenröhre, so hoch der Kolben steigt, mit einer kupfernen Röre, die ein Stifel genant wird, gefüttert.

Fortsetzung.

§. 200. Da das Wasser, so aufsteigen soll, neben dem Leder nicht bequem durchfließen kan, so wird in die Mitte des Kolbens noch ein Loch C von 2 bis 3'' weit gemacht, und mit einer ledernen Klappe b versehen, die bey dem Niederstoßen sich

hebt,

hebt, bey dem Aufziehen der Stange aber das Loch verschließt.

Das Ventil D. kan auch blos aus einer solchen ledernen Klappe bestehen; unter der Klappe muß aber ein scharfer eiserner Ring liegen, etwa wie eine Bürste, damit das Leder recht fest anschließt, über die lederne Klappe wird ein klein Stük Holz genagelt, damit sich das Leder nicht zusammen biegen kan.

§. 201. Fig. 13. zeigt den Durchschnitt eines Druckwerks, durch welches das Wasser über 100 Fuß hoch zum steigen gebracht werden kan. A ist die Saugröre, GH der Stifel; dieser wird bey Druckwerken, wo das Wasser an 100′ hoch zu heben ist, von Metall gemacht. Von dem Druckwerke.

Sonst gehört hiezu nichts als der Stempel C. der von lauter starken ledernen Scheiben, die zwischen 2 eiserne etwas kleinere gefaßt werden, gemacht wird. Die Stempelstange hat gleich über den Stempel das Gelenke I. damit sich der Stempel bey dem Auf- und Niederstoßen nicht biegen darf. B und D sind zwey auf vorher beschriebene Art verfertigte Ventil-Klappen.

§. 202. Schöpfräder, oder Räder mit Schöpfkasten, sind im Winter nicht gut zu gebrauchen, weil der Frost sie zum Stillstand bringt, deswegen beschreibe ich dieselben gar nicht, und zeige nur noch wie die Plumpen und Druckwerke durch Vieh, als Ochsen, Kühe, Pferde oder auch Ziegen, können getrieben werden; denn Wasserräder weiß jeder Müller zu machen, und mit den Windmühlen ist es in unsern berggichten Gegenden nichts gewisses, denn bald gehen sie, bald wieder nicht, insonderheit aber weil man die Brunnen in denen niedrig- Warum Schöpfräder und dergleichen zu beständigen Wasserkünsten nicht brauchbar.

sten Gegenden suchen und dabey die Kunstwerke anlegen muß, wo sie der Wind am wenigsten treiben kan. Auf den Bergen hingegen sind sie überflüßig, denn von da fließt das Wasser alleine herab.

Welche Maschinen am brauchbarsten sind.

§. 203. Soll also die Bewegung durch Thiere geschehen, so sind Göpel und Treträder die einfachsten Maschinen hiezu, denn die sogenante Scheibe verursacht gar zu viel Reibung, doch ist sie in kleinen noch eher als in Großen zu gebrauchen.

Die Grenzen dieses Buches verstatten mir nicht, hier eine genaue Berechnung dieser Maschinen beyzufügen; denn entweder müßte ich unvollkommen und für den größten Theil meiner Leser unverständlich schreiben, oder ich müßte wenigstens so viel als dies ganze Buch beträgt, aus der Hydrodynamik, Hydrostatik, Hydraulik, Hydrotechnik und Mechanik voraus schicken; Vielleicht liefere ich hiezu denen Liebhabern einen Auszug aus dem vortreflichen Belidor, den ich sehr abgekürzt habe, aber zugleich noch mit Beschreibungen, Berechnungen und Zeichnungen derer vorzüglichsten Holländischen und Englischen Mühlen, brauchbarer zu machen, gedenke.

Beschreibung der Maschinen Tab. XIII. Fig. 1.

§. 204. Folgende kurze Beschreibung der in Tab. XIII. enthaltenen Maschinen, wird zur Nachahmung hinlänglich seyn; Der Aufris Fig. 1. stellet ein kleines Tretrad a 15′ in Durchmesser und 47′ in dem Umkreise vor, 3′ breit.

b) Dessen Welle, 1′ im Durchmesser.

c) Die Kurbe beschreibt einen Zirkel von 3′ im Durchmesser.

d) Die Zugstange ist 3″ breit 6″ stark und 20′ lang.

e) Eine

e) Eine sogenante Scheere, so die Welle f. und mit derselben die beyden Plumpenscheeren g. h. daran die Plumpenstangen befestigt sind, in Bewegung sezt.

e) Ist 2'' dick, 6'' breit, und 3' lang, von der Mitten der Welle gerechnet, die 1' im Durchmesser und 3' lang ist.

g. h) Sind 5' lang, und so breit und stark wie e. Der Plumpenstangenhub ist also 5'.

§. 205. Die Plumpenröhren i. k. sind 6'' weit, die Quadratfläche ist beynahe 28□ Zoll und ein ganzer Hub hebt zu 5' Höhe 1700c'' oder beynahe 1 Cubic Fuß; so oft das Rad sich umdreht werden also durch beyde Plümpen 2 Cubic Fuß gehoben. Fortsetzung.

Wird das Rad a durch zwey Ziegen, oder eine Kuh, oder Ochsen wie bequem geschehen kan, in 1 Minute 2 bis 3 mal umgedreht, so werden in einer Stunde über 240c' Wasser durch diese einfache Maschine gehoben.

1c' Wasser wiegt 70 Pfund, und giebt 5 bis 6 kleine Eymer voll Wasser.

Rechne ich nun vor jedes Bauergehefte täglich 100 Eymer, oder 20c', so erhält man durch diese Maschine in Zeit von 1 Stunde vor 12 Bauern genug, geht sie also täglich 3 bis 4 Stunden, so ist überflüßig Wasser für das ganze Dorf und auch für das Adeliche Gut geschöpft. Diese Maschine kostet eben so wenig anzulegen als zu unterhalten; denn sie ist ganz einfach.

§. 206. Man kan diese Maschine mitten im Dorfe bey M anlegen, ein Haus darüber bauen, und dies zur Wohnung für den Zimmermann machen, der für die freye Wohnung und einen kleinen Wie der Aufseher und die Unterhaltung der Maschine

zu besorgen. Deputat an Getrayde, die Unterhaltung der Maschine übernimt. Zur Unterhaltung der Ziegen kan ihm die freye Weide für einige Stük Vieh und etwas Heu gegeben werden.

Grund- und Seitenriß Fig. 2. u. 3.

§. 207. Fig. 2. stellet die Seitenzeichnung des vorigen vor, und

Fig. 3. den Grundriß derselben. Der Aufriß des Hauses ist so leichte aus dem Grundrisse, nach meinen vorher gegebenen Mustern zu zeichnen, daß ich denselben besonders zu zeichnen vor überflüßig halte.

§. 208. Die Eintheilung des Wassers geschicht wie §. 194. gewiesen ist; aus dem Wasserhälter n durch m nur muß der 3te Theil alles Wassers auf den Hof A a. geleitet, und das übrige durch die 4 Rören o p q r in dem Dorfe vertheilt werden, wie vom 90 bis 95 §. gezeigt ist.

Von dem Druckwerk Fig. 4.

§. 209. Eben diese Maschine kan auch nach dem Aufrisse Fig. 4. vergrößert, und durch mehrere Ochsen oder Kühe getrieben, und so zur Bewegung des oben beschriebenen Druckwerks angewandt werden. Denn soll z. E. das Wasser doppelt so hoch als vorher, nemlich 60′ in die Höhe gehoben werden, so wird hiezu, wenn es in gleichen Zeiten geschehen soll, doppelt so viel Kraft erfodert, und dann muß wenigstens ein Ochse oder 2 Kühe in das Tretrad.

a. ist das Tretrad, hat 24′ im Durchmesser.

b. Die Kurbe, 3″ im Durchmesser.

c. Die Zugstange, 4″ stark 8″ breit.

d. Die Scheere dazu.

e. f. Die andern beyden Scheeren.

g. h.

g. h. Die Stempelstangen.

i. k. Die Stiefel.

l. Die Zusammenhangsröre.

m. Die Steigröre.

§. 210. Fig. 5. ist ein Saugwerk, wodurch mehr Wasser als durch Fig. 1. gehoben wird, das aber auch durch Kühe getrieben, und a so groß wie in der 4ten Fig. gemacht wird; an der Welle b ist das Stirnrad c 12′ im Durchmesser, dieses treibt das Getriebe d von 3′ im Durchmesser, an dessen Welle e die Kurbe ist, welche durch den Zug f. g. die beyden Plumpen h. i. in Bewegung setzt, die das Wasser in den Sammelkasten m füllen.

§. 211. Fig. 6. zeigt den Durchschnitt eines Göpels, darin a die Welle, b die Deichselstange, c die Wage, daran die Pferde oder Kühe gespant, d die Kürbe, d e die Zugstange, e f die Scheere, f g, f h die Scheeren so die Plumpenstangen treiben, und i k die Plumpen vorstellen. Von dem Göpel der Durchschnitt Fig. 6.

§. 212. Fig. 7. zeigt den Aufriß des Göpels von der Seite. A B C stelt das zugerundete kegelförmige Dach, nebst denen Zugstangen und Plumpen, die außer dem Göpel stehn, vor. Hieran sezt man die Wohnung des Aufsehers der Wasserkunst, und legt darin die Wasserhälter, Wasserklären und dergl. an. Fig. 8. zeigt den Grundriß dieser Maschine, es fält sehr leicht in die Augen, daß diese auch zu Druckwerken, oder um mehr Wasser zu heben, wie Fig. 4. und 5. angelegt werden kan. Ich wünsche, daß dies wenige von Anlegung der Wasserleitungen einigen Nutzen habe. Dessen Auf- und Grundriß Fig. 7 u. 8.

10. Kapi-

10. Kapitel.

Von der Anlage eines neu zu erbauenden Dorfes, und von der Verbesserung abgebranter Dörfer, die sehr in einander gebauet sind.

§. 213.

Von der Dorfstelle.

Wenn die Baustelle eines Dorfes gewählt werden kan, so ist hiebey auf folgende Stücke zu sehen:

a) Auf einen guten und festen Grund.

b) Auf gesunde, frische und reine Luft.

c) Auf Sicherheit vor Wasser und Ueberschwemmungen.

d) Auf nahes gutes Quell- oder Flußwasser.

Worauf bey dessen Anlage zu sehen.

§. 214. Bey Anlage des Dorfes selbst ist Rüksicht zu nehmen:

a) Auf die Bequemlichkeit eines jeden, besonders aber der Herrschaft in ihrem Bezirk.

b) Auf eine geränmige und breite Dorfstraße, die nicht allein ein gut Ansehen und viele Bequemlichkeit giebt, sondern auch zur Feuersicherheit dient.

c) Daß alle Gehefte in gehöriger Entfernung von einander gebauet werden, so daß nicht leichte zu befürchten ist, daß wenn ja ein Geheste anbrennt, dieses die andern anzünden könte.

d) Daß öffentliche und große Wasserhälter vorhanden sind, damit das Vieh oft kan geschwemt

schwemt werden, und daß man in Feuersgefahr Wasser zum spritzen habe.

e) Daß jeder Einwohner einen hinlänglich großen Garten gleich bey seiner Wohnung habe.

f) Daß die bemittelten Einwohner von denen Aermern umgeben wohnen, damit Einbruch und Raub verhindert wird.

g) Daß jeder Unterthan wo möglich seinen Acker und Feldbau nicht weit vom Hause habe.

§. 215. Nach diesen Regeln habe den Plan Tab. X. Fig. 3. zu einem neuen adelichen Kirchdorfe entworfen. Dieses enthält

Von der Anlage des neuen Dorfs

Tab. X. Fig. 3.

A. Das Herrschaftliche Wirthschaftsgut, mit allen Nebengebäuden, Garten und dergl. Die Gartenseite des Wohngebäudes ist gegen Norden gekehrt, damit diese Zimmer im Sommer kühle und angenehm zu bewohnen sind. Die nähere Beschreibung desselben ist im 4 und 5ten Kapitel gegeben worden.

Der Gutsherr kan oben von seinem Hause das ganze Dorf und alle Höfe derer Unterthanen übersehen, und die fleißigen und faulen bemerken.

B. Ist des Gerichtshalters Wohnung und Garten, oder ein Brauhaus oder dergl.

C. Die Wohnung einer alten adelichen Gutsherrschaft oder Witwensitz u. dergl. diese ist eben so wie das Justitiariat gebauet.

D. Sind 14 Bauergehefte, die alle auf gleiche Art gebauet und geordnet sind; jedes ist 10 Ruthen breit und wenigstens 10° von dem nächsten entfernt. Die Wohngebäude sind alle an die Straße geordnet, damit der

Nacht-

Nachtwächter sehen kan, ob etwa noch spät Licht brennt, welches schaden kan, besonders in den Kammern des nachläßigen Gesindes; diese wohnen deswegen alle gegen die Straße. Ich habe mit Bedacht keine Hausthüren nach der Straße aus den Häusern gemacht, weil diese sonst nur zum stehlen und zur Nachläßigkeit in der Arbeit dienen; denn sobald auf der Straße was vorgeht, so ist das neugierige Gesinde vor der Thüre. Hier hingegen werden sie blos auf den Hof und an ihre Arbeit gewiesen. Die Scheunen stehen alle gegen das Feld, damit man bequem durch dieselben von hinten einfahren kan.

E. Die Hauptstraße ist 10° breit, davon 2 bis 4° zu denen großen Wasserhältern N die durch das ganze Dorf gehen, dienen, die andern 6° geben 2 Straßen auf beyden Seiten des Kanals.

In der Mitte des Dorfs der Länge nach, wird die Wasserkunst und das Wohnhaus für den Aufseher des Wassers in M geordnet.

Der lange Kanal kan in mehrere Abschnitte getheilt, und zu Teichen, Fischhältern oder dergl. genutzt werden, davon alle Einwohner den Vortheil theilen, und zu gemeinen Nutzen anwenden; Sie werden hieraus mehr gewinnen als die sämtlichen Kosten der Anlage der Wassermaschinen betragen.

O. Die Kirche mit denen Kirchhöfen ist hier weit von allen andern Gebäuden entfernt, und also nicht in Gefahr durch andere Gebäude entzündet zu werden, sie selbst aber ist mit einem Gewitterableiter versehen, der sie nicht

nur

nur selbst schützt sondern auch das ganze Dorf für dem Einschlagen des Gewitters sichert.

F. Die Pfarre ist das nächste Gebäude bey der Kirche.

G. Schule und Predigerwitwenwohnung ist der Pfarre gegen über, und also auch bey der Kirche.

H. Das Wirthshaus.

I. Die Nachtwächter- und Hirtenwohnung schliessen auf dieser Seite das Dorf und versichern die Kirche und den Gasthof vor Diebereyen.

L. Auf der andern Seite ist die Schmiede und das Wagnerhaus.

K. Sind 9 Kossätengehöfte, die wie die Bauerhöfe geordnet sind, ist viel Raum, so giebt man denenselben eben so große Garten wie denen Bauern, sonst legt man zwey Gehöft hinter einander, so daß an der Stelle einer Bauerscheune noch ein Kossate wohnt. Der Garten wird alsdenn unten beyde getheilt, wie dieses in der Zeichnung zu sehen.

P. Q. Sind zwey Wege an beyden Seiten des Dorfs, jeder 5° breit zu Einfahrten in die Scheunen und Remisen.

R. S. Sind Hirtenhäuser zum Gute oder Amte gehörig.

T. Sind 6 doppelte Drescherwohnungen, jedes zu 2 Familien, 8° von einander, diese gehören zu dem Gute.

U. 8 eben solche Wohnungen für das Dorf gehörig; nach der vorigen Anlage.

Das

Das übrige hiebey erhellet aus der Anlage, die in der Zeichnung ganz deutlich ausgedruckt ist.

Von der Verhütung der Feuersgefahr durch Anpflanzung der Bäume.

§. 216. Der Nutzen, Bäume zwischen Gebäude zu setzen, ist alzubekant, es ist aber auch wahr, daß man des Guten zu viel thun kan.

Eine Reyhe Bäume, etwa 5 bis 10′ Fuß vor einem Gebäude, schützet dasselbe vor Stürmen, und hält die Flamme auf, wenn ein solch Gebäude anbrent; ja sie verhindern das Flugfeuer fast gänzlich, endlich werden sie zwar auch ein Raub der Flammen, aber doch nicht eher, als bis das Gebäude, woran sie stehn, meist nieder gebrant ist, und durch Flugfeuer keinen Schaden mehr thun kan.

Ist aber an diese Reyhe Bäume wieder eine gesezt, und so der ganze Garten voll, so entzünden sie sich von der Hitze unter einander, und pflanzen die Glut bis zum nächsten Gehefte fort; um dieses zu vermeiden, habe ich in dem neu zuerbauenden Dorfe nur eine oder zwey Reyhen auf jeder Seite angeordnet, dieses müssen solche Baumarten seyn, die wenig Oel bey sich führen, also keine Nußbäume, andere Obstbäume sind besser, besonders aber die Rüstern, deren Blätter zugleich zum Futter sehr gut sind.

Von dem Dorfe Schmerzke ehe es abbrante.

§. 217. Die 1te Fig. Tab. X. zeigt, wie das abgebrannte Dorf Schmerzke, vor dem Brande, so im Jun. 1775. erfolgte, beschaffen war, man wird daraus ersehen, daß fast alle Gebäude derer verschiedenen Gehefte ganz ineinander gebauet waren, ja selbst die Straße war an einigen Orten kaum 2° breit, besonders an der Pfarre, wo die Flamme die andere Seite zuerst ergrif.

§. 218.

§. 218. Die ganze Breite verschiedener Gehefte, betrug kaum 4 bis 5° und auf diesen schmalen Platze stunden 4 bis 6 kleine Gebäude, davon bequem 3 in eins hätten können gebracht werden, und wie ich oben gezeigt habe, mit wenigern Kosten. Von der schlechten Bauart desselben.

Das ganze Dorf enthält 10 Bauerhöfe. Ein Halbbauer, 5 Kossäten, das sind solche, die entweder gar keinen oder nur sehr wenig Acker haben, außen einen großen Garten bey dem Hause und etwas Wiese haben, dabey aber doch Dienste mit Hand und Pferden thun müssen. Die Kirche W, die Pfarre X. die Schule Y. 2 Hirtenhäuser O. und U, und ein Auszugshaus V. Jeder Bauer hat einen Garten bey dem Hause, und entweder gleich dabey, oder nahe vor dem Dorfe einen Graseplatz oder Grasgarten, daraus sie sogleich wenn sie eiligst Dienste thun, müssen Gras hauen können.

Da eine genaue Beschreibung aller Gehöfte und derer Größe aus dem Plane zu ersehen ist, so würde es überflüßig seyn, dieselbe hier noch zu wiederholen; ich will daher den Auszug der Vorschläge zur neuen Erbauung und Ausgleichung die bey der Umwechselung derer Gehefte nöthig war, hersetzen.

§. 219. a) Alle Gehefte sollen breiter werden als bisher, damit die Gebäude verschiedener Gehefte nicht mehr aneinander stoßen. Vorschläge zur Erbauung des neuen Dorfs.

b) Da die Kossäten breite Gehefte haben, so können sie wohnen bleiben, und nur mit weniger Veränderung wieder bauen.

c) Von denen Bauern müssen die, so die kleinsten Gehefte haben, dieselben verlassen, und auf einem bequemern Platze größere Gehefte erhalten.

d) Die Gehefte der Bauern, so heraus gehen, werden zur Vergrösserung derer die im Dorfe bleiben, angewandt; davor geben diese aber so viel an andern gleich guten Grundstüken, zur Erbauung neuer Gehefte ab.

e) Denen Bauern, die vor das Dorf auf neue Stellen bauen, wird ein weit gröser Gehefte, als sie gehabt haben, angewiesen; die Grundstüke, die man hiezu anwendet, werden von Gemeindeplätzen und durch Vertauschung ihrer vorigen ersezt.

f) Die auf neuen Stellen bauen, erhalten ihre Pläze geebnet, die Grundsteine werden ihnen hingefahren, und neue Brunnen gegraben.

Von der Dorfstraße und Entfernung der Gebäude von einander.

§. 220. Die Dorfstraße wird durchgängig 7° breit gemacht, und alle Gebäude derer verschiedenen Gehefte, kommen auch so weit von einander zu stehen. Die Schule und Pfarre werden getrent. Die Hirtenhäuser kommen aus den Dorfe, und die neu zu machenden Brunnen werden so angelegt, daß man auch, wenn die Gehefte abbrennen, daraus Wasser schöpfen kan.

Zwischen jedes Geheft kommen zwey Reyhen Bäume, eine dies- andere jenseits.

Welche Gebäude vor das Dorf gebauet werden.

§. 221. Nach diesen gegebenen Regeln, müssen aus der Seite AM. die beyden Bauern

B. Friedrich Kemnitz.

E. Peter Vogd und der Halbbauer

K. Andreas Nieseke

Auf der andern Seite kommen die Hirtenhäuser weg, und das Auszugshaus des Schulzen, stat dessen die Schule hieher gesezt wird.

§. 222.

§. 222. Die ausführliche Vertauschung und Vergleichung derer einzelnen Stüke hieher zu setzen, wäre zu weitläuftig, überdem erhellet sie aus der Zeichnung Fig. 3.

Von dem neuen Dorfe nach Tab. X. Fig. 2.

Jedes derer neuen Gehefte ist 12° breit, davon die Hälfte oder der 3te Theil zu Gebäuden angewandt werden, keins soll mehr als 3 Gebäude enthalten, nemlich Wohnhaus, Ställe und Scheune, die Kossäten haben Wohnhaus und Ställe in einen, also nur 2 Gebäude. Da es wegen Mangel hoher Orte, die vor Ueberschwemmung sicher sind, nicht angieng mehrere Gehefte aus den Dorfe zu bauen, so mußte man sich auf diese 3 einschränken; wenigstens hoffe ich durch diese Anlage so viel erlangt zu haben, daß man ins künftige bequem zum Löschen kommen, und daß nicht alles mit einemmal anbrennen kan.

Von Verbesserung der Feuerlöschanstalten auf dem Lande, ist des Herrn Glasers Preisschrift nachzusetzen, die sehr viel nützliches enthält. Ingleichen gehören hieher auch verschiedene Feuerordnungen des Preußischen Landes, die neue Sächsische, die Göttingsche und dergl. mehr, deren Beurtheilung aber, so wie die Wichtigkeit der Sache selbst zeigt, eine eigene Behandlung erfodert. Hier nur etwas davon zu sagen, würde unvollständig seyn.

11. Kapitel.

Von Anlage und Einrichtung der innern Theile der Gebäude. In Rücksicht auf Festigkeit, Bequemlichkeit und Ordnung.

1) Von den Thüren.

2) Von den Fenstern.

3) Von den Treppen und

4) Von den Schornsteinen, Oefen, Backöfen und Feuerheerden.

Die meisten Baumeister sehen besonders auf die gute Ordnung des Aeußern.

§. 223. Daß diese Theile, deren Gebäude keine Hauptthheile, sondern nur Theile derer Theile, nemlich derer Zimmer und dergl. sind, daran wird wohl kein Mensch zweifeln; und daß man also auf die Anlage und Anordnung der Hauptthheile zuerst, und nachher auf die Nebentheile sehen müsse, ist der gesunden Vernunft sehr angemessen.

Indessen findet man doch bey denen meisten Baumeistern, daß sie mehr auf die Symmetrische Anlage derer Fenster und Thüren, als auf die Erhaltung der Hauptvortheile, die durch Anlage der Zimmer zu bewerkstelligen ist, gesehen haben.

Worauf man zuerst zu sehen.

§. 224. Es ist gewiß, daß bey vorzüglich schönen Gebäuden, die Anordnung derer äußern Theile besonders die ganze Aufmerksamkeit eines Baumeisters erfodert, aber doch muß er zuerst das vorzüglichste, nemlich die Anordnung der innern Theile auf das beste besorgen, und dann das Aeußere, beydes muß so genau mit einander verbunden werden, daß eins ohne das andere nicht stat finden kan.

Bey

Bey prächtigen Gebäuden, daran die äußere Ordnung derer Theile nicht geändert werden kan, giebt man innerlich an denen Theilen zu und ab, bis beydes übereinstimmend ist.

Bey Landgebäuden hingegen, wo es uns mehr um die innere Bequemlichkeit, als äußere Ordnung zu thun ist, da kan leztere nachstehen; doch wird es nicht oft stat finden, daß nicht beyde Vollkommenheiten nemlich gute Ordnung und Bequemlichkeit auf das genaueste mit einander verbunden werden könten. Alle meine angegebenen Gebäude, dabey ich mehr auf Bequemlichkeit gesehen, und demohngeachtet Ordnung oder Symmetrie erhalten habe, beweisen dieses.

§. 225. 1) Von den Thüren und Thoren.

Von den Thüren.

Die Hausthüren müssen in ansehnlichen Gebäuden wenigstens 5 Fuß in gemeinen aber wenigstens 4′ breit seyn. Die Einfahrten oder Thore, wenigstens 8 bis 10′.

Die Höhe derer Thüren verhält sich meistens zur Breite, wie 2 : 1.

Und bey den Thoren wie 3 : 2, auch bey prächtigen Gebäuden wie 2 : 1.

Die niedrigsten Stubenthüren dürfen nicht unter 6′ hoch und 3′ breit seyn, in ordentlichen Gebäuden aber nicht unter 7′ hoch und $3\frac{1}{2}$ breit.

Vitruv will die Thüre $\frac{4}{7}$ der Zimmerhöhe, doch hienach kan man sich nicht immer richten.

Die höchsten Hausthüren macht man nicht gern über 10′ hoch, weil sonst zwischen Thüren und Fenstern kein Verhältniß bleibt.

Alle Thüren und Dächer auch die Thore, welche über 4′ breit sind, sollen aus 2 Flügeln bestehen,

hen, weil einer zu schwer wird, und nicht nur unbequem auf- und zu zumachen ist, sondern auch sich senkt, und die Haspen oder Angeln loszureissen suchet.

Nichts ist lächerlicher, als die auf dem Lande noch so gewöhnlichen Halbthüren; davon die obere und untere Hälfte besonders auf- und zugemacht werden muß; nimt man sich dabey nicht in Acht, und macht das untere auf, ohne an das obere zu denken, so stößt man sich gegen den Kopf; überhaupt aber senken sich diese breiten kurzen Halbthüren sehr leicht, und sind höchst unbequem; können auch leicht durch die Mittelöfnung von außen geöfnet werden; und befördern also den Diebstahl.

In Thoren bringt man sogenante Radestößer zu beyden Seiten an; die entweder von Holz oder Stein mit Eisen beschlagene schiefe Säulen seyn, und zum Schuz derer Thoreckpfeiler dienen; weil auf denenselben die Wagenräder abschommen.

Von den Fenstern in Bauerhäusern.

§. 226. 2) Von den Fenstern.

Fenster in Gebäuden ganz niedriger Personen, dürfen nicht so gros seyn, als die in den Gebäuden der Vornehmen; denn jene haben fast alle ihre Geschäfte außer denen Zimmern, und wenn sie darinn sind, so ist dies die Winterabende, wo sie meistens Licht brennen. Die Fenster helfen daher wenig. Kleine Fenster haben den Vortheil, daß nicht so viel Kälte durch sie eindringt, als durch große; diese verdienen also hier den Vorzug.

In Bauerhäuser und besonders in Kammern, dürfen daher die Fenster nicht über 2- bis 3′ breit und 4-5′ hoch seyn; man hat hiebey auch nicht so genau auf das schöne Verhältniß, wie 1 : 2. zu sehen, als bey andern Gebäuden, hingegen gleiche Höhe

Höhe und Symmetrische Stellung derselben, nimt sich auch hier gut aus.

§. 227. In ansehnlichen Häusern macht man sie nicht unter 3′ bis 4′ breit und unter 6 = 8′ hoch. Die Höhe des Fensters von dem Fußboden ist ohngefehr 3′. Einige derer Hrn. Baumeister wollen die Fenster in denen obern Stockwerkern höher machen, als in den untern, und nach der Lehre des Sehewinkels, da sich alle erhöheten Sachen kleiner vorstellen, haben sie nicht unrecht; aber wenn man bedenket, daß bey Erbauung eines Gebäudes, immer mehr auf die innern Vortheile desselben, als auf die äußern gesehen werden muß; so ist das entgegen gesetzte in diesem Fall nöthig. Fenster in ansehnliche Gebäude.

Denn in die obern Fenster kan das Licht weit freyer als in die untern fallen; also sind sie schon heller als jene; da aber die großen Fenster auch mehr Kälte als die kleinern durchlassen, so wird ein hohes Zimmer mit großen Fenstern, fast nicht zu erwärmen seyn; besonders wenn der Wind darauf stößt. Mein Rath ist also, die obern Fenster von Stock= zu Stockwerk immer verhältnißmäßig kleiner zu machen, doch aber gleich breit zu lassen; 6″ würde ohngefehr die mitlere Verkleinerungszahl seyn.

Doch leidet auch dieses Ausnahmen. Nachdem zE. das Prachtgeschoß unten oder auf ein Souterrain oder in das 2te Hauptstock kömt, von da an denn jenes Maas abgenommen wird.

§. 228. So gebräuchlich die Halbgeschosse sind, so wenig finde ich dieselben schön; denn die kleinen Reyhen Fenster zwischen den übrigen hohen, sieht aus, als wenn Gefängniß= oder Betlerzimmer zwischen denen Fürstlichen wären; will man aber Bedientenzimmer besonders anlegen, so mache man dieselben Von Halbgeschossen und Halbfenster.

dieselben entweder in das Souterrain, oder in das Dach; denn an beyde Orte schicken sich dieselben recht gut, ohne daß man eine ganze Etage nöthig hat dadurch zu verderben.

Die Kellerfenster werden entweder halb so hoch als breit, oder wie 3 : 4 u. dergl.

Im Souterrain oder Unterstocke aber, darein Wohnungen kommen sollen, kan man sie allenfals etwas höher als breit machen.

Von Dachfenstern.

§. 229. Die Dachfenster werden nicht so breit als die übrigen in dem Gebäude, und verhalten sich zur Höhe wie 1 : 2.

Ochsenaugen sind kleine zirkel- oder ovalrunde Dachfenster, die in französischen Dächern nicht übel aussehen; aber so wie die vorhergehenden genaue und kostbare Verfertigung erfodern, wenn sie nicht zum Verderben des Dachs dienen sollen, oder man muß sie ganz einfach wie die an meinen Bauerhäusern machen.

Von hölzernen und steinernen Fenstereinfassungen.

§. 230. In gemauerten Gebäuden sind die rund gewölbten Fenster die besten, leichtesten und dauerhaftesten, weil man bey denen mit einen graden Sturz immer befürchten muß, daß bey breiten Fenstern derselbe sinkt, oder gar das Gebäude von einander preßt. Hingegen in hölzernen Gebäuden müssen die Fenster grade seyn, denn sonst muß man um das Holz zu wölben, oder bogenförmig zu bilden, den besten Kern ausschneiden, der Splind aber der nichts hält, bleibt alsdenn.

Solte man aber wohl glauben, daß man diese ihrer Natur nach so verschiedenen Fenster häufig mit einander vermischen könte, ja daß dies berühmte Baumeister noch thun? Sie wollen Abwechselung und Schönheit erhalten, und kennen die Regeln

geln dazu nicht. Dergleichen Fehler sind also vorzüglich zu vermeiden.

§. 231. Da die bloßen Fenstervertiefungen sehr kahl aussehen würden, so ist nothwendig, daß man dieselben verkleidet; dieses geschiehet entweder durch einen bloßen Streif, oder durch verschiedene von denen Säulenordnungen entlehnte Glieder.

Von Fenster- Thür- und Thorverkleidungen und Verzierungen überhaupt.

Bey Thüren und Thoren geschicht eben dieses, es ist nöthig, daß alle diese unter einander und mit der Hauptverzierung des Gebäudes in einem gewissen Verhältniß stehen; * so daß nicht eins prächtig und das andere arm oder nur mittelmäßig verziert ist. Eben so ist auch immer darauf zu sehen, für wem das neu zu erbauende Haus soll, oder was dessen Bestimmung ist; damit man gewissermaßen schon von dem Aeußern des Gebäudes auf den Besitzer oder die Bestimmung desselben schließen kan; doch ist es immer vortheilhafter ein Gebäude lieber zu wenig als zu viel zu verzieren.

Denn gehet man in ein Landgebäude von dessen äußerer Pracht man schließt, daß es ein vornehmer Adlicher bewohnt, und man findet einen ungesitteten Bauer als Besitzer desselben, so ist dies ungereimt; doch müssen auch diese des Staats nützliche

* Cic. de Officiis, Liber I. Cap. XXXIX. Ornanda est enim dignitas domus, non ex domo tota quaerenda: nec domo dominus, sed domino domus honestanda est.

„Cavendum autem est, praesertim si ipse aedifices, ne extra modum sumtu et magnificentia prodeas.

Sen. ep. 66. Hor. od. 15. l. 2. Carm.
Sen. ep. 89. Hor. l. 1. c. 1.
Sen. ep. 27. Hor. Sat. 1. l. 1.

Unterthanen bequeme und gute Wohnungen, aber ohne Pracht und Luxus, haben; welches meine vorzüglichste Absicht bey dieser Abhandlung ist.

Von der guten Vertheilung der äußern Theile.

§. 232. Daß Fenster, Thüren und Thore als solche Theile, die von außen an einem Gebäude am meisten in die Augen fallen, auf eine gute Art nach den Regeln der Symmetrie und guten Ordnung müssen vertheilt werden, ist nöthig, und erfodert in einigen Fällen viel Aufmerksamkeit und Beurtheilungskraft, wie schon Cato sehr gut sagt: **Häuser bauen fordert, daß man sich vorher in dasselbe hinein denke,** oder daß man vorher alles wohl dabey erwäge, ehe man es bis zum Bau kommen läßt.

Anmerkungen.

§. 233. Da ich gar nicht von der schönen Baukunst schreiben will, weil hievon fast alle andere Schriftsteller der Baukunst ausführlich ja weitschweifig genug handeln, so lasse ich nicht nur die ganze Lehre derer Säulenordnungen, sondern auch alles dahin einschlagende aus diesen Anfangsgründen, und zeige durch meine Zeichnungen, wie man fast ganz ohne dieses, anständige, schöne und recht brauchbare Gebäude erhalten kan. Mir ist nichts angenehmer, als daß ich zugleich bey dieser Idee die Urtheile verschiedener so um die schönen Künste als um die schöne Baukunst verdienten und berühmten Männer vor mir habe; als einen großen Sulzer, Weiß, verschiedene der Dresdner Acad. und viele derer vernünftigsten Baumeister.

Denn so wenig meine Absicht ist, die Säulenordnungen als Nutzen der schönen Baukunst hintanzusetzen, so gewiß ist es doch, daß der Misbrauch derselben, und besonders aller kleinen französischen Zierrathen, bis über alle Grenze gestiegen ist, und daß man über diese sogenante schöne oder vielmehr tän-

tändelnde Baukunst alle eigentliche Baurегeln der Festigkeit und Bequemlichkeit fast ganz vergessen hat. Indessen ist hier nicht der Ort, hierüber mehr zu sagen.

§. 234. 3) Von Treppen.

Es sind besonders 4 Arten derselben zu bemerken:

a) Freye vor der Hausthüre. — Von Freytreppen.

b) Haupttreppen.

c) Nebentreppen.

d) Wendeltreppen.

a) Die Freytreppen, da sie der Witterung und dem Verderben mehr als andere ausgesezt sind, sollen wo möglich, von Stein seyn. Die aus Stein gehauenen sind die besten, man kan denenselben sehr vielerley Gestalten geben.

Die Höhe der Stuffen steigt von 5 bis $6\frac{1}{2}''$.

Die Breite der Stuffen steigt von 12 bis 18″.

und die Breite der Treppen selbst darf nicht leicht unter 6′ seyn; die Breite wird bey einigen Arten derselben sehr ansehnlich.

§. 235. b) Die Haupttreppen sollen wenigstens 5′ breit seyn, und alle 10 bis 12 Stuffen einen Ruheplatz haben; das ist eine Quadratfläche, welches so lang und breit ist, als die Länge derer Stuffen beträgt. Damit theils die Aufsteigenden auf der Treppe ruhen können, theils daß wenn ja jemand heruntergleitscht, er doch nicht ganz runter fält. — Von Haupttreppen.

Die Höhe der Stuffen ist wie bey den Freytreppen, die Breite aber zwischen 10 bis 14″; ich füge eine besondere Zeichnung derselben bey, daraus

sowohl

sowohl deren Eintheilung als Bekleidung zu ersehen. Tab. XV. Fig. 1.

Nichts ist unangenehmer, als wenn mitten auf der Hausflure und innerlich an der Hausthüre einzelne Stuffen gemacht sind; darüber man bey dem Abschied nehmen leicht fallen kan, dergleichen sind also besonders zu vermeiden.

Von Neben- und Geheimtreppen.

§. 236. c) Neben- und geheime Treppen, werden 3′ breit gemacht, die Stuffen können 8″ breit und 6 bis 7″ hoch seyn. Man kan dieselben unter der Mitte mit einem Gelenke machen, so, daß wenn sie aufgezogen sind, sie der Wandtapete oder einem Schranke gleich sehen; vermöge eines Gegengewichtes kan man sie bequem auf- und niederlassen, wie Tab. XV. Fig. 2. zeigt, die aber nur unten verborgen ist.

Von Wendeltreppen.

§. 237. d) Wendeltreppen werden besonders in Thürmen und solchen Orten, wo wenig Raum ist, angebracht, da sie aber so unbequem als gefährlich sind; so müssen sie nie zu Haupttreppen gewählt werden. Die Breite derselbe ist 3 bis 4′ und die größte Breite derer Stuffen 1 bis $1\frac{2}{3}$ Fuß, weil sonst der Raum zum Aufsteigen nicht hoch genug wird.

Eigenschaften der Treppen überhaupt.

§. 238. Von den Treppen überhaupt ist zu merken, daß sie so viel möglich, helle und in die Augen fallend liegen. Damit man nicht lange darnach suchen oder aus Mangel des Lichts darauf fallen darf.

Wenn sie durch mehrere Stockwerke gehen, so werden sie in der untern so wie in der obern gemacht; wie meine Zeichnung zeiget, da Fig. 1. zu zwey Etagen eingerichtet ist.

Man

Man muß gleich bey Entwerfung eines Gebäudes mit Rücksicht auf die Lage der Treppe nehmen, sonst wird man nie was vollkommnes erhalten.

Von Schornsteinen, Kaminen und Oefen.

§. 239. Nichts ist in einem Wohngebäude unangenehmer, als der Rauch; die Wohnzimmer, und Küchen wo Feuer brennt, sind dieser Unbequemlichkeit am meisten ausgesezt; da man nur durch gut angelegte Rauchzüge denselben vermeiden kan; so ist es schon lange die Bemühung verschiedener Baumeister, und anderer Gelehrten gewesen, vollkommene Muster hiezu zu erfinden.

Von denen Schriften die von den Schornstein, Caminen und Oefen besonders handeln.

Wie die Versuche Leutmans, Jaager, Penther, Schübler, Goldmann, Schmidt, Cabuset, Lindstädt, Genette, Lehmann und die Schriften verschiedener Academ. und Gesellschaften zeigen; Meines Erachtens ist niemand in der Behandlung dieser Materie glücklicher gewesen, als ein gewiß F. A. K dessen Abhandlung in den V. Theil der Oec. Soc. in Leipzig p. 184. eingeruckt ist.

§. 240. Die Ursach des Rauchens liegt entweder

Ursache des Rauches in den Gebäuden.

I) An dem Orte wo das Feuer brent.

II) An dem Schornstein selbst.

III) An der Schleifung oder Ziehung derselben, oder

IIII) An dem Obertheil desselben über dem Forst.

I) An dem Orte des Feuers liegt das Rauchen

a) Wenn der freye Luftzug mangelt.

b) Wenn

b) Wenn mehrere Ofen oder Kamine in eins geleitet werden, und die Zunge dazwischen nicht hoch genug geht, so daß der Rauch in das ungeheizte Zimmer trit.

c) Wenn ein Ofen oder Kamin dem andern die Luft benimt.

d) Wenn Thüren nahe am Ofen, Kamin, oder Feuerheerden, befindlich sind.

Diesen Fehlern wird auf folgende Art abgeholfen.

a) Man mache Luftröhren, die von außen her die Luft zu dem Feuer herbeybringen; eine dergleichen Röhre gehet entweder nur vor den Flur, oder außen in die Küche. Die lezte muß gegen das starke Eindringen der Winde mit einer Haube versehen werden. Diese Luft dient auch dazu, daß die warme Luft in dem Gebäude bleibt, welche sonst beständig durch den Schornstein heraus geht.

b) Hier ist kein ander Mittel, als die Zungen bis über das Dach so hoch als der Schornstein ist, führen zu lassen.

c) Hier ist wieder das erste Mittel anzubringen, oder man muß nur eins auf einmal heizen.

d) An Feuerheerden läßt man kleine Seitenmauren, gegen die Thüren, welche den Rauch von dem Heerde wegziehen, machen, oder Bleche, die bis an den Rauchfang reichen.

Wie die Schornsteine zu erbauen.

§. 241. II) Bey den Schornsteine selbst, ist folgendes zu merken:

1) Die Schornsteine müssen oben weiter werden, als sie unten sind, etwa von 10 zu 10′ 1″ darin kan der Rauch freyer in die Höhe steigen und stopft sich nicht.

2) Der

2) Der Rauchfang muß nicht so schief, sondern etwas steil seyn; damit der Rauch nicht in die Küche zieht.

3) Die Kamine müssen meist 1 Elle oder 2′ tief seyn, und die hintere Seite unten etwas vorwärts gebogen werden, damit der Rauch desto leichter an derselben in den Schornstein ziehen kan.

4) Da zuweilen der Wind durch die Schornsteinthüren eindringt, so hält er den Rauch in denen Oefen zurück, und verursacht, daß es in dem Zimmer raucht, dies zu vermeiden, müssen Thüren davor gemacht werden.

5) Wenn von mehrern Oefen der Rauch in einen Schornstein geleitet ist, so müssen dieselbe weiter seyn, als ein einfacher, oder man muß den Rauch in Rören bis auf eine gewisse Höhe leiten; dabey aber das Reinmachen derselben nicht vergessen werden darf.

§. 242. III) Von der Schleifung oder Ziehung der Schornsteine ist zu bemerken: Von der Weite und dem Schleifen derer Schornsteine.

a) Daß dieselben, wo sie schief gezogen werden, allemal weiter seyn müssen, als wo sie grade stehn, weil der Rauch in den schiefen Rören nicht so geschwinde steigen kan, als in den graden. Soll der Schornstein nur den Rauch von einem Feuer fassen, so ist die mitlere Weite 1□′, der Küchenschornstein aber muß wenigstens 2□′ weit seyn, oder $1\frac{1}{4}$ Fuß zu jeder Seite haben.

b) Müssen die Schornsteine allemal dem Feuer entgegen geschleift werden, damit sie den Rauch desto besser fangen.

c) Dür-

c) Dürfen sie nicht zu schief gelegt seyn, sondern wo möglich, nicht tiefer, als unter einen Winkel von 60 Graden.

d) Bey dem Schleifen ist es besonders nöthig, daß man mehrere Schornsteine durch Zungen theile, wenigstens bis sie wieder grade stehen, denn sonst stößt sich der aufsteigende Rauch, und senkt sich in die nächste Zunge zurück.

e) Das schlangenförmige Winden derer Schornsteine hilft nichts. Die runden und ovalen sind gut, aber mühsam und kostbar zu erbauen, doch würden sie leichter zu verfertigen seyn, wenn man so geformte Ziegel dazu brente.

Vom Obertheil und den Aufsätzen.

§. 243. IIII) An dem Obertheil ist zu sehen:

1) Daß die Feueressen, wenn das Dach gegen Mittag liegt, etwas hoch über den Forsten erhoben werden, weil sonst das erhizte Dach im Sommer den Rauch nicht in die Höhe läßt.

2) Wenn auch dieses in großer Hitze nicht helfen will, so läßt man etwas Loderfeuer auf dem Heerde anmachen; dieses treibt den sich stopfenden Rauch in die Höhe.

3) Kappen und Aufsätze die den Hauptwinden entgegen gesezt sind, oder blecherne, die durch eine Fahne so gedrehet werden, daß die Hauptwinde nicht in den Schornstein dringen können, thun auch gute Dienste.

Warum der Schornstein in der Mitte des Dachs seyn muß.

§. 244. Bey dem Bau des Schornsteins, ist noch zu merken, daß derselbe am besten zum Forsten heraus geleitet wird; denn ist er an der Seite, und niedriger als das Dach, so stoßen sich die Winde daran und halten den Rauch in den Schornsteinen

steinen zurück; ist er aber höher als das Dach, so erspart man dabey nichts, sondern man muß ihn noch durch Anker und Haken befestigen, und doch ist er den Sturmwinden sehr ausgesezt, welches alles im ersten Fall nicht stat hat.

Damit bey hohen Schornsteinen die große Last die untern Theile nicht so sehr druckt, so werden dieselben alle Stockwerke durch Absätze auf Unterlagen oder Balken gesezt.

§. 245. Je stärker Feuer unten gemacht wird, je mehr Rauch steigt davon in die Höhe, und je weiter muß also der Schornstein seyn, an Orten wo man schon Holzspar-Oefen hat, sind nicht so weite Schornsteine nöthig als an andern, wo dies nicht ist.

Vortheile die zu bemerken.

Die Ziegel können auch bey jenen auf die hohe Kante oder schmale Seite gelegt werden, da sie bey weiten Schornsteinen auf die breite Seite gelegt werden müssen. Dieses kostet nicht nur viel mehr, sondern es beschwert ein Gebäude und nimt viel Raum weg.

§. 246. Wenn ein Schornstein in Brand geräth, so wird das Löschen durch Wasser sehr schwer, ja man kan auch nicht recht dazu kommen; bringt man aber einen Schieber von Blech darin an, so löscht sich das Feuer aus Mangel der Luft selbst; man hat dergleichen Schieber wodurch man auch Wasser zum Löschen in den Schornstein füllen kan.

Wie brennende Schornsteine zu löschen.

Sonst ist das Anzünden des Schwefels oder das Losschießen eines Gewährs in einen brennenden Schornstein, als bewährte Löschungsmittel bekant.

Von Holzsparöfen.

§. 247. Bequeme, dauerhafte, gut proportionirte und einfache oder wohlfeile Oefen zu haben, ist

Von Oefen.

ist der Wunsch eines jeden, besonders wenn diese mit wenigen Kosten oder wenig Holze bald und lange die Zimmer warm erhalten.

Diese Ursachen haben sehr viele bewogen, hierüber nachzudenken und ihre Erfahrungen bekant zu machen, hieher gehören besonders die, so im 239. §. angemerkt sind.

Wer hievon am besten geschrieben.

§. 248. Unter denen neuesten ist mir nichts bessers hievon zu Gesichte gekommen, als die Abhandlung von Holzsparoefen in den Schriften der Leipziger Oec. Soc. 2te T. p. 182. auch der dabey befindliche, auf diese Materie gerichtete Brief des Herrn Ober-Hof-Baumeisters Krubsacius aus Dresden, enthält sehr gründliche und wahre Anmerkungen.

Unsre Vorfahren, sagt er, bauten fester als wir, sie machten stärkere Mauern und Wände, kleine Fenster und Thüren, ihren Stuben gaben sie wenig Fronte und viel Tiefe; sie brauchten starke Balken und Dielen, ihre Decken und Fußböden schlugen sie von Lehmestrig, u. s. w.

Und wir thun das entgegengesezte von allen diesen, und wollen doch unsre Laternen mit wenigen Holze heizen, ꝛc.

Beurtheilung der Möllerschen Abhandlung.

§. 249. Herr Möller vertheidigt die altmodigen großen Oefen, doch ohne gehörige Gründe anzuführen; Z. E. er sagt im 1. Band der Leipziger Oecon. Nachrichten, p. 655. es ließe sich allenfals Mathematisch beweisen, daß ein Ofen, dessen Oberfläche $= \frac{1}{30}$ der Stubenfläche ist, noch einmal so viel Wärme der Stuben mittheilen würde, als der so nur $\frac{1}{60}$ der Stubenfläche zu seiner Oberfläche hat, daraus macht er den Schluß, daß jener nur halb so viel Holz zum Hitzen, als dieser erfodert;

er

er bedenkt aber nicht, daß jener große Ofen wenigstens noch einmal so viel Holz zum Heitzen erfodert, als dieser, dessen kleinere Oberfläche überal die Feuertheile aufnimt, und sie dem Zimmer mittheilt. Die Liebe für eigene Erfindungen macht uns leider nur gar zu oft blind gegen die Fehler derselben, also genug hievon.

§. 250. Die schon §. 248. angeführte Abhandlung soll zur Grundlage der Erbauung guter Oefen dienen; sie besteht aus 5 Kapiteln. Anzeige der Abhandlung der Leipz. Oec. Societät.

Das 1ste enthält Erfahrungen.

Das 2te Anwendung auf Oefen.

Das 3te Anwendung auf Oefen in Kamingestalt.

Das 4te handelt von Holzersparen der Windöfen.

Das 5te von gemeinen Oefen, für mittel- und arme Leute.

Von dem ersten als wichtigsten Kapitel, will ich das nothwendigste erinnern; das übrige als Folgen kürzlich erzählen, und hienach einige der besten Entwürfe mit weniger Veränderung mittheilen.

§. 251. Die Erfahrungen in dem ersten Cap. beziehn sich meistens auf die so in Leutmanns und Lehmanns Schriften über diese Materie gemacht sind. Inhalt des 1sten Kapitels.

1. Das Feuer wirkt in einer piramidalischen Figur über sich, und hat in der Spitze die größte Kraft, an den Seiten aber weniger.
2. Die Luft ist zur Unterhaltung des Feuers nothwendig, und viel Luft zu einer starken Flamme und Fortschaffung des Rauchs sehr nüzlich.

Anm. Langsam brennendes Feuer giebt nicht so große Hitze, aber mehr Rauch und folglich auch mehr Ruß.

3. Die Luft muß unter das brennende Feuer wirken, denn durch den Zug zwischen dem Holze durch wird die Flamme lebhaft.

Anm. Ein Rost ist hiezu sehr nöthig.

4. Das Feuer und der Rauch wird durch die Luft bewegt, und nimt die Richtung welche dieselbe hat.

Anm. Die Hitze oder die Feuertheilgen aber nicht, sondern diese dehnen sich in Form einer Halbkugel oder besser eines Kegels um die Flamme aus, denn sie sind viel zu fein, als daß sie dem Zuge der Luft weit folgen solten.

5. Das Feuer in einem Kanale dadurch der Zug der Luft geht, verdünt die Luft und bewegt sich nach der Richtung des Kanals, er mag diese oder jene Lage haben.

Anm. Aber nicht gern unterwärts, denn wenn nicht ein recht lebhafter Luftzug ist, so wird der Rauch und mit ihm die Hitze zum Ofenloche heraussteigen.

6. Das Feuer in einem Kanale mit einer horizontalen Decke erhizt die Decke, wenn sie nicht sehr hoch über dem Feuer ist, bis zum Kochen und Glühen.

7. Wenn der Rauch hinter dem Feuerort unterwärts geleitet wird, so wirkt die Flamme desto stärker in die Oberfläche des Kanals.

Anm. Denn die Bewegung geschicht langsamer.

8. Durch einen Rost macht nicht nur die Luft daß das Feuer desto besser brennt, sondern die Asche sondert sich auch von dem Holze ab, und der Luftzug treibt den Rauch fort.

9. Die

9. Die Roststäbe sollen ½ Zoll von einander gelegt seyn, die Größe des Rosts richtet sich nach dem Feuer, das darauf brennen soll.

Anm. Die von keilförmigen Ziegeln verfertigte Roste sind dauerhaft und gut; da sie unten weiter als oben seyn, so können sie sich nicht verstopfen, siehe Tab. XV. Fig. 10.

10. Das Zugloch so die Luft zum Feuer führt, muß mehr Quadratfläche haben, als alle Zwischenräume des Rosts.

Anm. Die Höhe des Rosts von dem Aschenort soll wenigstens 4 bis 6″ seyn, damit die Asche sich nicht so leichte stopft.

11. Wenn der Feuerkasten und Kanal oder Ofen ganz frey im Zimmer steht, so thut er die beste Wirkung.

Anm. Je näher derselbe dem Fußboden ist je leichter und eher hitzt er ein Zimmer.

12. Die doppelte Breite des Feuerkastens giebt dessen Länge.

13. Die schmalen Oefen heitzen besser als die breiten, weil keine Luft neben dem Feuer weg kan, sondern durch die Flamme ziehen und dieselbe anblasen muß.

Anm. Damit also nicht zu viel Holz von dem Gesinde eingelegt werden kan, so macht man einen Ofen
in ein klein Zimmer innerlich 8 bis 9″ breit,
in Mittelzimmer 12″
in große und Säle 15 bis 18.

14. Ist die Decke des Kanals nicht über 12 oder bey großem Feuer nicht über 15″ über dem Roste erhöhet, so wird sie bis zum Kochen erhizt, und man kan also in dieser Höhe Wasserkessel und dergl. einmauern.

15. Wo der Feuerkasten ein Ende hat, da dürfen die Rören oder Kanäle nicht über 7″ hoch seyn.

Anm. Dies ist in der That zu wenig, denn wenn sich nur einige Wochen der Ruß darin angehangen hat, so sind sie verstopft, und man hat ohn Unterlaß die Unbequemlichkeit sie rein zu machen, Kacheln auszunehmen, und zu schmieren.

Nach meiner Meynung sollen sie also bey einem kleinen Ofen wenigstens 9″ und bey großen bis 12″ hoch seyn.

16. Die Ofenthüre bey Windöfen die zum Luftzuge dient, macht man 4 bis 6″ hoch und 6 bis 7″ breit.

Anm. Doch ist es niemals gut die Luft zur Unterhaltung des Feuers in einen Ofen aus dem Zimmer zu nehmen, weil sonst beständig die um den Ofen befindliche warme Luft zum Schornsteine hinaus geschickt, und durch Fenster und Thüren kalte herbeygezogen wird. Sind daher Fenster und Thüren sehr dicht, so fängt der Ofen zuweilen aus Mangel des Zuflusses frischer Luft an zu rauchen. Um allen diesen Uebeln vorzubeugen, führt man von außen eine Luftröhre zum Feuerort.

17. Der Kanal zur Abziehung des Rauchs muß wenigstens ⅔tel so weit seyn als das Quadrat des Feuerkastens.

Anm. Je länger der Kanal ist, je besser ist es, daß die Röre weiter gemacht wird, weil der Rauch sich sonst immer langsamer bewegt, und mehr Ruß anhängt, ja sich wohl gar stopft.

18. Da man nicht gern durch den Kanal die Hitze in den Schornstein schicken will, so hat die Erfahrung bewiesen, daß wenn er 16mal so lang als der Feuerort breit ist, der Rauch völlig kalt ist; ist er länger, so sezt sich der feuchte Dampf und macht Flecken.

Anm.

Anm. Da es aber nicht schicklich ist, einen so langen Ofen in ein Zimmer zu machen, so biegt man diese Röre, und legt sie verschiedenemal über einander, so daß dadurch beynahe die vorige Länge erhalten wird.

19. In diese Oefen sezt sich der Ruß sehr an, deswegen müssen sie durch Ausnehmung einiger Kacheln leicht und bequem können gereinigt werden.

Anm. Blecherne Thüren bey jeder Biegung des Kanals sind noch bequemer, diese werden mit etwas Lehm verstrichen. Wenn man mit harten Holze heizt, so ist das Reinmachen kaum alle Jahre 1 bis 2 mal nöthig, bey weichen und kühnen Holze aber alle 2 Monat.

20. Oefen, deren Wände dünne sind, lassen die Hitze leicht und bald durch und geben daher geschwinde warme Stuben, sie werden aber auch eben so geschwind kalt, besonders wenn der starke Luftzug durchgeht; lezteres zu vermeiden darf man nur vor die Luftröhre einen Schieber machen, den man, wenn das Feuer ausgebrant ist, vorschiebt.

Zur Erhaltung geschwinder und lang warmbleibender Oefen ist nöthig, daß man, wenn sie zugleich fest seyn sollen, dieselben so weit der Feuerkasten geht von Eisen, das übrige aber von Kacheln mache, in Bauerhäusern auch ganz von Ziegeln.

21. Eiserne Rören 2'' im Diam. die durch die Flamme des Ofens gehen, und von außen frische Luft in das Zimmer führen, die in dem Ofen erwärmt wird, rühmt der Verf. sehr an, und schlägt sie zugleich als eine Verbesserung, die bey alten Oefen anzubringen ist, vor. Da diese Rören aber, sobald das Feuer in denen Oefen ausgebrant ist, verschlossen wer-

werden müssen, wenn sie nicht die warme Luft aus dem Zimmer ziehen sollen, so ist dies für gemeine Leute nicht brauchbar, welche das Zuschliessen entweder vergessen, oder es gar alsdann thun, wenn sie dieselben öfnen sollen; im Grunde verursachen sie also Kosten, und stiften wenig Nutzen, und verstellen überdies noch die Zimmer.

22. Wenn jene Rören nicht weit in das Zimmer können gelegt werden, weil sie zu viel Raum einnehmen, so schlägt der Verf. vor dieselben zu winden; doch hält er diese selbst nicht so gut, als die erstern.

23. Windöfen sind nicht so sparsam als andere gut eingerichtete Oefen, geben aber so wie die Kamine gesunde Zimmer, vermöge der beständig abwechselnden Luft.

24. Da die Oefen das ganze Zimmer unansehnlich machen würden, wenn man sie in die Mitte derselben sezte; so muß man sie an eine Seite oder Ecke setzen, in leztern heizen sie nicht so gut, benehmen aber den wenigsten Raum; die beste Stelle ist mitten an der längsten Seite des Zimmers.

25. Gut, trocken und klein gespalten Holz ist das beste zum heitzen.

Inhalt des 2ten Kapitels.

§. 252. Die folgenden Kapitel beschäftigen sich mit Beschreibung der neuen Oefen, die nach denen vorher gegebenen Regeln eingerichtet sind. Ueber diese will ich kürzlich meine Meynung mittheilen.

Das 2te Kapitel handelt von Stadtoefen.

Diese sind gut, aber in denen Zeichnungen der Oec. Soc. fast alle zu nahe an die Wände und zum

zum Theil mit einer breiten Seite in Nischen gesezt, so daß nur die Hälfte der Hitze eigentlich die Zimmer erwärmen kan; da nun bey diesen Oefen der Feuerkasten hinter dem Ofen verborgen ist, so wird hiedurch auch die beste Wärme der Stube vorenthalten. Ich habe von der mitlern Art, die einen 12'' breiten Feuerkasten haben, eine Zeichnung beygefügt, doch ist der Feuerkasten niedriger, und die im 21sten Absaz beschriebene Luftröre ist weggelassen. Diese Zeichnung enthält Grundrisse, Aufrisse und Durchschnitte desselben, nebst der Anzeige, wie er zum Kochen gebraucht werden kan. Tab. XVI. Fig. 1.

In eben diesem Kapitel ist ein von dem Hrn. Grafen von Vitzthum zu Welkau gebrauchter Ofen in Gestalt einer Pyramide beschrieben und gezeichnet, auch hiezu füge ich einen Grund und Aufriß bey in Tab. XVI. Fig. 2. Die runden Oefen, welche sich besonders gut in Nischen ausnehmen, und sehr reguläre Zimmer verstatten, können auch inwendig mit einem Schneckenförmigen Zug gemacht werden, und dann hitzen sie gut; hat man in Sälen 2 Nischen der Symmetrie wegen, so kan in eine ein Schenkschrank in Form des Ofens gesezt werden. Fig. 3.

§. 253. Das 3te Kapitel enthält die Anwendung der Regeln auf Oefen in Kamingestalt. Inhalt des 3ten Kapitels.

Diese sind in Nischen gesezt, und noch durch eine vorgesezte Thüre von Blech verborgen; die Hitze kan sich also denen Zimmern nicht gehörig mittheilen; überdies wird der Rauch dabey unterwärts geleitet, darüber die in 5ten Absaz gemachte Anm. nachzusehen. Ich halte sie nicht vor anpreisenswerth, denn sie können nach allen Gründen nicht so gut als die im vorigen Kapitel beschriebenen

 hitzen,

hitzen, und dann sehe ich nicht ein, warum man eine so nöthige als nützliche Sache, wie die Oefen sind, und denen man überdies auch angenehme und schöne Gestalten geben kan, so sehr verbergen soll: Da ich diese nicht für das Land brauchbar halte, so habe keine Zeichnung davon beygefügt. Doch chacun a son Gout.

Inhalt des 4ten Kapitels.

§. 254. Das 4te Kapitel handelt von Holz sparenden Windoefen, nach Form des 2ten Kap. nur daß diese von Blech sind. Ich finde hiebey weiter nichts anzumerken, als daß ich die zur Unterhaltung des Feuers nöthige Luft größtentheils von außen herbey würde leiten lassen, und alsdenn sind diese von denen im 2ten Kapitel beschriebenen wenig verschieden. Da sie beständiges fast viertelstündiges Nachlegen erfodern, so sind sie bey weiten nicht so bequem, obgleich etwas ersparender, als die im 252. §. angezeigten.

Inhalt des 5ten Kapitels.

§. 255. Das 5te Kapitel enthält Oefen vor den gemeinen Mann.

Auch hier ist der V. seiner Lieblingsmethode, die Oefen mit der breiten Seite an die Wand zu setzen, gefolgt; da man doch hiebey besonders mehr auf die Ersparung als auf die Zierlichkeit sehen muß; Mir schien 2 Fuß etwas zu breit, nemlich, ich würde sie höchstens 18″ in mäßigen Zimmern breit machen. Da es für die Landleute höchst nützlich ist, warm Wasser darin machen zu können, so ordne ich für große Wirthschaften die Wasserpfanne 1′ breit 1′ hoch und 2′ lang, und so, daß das Feuer wenigstens 1″ Spielraum zwischen den Wänden des Ofens und der Wasserpfanne hat, um das Wasser desto eher zu erwärmen. Die Wände des Feuerkastens sind von Eisen oder Mauersteinen, und das übrige von Kacheln oder Dach-

ziegeln

ziegeln zu machen, nach der 4ten Fig. Tab. XVI. In eben diesen Oefen kan man zugleich kochen.

Der V. erinnert noch was von Hitzkugeln und Röhren, welche die Hitze in die Zimmer vertheilen sollen, deren Vortheil aber, wie ich schon erinnert habe, entweder gering oder kostbar und mühsam zu erhalten ist.

Das übrige erhellet aus der Zeichnung, der ich eine Beschreibung und Benennung derer Theile beygefügt habe.

Die Beschreibung des in den Berliner Sammlungen 2. Bande 3ten St. p. 324. sehr vortheilhaften Stubenofens, hat sehr unsichtbare Vortheile. Das beygefügte Urtheil der Königl. Acad. ist mehr zur Ermunterung des Verfassers, als zum Lobe seiner Erfindung eingerichtet.

Von Kaminen.

§. 256. Diese sind zur Gesundheit und Abziehung der üblen Dünste in Schlafzimmern sehr gut. In Italien, Frankreich und den Niederlanden bedient man sich derselben stat der Oefen. Indessen hitzen sie doch bey weiten nicht so gut als diese, weil die meiste Hitze in den Schornstein zieht. Was ich in dem 251. §. in der 1, 2, 3, 4, 8. 9. 10. u. 11ten Erfahrung angemerkt, hat hierauf ebenfals Beziehung. Hiezu werde ich noch folgendes setzen: *Von Kaminen überhaupt.*

§. 257. Da die Flamme in dem Kamine aufwärts brent, und oben den stärksten Hitzschein giebt, so ist es nicht rathsam die Kamine sehr niedrig zu machen, wenn nicht die beste Hitze in den Schornstein fliegen soll; die meisten sind zwar so eingetheilet, indessen glaube ich nicht, daß man übeln Gewohnheiten nachahmen muß. Auch sind bey verschiede- *Von deren Form.*

schiedenen derselben die Heerde oder Grundflächen über den Fußböden derer Zimmer erhoben, auch dieses ist schädlich; ich wähle daher die, so mit dem Fußboden gleich gehen, und einen eisernen Rost haben, der in den Kamin gesezt werden, und nach Gutbefinden weggenommen werden kan. Diese sind 4 bis 6'' hoch, das Feuer brent besser und man erspart an Holze dabey.

Ferner ist es besser wenn das Holz aufwärts, gegen die hintere Kaminwand gestelt wird, als daß man es so hinein wirft: denn theils brent es heller, theils treibt die Flamme auch den Rauch gleich in den Schornstein; es hizt also besser und verhindert das so unangenehme Rauchen.

Deren Winckel oder Wölbung.

§. 258. Damit das Holz desto besser an der Wand stehet, so ist es rathsam, daß man die hintere Kaminwand in einen stumpfen Winkel breche, oder nach einer Parabolischen oder Cylinle runde. Denn ist sie grade, so wirft sie nur mitten in das Zimmer die Strahlen der Hitze, und ist sie nach einen Zirkel gebogen, so samlet sie dieselben gleichsam bey einer grade aufstehenden Wand, in eine Linie, ohne das ganze Zimmer zu erwärmen.

Deren Tiefe und Verhältniß.

§. 259. Die Kamine müssen die gehörige Tiefe haben, damit der Rauch nicht in die Zimmer trit; die mitlere Tiefe ist 2' etwas weniger oder mehr kan nicht schaden. Macht man sie aber tiefer, so ziehen die Schornsteine zu stark, und auch dies ist unangenehm, und macht die Zimmer sehr kalt, weil ohn Unterlaß die erwärmte Luft durch den Schornstein herauszieht.

Aus eben dieser Ursach ist sehr rathsam die Luft zur Unterhaltung des durch eine Röre von außen herbey unter den Rost zu leiten, diese kan

4″ im Durchmesser haben, ist es mehr, so zieht es zu stark, ist dies aber auch zu wenig, so ist es gut, daß die überflüßige, ungesunde Stubenluft mit durch das Kamin geht.

Die gewöhnlichen Kamineofnungen sind in Verhältniß der Breite zur Höhe wie 7:5. 4:3. 5:4. und 3:3. Die leztern sind zu meiner Absicht die besten, ja ich wünschte, daß man sie 4 oder 5:7 machte.

Diese lezten pflegt man auch Holländsche zu nennen, weil die Holländer zuerst den Nutzen derselben eingesehen haben, siehe Fig. 5. Tab. XVI. die erstern aber Französische; diese macht man nicht gern über 6′ breit, und jene nicht über 6′ hoch, in Mittelzimmer 4′ in kleinen 3′.

§. 260. Sonst bemerkt man noch 3erley Arten derselben, nemlich solche, die ganz in der Mauer sind, heißen Camino Romano. Verschiedene Arten derselben.

2) Die halb in der Mauer sind, Camino a mezzo padiglione, oder wie halbe Zelte. Diese sind zu Verzirungen die schönsten.

3) Die ganz außer der Mauer stehen, heißen Camino a padiglione oder wie Zelte. Den Obertheil des Kamins pflegt man durch Spiegel, Gemählde, Medaillons, Buston, kleine Statuen von Bronze oder Gips und dergleichen zu verzieren.

§. 261. Die beste Stelle der Kamine ist, wenn eins in Zimmer ist, mitten in der längsten Wand, sind aber zwey, so werden sie an die Ecken dieser Wand, den Fenstern gegen über gelegt. Deren Lage.

Scamozzi führt 3 Arten der Kamine an, die aber sehr kostbar sind, viel Raum benehmen, und nicht so gute Verhältnisse als die neuern haben.

Mehr

Mehr von dieser Materie findet man in den Schriften aller Baumeister, derer Societäten und Oec. Gesellschaften.

Von Backöfen und Backhäusern.

Von dem Nutzen dieser Untersuchung.

§. 262. Ueber diese nüzliche Sache haben sich seit einiger Zeit viele als Verbesserer und Bekantmacher des erfundenen Guten gezeigt; aber dem ohngeachtet findet man die so sehr beschrieenen Fehler und Mängel bis jezt fast algemein, außer da nicht mehr, wo der Holzmangel und die Nothwendigkeit das bessere gelehrt haben.

Dieses findet sich besonders in der Gegend bey Halle. Noch an keinem Orte habe ich bessere, wohlfeilere und Holzersparende Oefen und Backöfen gefunden, als in der dasigen Gegend; sehe ich dagegen die in der Mark an, wo der Holzmangel noch nicht so algemein ist, ob uns dessen Vorboten gleich sehr nahe sind; so muß man wirklich über die unnütze Verschwendung bey denselben in aller Absicht erstaunen.

Fast jeder Einwohner hat nahe bey seinem ganz von Stroh und Holz zusammengeklebten Gehefte ein klein Backhaus oder eigentlich bloßen Ofen, der aber so groß ist, daß im Nothfall beynahe eine Familie darinn wohnen kan; dieser Ofen ist so hoch, daß ein kleiner Mensch aufrecht darin stehen kan, und nur bey dem Eingange sich sehr wenig biegen muß.

Ich sage nichts von der großen Gefahr, die dergleichen ganzen Dörfern von denen so nahe an die Gebäude gebaueten Backöfen erwächst, denn sie ist hiebey augenscheinlich größer, als wenn die Backöfen in denen Gebäuden selbst stehen, wo die Funken in dem Schornsteine verlöschen, statt daß sie

dort

dort 50 Fuß weit in freyer Luft fliegen; ich will nichts von denen überflüßigen Baukosten sagen, die dergleichen unproportionirte große Backöfen erfodern. Aber die Holzverschwendung bey dem Hitzen derselben ist zu groß als daß ich mich nicht gedrungen sehen solte, dawider zu reden. Diese Bewegungsgründe haben mich also vermocht, etwas mehr hierüber zu sagen, als ich mir zuerst vorgenommen hatte.

Von denen Vortheilen bey Backhäusern und einzelnen Backöfen.

§. 263. Nichts scheint vortheilhafter zu seyn und ist es in Absicht der hiebey vorfallende Holzersparung so gewiß, als Gemeindebackhäuser, wo in einem Ofen für ein ganzes Dorf hinlänglich Brod gebacken werden kan; doch ist es auch der Schwürigkeit mit dem weiten Hin- und Hertragen des Teiges, Brods und Holzes unterworfen, wogegen aber der Gewinnst mit dem halben Holze zu backen überwiegend ist.

Baue ich aber die einzelnen Backöfen in die Stuben, so erspare ich bey jedenmal Backen einige Tage das Einheizen und kan also das übrig verbrante Holz so rechnen, als wenn es zum Heizen der Stube wäre angewandt worden; überdem habe keine unnützen Wege, darf nichts an den Becker geben, und bin für den Bestehlen und Zanken in dem Backhause, wo viele zusammen sind, sicher. Mir scheint daher dieses das beste; denn was man sich oder der Gemeinde auch vor Nutzen von der Pächte des Beckers versprechen mag, so kan doch dieser nicht so viel geben als ihm die Gemeinde giebt, weil er mit seiner Familie noch davon leben muß.

Dorfgemeinden ist es also nicht zu verdenken, wenn sie keine Gemeindebackhäuser anlegen wollen, und Grundherrschaften die nicht ihre Unterthanen drücken wollen, können es auch nicht ohne eigenen Schaden thun.

Doch sind sie statt der sehr übeln freystehenden einzelnen Backöfen sehr vortheilhaft, und in einzelnen Fällen sehr nützlich; ich füge daher eine Zeichnung zu einem kleinen Dorfbackhause bey. Tab. XVII. Fig. 1.

Vorschrift zu einem Backhause.

§. 264. Das Backhaus enthält wie aus dem Kupfer zu ersehen A. den Flur, der zugleich mit zur Küche hinterwärts dient, weil er daselbst feuersicher gebauet ist. B. die Wohnstube. C. die Schlafkammer. D. die Backstube, darin das Säuern sehr gut geschehen kan, weil sie von denen daneben stehenden Backöfen warm ist. E. die Backofenkammer, welche 2 Backöfen G H einen großen und einen kleinen enthält, darin nach Gutbefinden viel und wenig gebacken werden kan; der große H ist so geräumig, daß das Brod von 6 Berliner Scheffel Mehl darin Platz hat; der kleine G dient zu 3 Scheffel. Die Kammer ist vortreflich zum Obsttrocknen u. dergl. zu gebrauchen.

Zeichnung eines guten Backofens.

§. 265. Fig. 2. zeigt den großen Backofen H besonders, nach allen seinen Theilen. Die Anlage hiezu ist mit weniger Veränderung aus des Hrn. Angermanns Baukunst entlehnt, er ist länglich rund, so daß seine Länge zur Breite sich verhält wie 3:2.

Zur gleichmäßigen Vertheilung der Wärme in großen Backöfen gehören von 6 bis zu 12 Scheffeln wenigstens 4 auch 6 Zuglöcher a mit denen dazu nöthigen Rören b c, die von Backsteinen gemauret werden; zu kleinern Backöfen ist eine auch zwey Rören hinlänglich; die alsdenn in die Mitte der Gewölbe angebracht werden.

Diese

Diese Zuglöcher dienen zur gleichmäßigen Hizung des ganzen Backofens, so daß wenn er vorne geheizt wird, die Hitze hinter zieht, indem man die hintersten Zugröhren bey e öfnet; hingegen wenn das Feuer hinten brent, so öfnet man die fodersten f; man macht sie nicht gerne über 4 bis 6 Zoll im Gevierdte.

Die großen Backöfen müssen von Ziegeln eine Steinbreite stark gewölbt werden, die kleinen aber werden blos von Lehme geschlagen; man formt nemlich das Gewölbe von Holze und trägt den Lehm darüber auf; hernach macht man die Rören oder Zuglöcher von Dachziegeln und fült allen übrigen Raum über dem Backofen mit Lehm 1 bis 2′ hoch gleich aus und läßt dieses einige Wochen in wärmsten Sommer betrocknen; ist dies geschehen, so macht man Feuer hinein und zündet das innerliche Gerüste und Holz an; und der Backofen ist fertig. Das Uebertragen des Gewölbes mit Lehm ist auch bey gemauerten Backöfen sehr gut; denn es wärmt sehr.

Zur Erhaltung eines dauerhaften Heerdes in die Backöfen, ist am besten dieselben mit Ziegeln zu pflastern; zu denen für einzelne kleine Haushaltungen, ist auch ein Lehmheerd gut. Die Lehmdecke über den Backofen erhält denselben nicht nur warm, und verursacht leichter Hitzen; sondern sie dient auch zum Abtrocknen und Backen desselben.

Um zugleich in dem Backhause zu allen künftigen Backen und Säuren hinlänglich heiß Wasser zu erhalten; ist es sehr vortheilhaft, längst über der Mitte des Backofens, eine Pfanne zum Wassersieden einmauern zu lassen die 6 bis 8′ lang 2 bis 3′ breit 1′ hoch seyn kan; diese ist so gemacht, daß über dem Einschubloche das Wasser eingegossen und vermöge eines Hahns ganz abgezapft werden kan, die Zugröhren gehen neben diesen Gefäß vorbey, und erhitzen zugleich dessen Seitenwände.

Das Backofenloch ist 1′ 8″ bis 2′ breit und 1′ hoch.

Tabelle zur Findung der Backofen-Grössen.

§. 266. Zur Findung der brauchbarsten Ofengröße und Verhältniß derer Theile derselben, ist folgende kurze Tabelle sehr brauchbar, die auch in der vortreflichen Oecon. Enc. angeführt ist.

Berlinische Scheffel.	Ofenlänge.	Ofenbreite.	Größte Höhe des Gewölbes.	Zahl der Brode.
12.	14′ —	12′ —	2′ 8″	72.
11.	13′ 8″	10′ 9″	2′ 6″	66.
10.	13′	9′ 8″	2′ 4″	60.
9.	12′ 8″	9′	2′ 2″	54.
8.	12′	8′	2′ 1″	48.
7.	11′ 9″	8′ 4″	2′ —	42.
6.	11′	8′	1′ 11″	36.
5.	10′	7′	1′ 10″	30.
4.	9′	6′	1′ 9″	24.
3.	8′	5′ 6″	1′ 8″	18.
2.	7′	4′	1′ 6″	12.
1.	5′	3′	1′ 4″	6.

Dieses ist gültig, wenn jedes Brod 1′ 6″ in Durchmesser hat, und 6″ hoch ist; wenn aber kleinere gebacken werden, so ist diese Größe zu gering, und die Oefen müssen zu eben dieser Menge Mehl größer gemacht werden.

Bey dem Aeußern des Ofens ist zu merken, daß er, wo möglich, unten hohl gewölbt seyn muß, damit er desto trockner ist; dieser Raum ist zum Aufbewahren der ausgekehrten Asche und Kohlen

sehr

sehr gut, welche hier ohne Schaden verlöschen kan. Neben das Ofenloch bringt man ein Gefäß mit Wasser zum Naßmachen derer Kehrwische an.

§. 267. Eine andere Art Backöfen sind von Hrn. Faiguet erfunden, die mit einiger Veränderung bey ordentlichen Stubenöfen angebracht und zum Gebrauch auf dem Lande dienlich gemacht werden können. Wie Brod in Stubenöfen zu backen.

Da die Stubenöfen, davon ich Tab. XV, Fig. 3. ganz deutliche Zeichnungen geliefert habe; hiezu am dienlichsten sind, so halte es für überflüßig, besondere Zeichnungen noch hiezu beyzufügen.

Die Einrichtung derselben ist folgende: So viel der Ofen Züge oder gebrochene Kanäle hat, eben so viel Reyhen Brode können in demselben gebacken werden; die Größe derer Brode richtet sich aber nach der Breite des Ofens, und die Zahl derselben nach dessen Länge.

Weil aber die untersten Reyhen die größte Hitze genießen, so muß sie hiebey durch etwas starke Boden gemindert, und oben durch schwächere, welche die Hitze leichter durchlassen, vermehrt werden.

Wenn aber die obersten zu wenig Hitze erhalten können, so muß das darin halb ausgebackene Brod in die untersten gesezt werden; um da völlig auszubacken; sonst können daselbst auch Pfennigbrode oder Kuchen gebacken werben.

Da der angemerkte Stubenofen 14″ inwendig breit ist, und die unterste Röre 5′ lang, 4 Brode Raum haben, in denen 2 darüber befindlichen in jeden 2, also auch 4 in allen 8 Brode oder 1 Berliner Scheffel; dieses zu backen erfodert nur ein mäßig stärkeres Feuer, als das zum gewöhnlichen Einheizen.

 Auf-

Auf diese Art kan jeder Einwohner sein Brod fast ohne alle Kosten backen und in seinem Hause, nach seiner Bequemlichkeit, ohne einen besondern Backofen erbauen zu dürfen.

Das auf diese Art gebackene Brod, muß viel besser ausbacken, als in gewöhnlichen Backöfen, weil es eine beständig gleichmäßige Wärme von oben und unten erhält, und weil der Zufluß der Wärme beständig bleibt; da bey ordinären Backöfen, wenn dieselben zu schwach geholzt sind, oft das ganze Backen verdirbt; oder bey zu großer Verschwendung des Holzes, verbrent.

Ich wünsche, daß ein guter Landwirth diesen Vorschlag prüfen und ausüben möge, damit man denselben desto kräftiger empfehlen könne, wenn er practisch gut gefunden wird. Ohne Zweifel ist nicht leicht eine Kleinigkeit bey der Landwirthschaft von ausgebreitetern Nutzen als diese: denn täglich wird unsäglich viel Brod gegessen und gebacken, und täglich fließt also der Nutzen hievon in alles ein, besonders in Gegenden wo das Holz rar ist, und auch da, wo es abzunehmen anfängt; wie dies im Durchschnit in ganz Europa geschicht.

Von den Schriften über diese Materie.

§. 268. Verschiedene andere Arten von Backöfen sind von einigen Franzosen bekant gemacht, als von Hrn. Malouins, Boudin. Die Erfindung eines ungenanten die in den Berliner Samlungen 1771. S. 565. bis 580. bekant gemacht ist, wie man Backöfen einzurichten hat, um sie mit Steinkohlen zu hitzen, ist für die Gegenden wo es Steinkohlenbrüche giebt sehr vortheilhaft, man sehe die Berl. Saml. nach.

Mehr über diese Materie, findet man

In

In der Preußischen Samlung allerley ungedruckten Urkunden Nachr. und Abh. Danz. 1747.

In von Hohbergs Oesterreichschen Hauß- und Wirthschaftsbuche. Wien 1745.

Thirßings Entwurf einer Bäckenordnung. Bätzow und Wismar 1765.

Christiern von Backofenboden von gegossenen Eisen, zur Ersparung des Holzes, Abh. d. Schw. Ac. 1760.

Cronstedts Bemerk. darüber, eben daselbst.

Nic. Brolin Beschreibung eines Backofen, n. Kupferplatten, übersezt von Hrn. Schroeber. 1764.

Leipziger Oec. Nachrichten, 2. B.

Stutgard Phys. Oec. Realzeitung. 1757.

Leipziger Intell. Blatt. 1763.

Backordnung der Gemeinde Schenkendorf.

Rommelts Oec. Nachricht von Backöfen, in Schröbers Cameralschriften, VIII. T.

§. 269. Von Feuerheerden bemerke ich noch, daß man in Bauer- und Unterthanen-Gebäuden dieselben mit Vortheil vor das Ofenloch bauet, damit die Kohlen, nachdem das Feuer aus dem Heerde nicht mehr gebraucht wird, in den Ofen geschoben werden können. Die Heerde selbst müssen mit einem Feuerloche unter dem ein Rost und Aschloch ist, versehen werden, damit mehrere Töpfe über einem Feuer zugleich und mit Holzersparung können gekocht werden. Von Feuerheerden.

 IIII. Haupt-

IIII. Hauptstük.

Was bey dem Baue selbst, in Absicht der Materialien und deren Verbindung bey Gebäuden und Dächern zu bemerken.

1. Kapitel.

Von dem Grunde und Grundbaue.

§. 270.

Von der Nothwendigkeit der Untersuchung des Grundes.

Wie nothwendig die genaue Untersuchung des Grundes auf den man bauen will, ist, siehet man sowohl aus der Sache selbst als deren übeln Folgen bey einiger Vernachläßigung; denn führe ich ein nur mäßig Gebäude, auf einen schlechten Grund auf, so senkt es sich, und man hat die Baukosten doppelt; denn man ist genöthigt, das ganze Gebäude von neuen aufzuführen, und vorher einen festen und dauerhaften Grund zu suchen oder durch Kunst zu machen; oder man hat beständig was zu bauen und bessern. Es ist ferner nicht möglich, einen richtigen Anschlag zu einem Gebäude zu verfertigen, dessen Grundbau nicht bekant ist; Bey Landgebäuden ist aber besonders auf die Vermeidung alles übeln Grundes zu sehen, damit alle theure und kostbare Grundbaue hiebey völlig können vermieden werden; so, daß man also nur die Orte zu Baustellen wählt, welche wenig oder gar keinen Grundbau erfodern.

§. 271.

§. 271. Die grosse Verschiedenheit derer Erdschichten auf der Oberfläche des Erdbals ist bekant; die Hauptarten derselben sind folgende:

a) Felsen.

b) Schutt und Kies.

c) Feste Erde.

d) Lehm und Thon.

e) Lockere Erde.

f) Sand.

g) Bruch und Morast.

h) Wassergrund.

In denen Städten, wo man aus Mangel des Raums auch auf den schlechtesten Grund zu bauen genöthigt ist; muß der Baumeister auch wissen, wie er diesen brauchbar und dauerhaft machen muß; da man aber auf dem Lande so genau nicht an diese oder jene Stelle gebunden ist, wie ich im vorigen §. gezeigt habe, so ist es besser, allen schlechten Grund wo möglich, zu vermeiden; deswegen halte ich vor überflüßig mich weitläuftig in die Anleitung zum Grundbaue auf ganz schlechten Grund einzulassen, und zeige daher nur das nothwendigste davon.

§. 272. Alle die im vorigen §. genanten Erdlagen können dem Bau nach in guten oder festen, gemischten und schlechten Grund getheilt werden. Beurtheilung des Grundes dem Baue nach.

Der erste davon, begreift Felsen und Schutt, der auf Felsen oder andern festen Erdlagen ruhet; hoch und trocken stehenden Lehm und Thon, darunter kein Bruch oder Wasser ist, und alle feste Erdlagen unter sich.

Der zweyte bestehet aus Schichten von festen Erdarten, Felsenstücken mit untermischten Streifsen

sen von Morast, Sumpf oder nassen Grunde, Sand, nassen Lehm, Thon und Gartenerde.

Der dritte ist Sumpf, Morast, Wasser und alle Arten von nassen oder der Ueberschwemmung sehr ausgesezten Erdarten, die durch die Nässe sich senken und setzen.

Von Felsen-Schütt- und Kiesgrunde.

§. 273. Der Felsen bestehet entweder nur aus Stücken, oder aus einem fest in einander gewachsenen ganzen Steinstück. Dieser ist der beste Grund; denn die einzeln Stücken, wenn sie auf einem schlechten Boden ruhen und noch eine Last zu tragen bekommen, senken sich zuweilen und verursachen das Reissen derer Mauren, die darauf gebauet werden.

Schutt und Kies, nebst kleinen Steinen sind an sich ein mittelmäßig guter Grund, wenn sie eine feste Grundlage haben, so, daß sie sowohl von den Seiten, als von unten gut gehalten werden, sind aber unten ganz schlechte Erdlagen oder Morast, so ist damit gar nichts zu machen. Dieses muß man durch einen Erdborer untersuchen. Ist unten eine Sandschicht oder dichter Lehm und Thon, so kan man, wenn dieser nur 4 bis 6 Ellen stark ist, und unten nicht ganz schlechten Grund hat, leichte Gebäude, oder solche die nicht sehr schwer sind, darauf bauen. Der Grundgraben darf aber nicht tiefer seyn, als zum Abräumen der obern lockern Erde nöthig ist, denn sonst schwächt man dadurch die Grundlage.

Von Erd- Lehm- und Thongrunde.

§. 274. c) Feste Erde, d) Lehm und Thon, ist an sich guter Grund, wann es trocken ist, es wird aber der schlechteste Grund wann Wasser dazu komt, deswegen muß man solche Baustellen vorher prüfen, ob sie zu manchen Jahreszeiten über-

schwem-

schwemmet werden, oder ob durch Kanäle und Graben zu allen Zeiten das Wasser gehörig kan abgezogen werden. Man muß deswegen die Gegend genau abwiegen und untersuchen, um wie viel der höchste Wasserstand des nächsten Flusses niedriger als die Baustelle liegt, und um wie viel die höchste Ueberschwemmung unter die Baustelle erniedrigt ist. Man muß alte Leute in der Gegend fragen, was diese hievon bemerkt haben; an Bäumen, Sträuchern und dergleichen sind ebenfals Merkmale von Ueberschwemmungen zu finden.

§. 275. Lockere Erde und Sand gehören mit unter den gemischten Grund, aber durch Wasser werden auch diese Arten unbrauchbar. Von dem lockern Erd- und Sandgrunde.

Ist der Boden aber trocken, so ist er recht gut, und denn hat man auch hier nichts zu thun, als die obere Rasendecke abzustechen, und so den Grund zu mauren.

§. 276. Ist aber der Boden gemischt, so daß derselbe bald aus Schutt, bald aus Sand, dann aus Bruch bestehet, so gehöret dieser mit zu den schlechtesten, doch kan er, wann der größte Theil desselben feste ist, durch einen mäßigen Grundgraben, in den man starke Bohlen legt, und hierauf mauren läst, brauchbar gemacht werden; denn dieses verhindert das ungleiche sinken, und die harten Stellen tragen das Weiche mit. Von gemischten Grunde.

§. 277. Der Keller ist das erste und tiefste was bey einem Gebäude zu machen ist. Nach dem 56. §. solte derselbe 18′ lang, 10′ breit und 6-7 tief werden. Dieser Keller wird entweder gewölbt, oder mit einer Decke von Balken, dazwi- Von der Lage des Kellers.

 schen

schen alles ausgestackt, und darüber Lehmschlag gedeckt ist, versehen.

Die Haupteigenschaften desselben sind, daß er im Winter warm, und im Sommer kühle, zu allen Zeiten aber trocken sey, und frische Luft habe. In warmen Ländern, wo es mehr heiß als kalt ist, muß der Keller gegen Norden in dem Gebäude liegen, in kalten Gegenden aber halte ich vor besser denselben gegen Mittag, und unter die Stuben zu legen; weil es sonst darein frieret.

Die Treppe in denselben ist von Stein, und muß wenigstens 3 Fuß breit seyn; der Eingang soll so seyn, daß die Kälte durch die Hausthüre nicht gerade auf dieselbe stoßen kan.

Von dem Kellergewölbe.

§. 278. Ist der Keller breit und gewölbt und hat keine gehörig starken Wiederlagen, so muß derselbe nach Befinden ein oder mehrere Stützen oder Säulen erhalten, welche das Gewölbe tragen helfen.

Auch die Stärke des Gewölbes und der Wiederlagen richtet sich nach der Breite des Kellers, oder nach der Entfernung derer Wiederlagen von einander.

Endlich sind auch zu einigen Arten von Gewölben stärkere Wiederlagen nöthig, als zu andern. Z. E. das Kuppelgewölbe bedarf keiner so starken Unterstützung als das Creutzgewölbe u. dergl. mehr.

Wenn ich zu diesen Keller ein Tonnengewölbe wähle, von 10′ breit, so muß die Höhe derer keilförmigen Steine 10″ seyn, die größte Breite derselben auf der äussern Seite auch 10″ und die Stärke derer Wiederlagen 1′ 8″ Die Tiefe dieser Mauren richtet sich theils nach der Beschaffenheit des Grundes, theils nach der Breite des Gewölbes, des, hier ist bey einer mittelmäßigen Erde 2′ tief genug.

§. 279. Vitruv erinnert mit wenigem das nöthigste, was bey den Gewölben zu bemerken ist, im 6ten Buch im 11ten Hauptst. Bey Kellern und Gewölben muß der Grundbau das stärkste seyn, die Steine des Gewölbes aber müssen alle nach einem gemeinschaftlichen Punkte, nemlich nach dem Mittelpunkte des Bogens zu drücken. Die Ausleger des Vitruvs haben die Gewölbe in 3 Hauptarten getheilet, nemlich in Kuppel- Creutz- und Tonnengewölbe. Alle die übrige anzuführen und nur kurz durchzugehen, würde hier zu viel Raum einnehmen, deswegen will ich nur noch etwas weniges erinnern, und des Hrn. Succow Tabelle, etwas abgekürzt, von der Stärke der Gewölbe, beyfügen. Das Tonnengewölbe erfordert die stärksten Wiederlagen, weil es nur auf 2 Seiten unterstützt wird; und hiezu ist folgende Tabelle eingerichtet. Von den verschiedenen Arten der Gewölbe.

§. 280. Succows Tabelle vom 194. §. seiner bürgerlichen Baukunst. Succows Tabelle zu Tonnengewölben.

Bogenweite oder Entfernung derer Wiederlagen.	Höhe der keilförmigen Steine.	Halbe Breite dieser Steine wo sie am stärksten.	Dicke der Wiederlagen.
6 Fuß	6 Zoll	3 Zoll	1 Fuß – Zoll
7.	7.	$3\frac{1}{2}$	1 = 2 =
8.	8.	4.	1 = 4 =
10.	10.	5.	1 = 8 =
12.	12.	6.	2 = –
14.	14.	7.	2 = 4 =
16.	16.	8.	2 = 8 =
20.	20.	10.	3 = 4 =

Die

Die Stärke derer Wiederlagen hängt besonders von 3 Stücken ab:

1) Von der Entfernung derselben von einander.

2) Von der Dicke des Gewölbebogens, und

3) Von der Last die ein Gewölbe zu tragen hat.

Von dem Bau der Gewölbe.

§. 281. Es kan aber die Wiederlage bey einem Keller schwächer seyn, wenn sie etwas gegen die dahinter liegende Erde gelehnt wird, so daß diese durch ihren Seitendruck der Mauer mit tragen hilft, und das Gewölbe mit unterstützt; nur muß die Erde nicht weichen können. Eben dieses geschiehet auch, wenn 2 Gewölbe auf einer Wiederlage ruhen.

Bey dem Bau derer Gewölbe ist nichts weiter anzumerken, als daß nach der Größe und Gestalt des Gewölbes, ein Bogen von Latten und Bretern verfertigt, und daß es über diesen aufgeführt wird. Hat man das Recht sich selbst Steine zum Bau zu brennen, so läßt man sie zu denen Gewölben gleich keilförmig nach der Verschiedenheit derer Gewölbe formen, eben so geschicht es auch mit denen Steinen die gehauen werden.

Soll ein Gewölbe was tragen, so muß die Last mitten auf dessen Bogen gesetzt werden, denn sonst ist das Gleichgewicht nicht beobachtet, und das Gewölbe leidet dadurch den erheblichsten Schaden.

Von der Stärke des Grundbaues.

§. 282. Was Vitruv von der Stärke des Grundbaues bey Gewölben in der eben im 279. §. angemerkten Stelle sagt, gilt auch algemein von allen Gebäuden; nemlich der Grundbau muß stärker seyn, als das was er trägt. Die Schwere derer Mauern drückt grade unterwärts, so lange kein Seitendruck dieses verhindert, ist aber der Seitendruck von beyden Seiten gleich, so hebt sich derselbe

selbe wieder auf, und verursacht keine weitere Veränderung, als daß der Grund stark genug seyn muß.

Bey Gebäuden findet sich öfters, daß sie nach einer Seite auswärts gedrückt werden, um dieses zu vermeiden, macht man die Mauren auswendig ein wenig schief, gegen die Mitte etwa auf 10' hoch 2 Zoll, inwendig aber ganz senkrecht; denn nach innen zu fallen sie nicht leichte, weil Scheidewände und alles ihnen hier widerstehet, von außen aber haben sie nicht den mindesten Widerstand; sobald sich also der Grund etwas senkt, und man hat diese Vorsicht nicht gebraucht, so fallen sie um.

§. 283. Die Untersuchung der Frage, ob es gut sey an einigen Orten in die Erde zu bauen oder die Gebäude mit Erde gegen das Eindringen der Kälte zu umwallen, scheint mir nicht unnütze zu seyn, diese Bauart ist nur für Nordische Gegenden passend, und weil sich danach die Einrichtung des Grundbaues mit richtet, so bemerke ich hier das nöthige davon. Von den freystehenden Gebäuden.

1. Die Gebäude über der Erde haben folgende Eigenschaften:

a) Sie stehen trocken, und vor der Feuchtigkeit gesichert, die Fußböden und Schwellen bleiben also im Trockenen, und können lange liegen.

b) Sie sind vor Ueberschwemmungen, die nicht sehr hochsteigen, sicher, dabey sind sie aber der Kälte und denen Winden, besonders in Nordischen Gegenden an Bergen sehr stark ausgesetzt, ja wenn sie sehr frey stehen, so können die Winde sie umstürzen.

§. 284.

Von denen in die Erde gesenkten Gebäuden.

§. 284. 2. Der Bau so etwas in die Erde gesenkt stehet, ist

1) zwar an niedrigen Orten, denen Feuchtigkeiten, und dem Grundwasser ausgesezt,

2) aber vor der Kälte und allen Stürmen fast ganz gesichert, denn man weiß wie sehr die Erde die Kälte abhält.

So wenig man also in Deutschland, besonders in niedrigen Gegenden, Ursach hat auf niedrige und eingesenkte Gebäude bedacht zu seyn, so nützlich halte ich doch dergl. in denen sehr kalten nordischen Gegenden, besonders an Gebürgen, denn hier sind sie vor Feuchtigkeiten, Wasser und Ueberschwemmungen gesichert; und haben dagegen die härteste Kälte auszustehen, vor der sie auf bemeldete Art am besten gesichert werden.

Von den umwallten Gebäuden.

§. 285. Das Gebäude nebst Ställen und allem bis an das Dach ganz in die Erde zu versenken, würde sehr feuchte und theuer seyn, und könte sich doch immer im Grunde Wasser samlen, wenn sie auch nicht sehr niedrig lägen, welches verschiedene Uebel nach sich ziehen würde. Um diesem vorzubeugen, halte ich für das beste, daß der Platz, darauf das Gebäude soll gesezt werden, nur einige Fuß tief ausgegraben, und daß mit dieser ausgegrabenen Erde das Haus bis unter das Dach gleich einem Wall umschüttet wird; hiedurch wird das Gebäude trocken und warm. Ein solch Gebäude ist nach meiner Meynung denen kältesten Gegenden an dem Nordpole angemessen; denn von den Seiten wird es durch den Wall und von oben durch ein gutes Dach und durch das vorräthige Futter und Stroh gegen das Eindringen der Kälte gesichert. Von außen verwahret man es durch einen Graben,

der

der 1 Fuß tiefer ist als der Grund oder Fußboden des Gebäudes gegen die Nässe, denn in diesen ziehet sich alle Feuchtigkeit ab, so daß nichts in das Haus dringen kan.

Von der Tiefe der Einsenkung.

§. 286. Die Tiefe der Einsenkung dieses Gebäudes muß sich nach der Erde, die zum Wall gebraucht wird, richten, oder so gemacht werden, daß er nicht nachfallen kan. Es ist also nöthig, daß bey schlechter sandiger Erde die Einsenkung dieses Gebäudes tiefer ist, als bey guter fetter Erde, denn der Wall darf nicht so steil seyn. Wenn das Haus 8 Fuß hoch seyn soll, so muß es bey mitlerer Erde 2′ gesenkt werden, und die ausgegrabene Erde wird einen Wall von 6′ hoch und 13½ Fuß breit rings um das Gebäude verschaffen, welches hinlänglich genug ist, um den Wall eine gehörige Böschung zu machen; überdem komt auch noch die Erde von dem außen geführten 3′ tiefen und breiten Graben dazu, nebst der die aus den Eingängen und Fenstern, die wie Schießscharten gemacht werden, übrig bleibt.

Von den Ableiten des Wassers.

§. 287. Der außen herum gehende Graben muß einen guten Abzug haben, damit das Wasser nicht stehen bleibt, und ungesunde oder schädliche Dünste bey dem Hause verursachet.

Ferner werden unter den Eingängen Abzüge heraus gemacht, dadurch die Ausflüsse aus denen Ställen und der Küche keine Uebel verursachen. Das abgeleitete Wasser kan zusammen in den Garten gesamlet werden, da man es zu Teichen und Begießen noch weiter nützen kan.

Von der Bewallung auf ebenen Flächen.

§. 288. Wolte man aber ein solch Gebäude auf einer ebenen Fläche einsenken, die zu manchen Zeiten nur 2′ über das Wasser hervor ragte, so kan man es nur 1′ tief einsenken, und von der in

der

der Gegend befindlichen Erde desto mehr zum Wall nehmen. Die Kosten sind übrigens einerley, außer daß, da der Wall 1′ höher werden muß, hierzu auch mehr Erde gehöret, die Berechnung hievon wird mit bey den Bauanschlägen folgen.

Welche Gebäude nicht einzusenken nöthig und wie die eingesenkten oder bewallten zu erbauen.

§. 289. Die Scheuren und Schuppen einzusenken ist nicht nöthig, denn diesen schadet die Kälte nichts.

Die eingesenkten Gebäude müssen mit Mauren oder guten Lehmwänden umgeben seyn, weil das Holz bald verstockt. Die Mauren hierzu dörfen nicht so stark als die freystehenden seyn, denn die Erde hilft mit tragen, sie muß aber gegen außen zu hengen, weil sie von der anliegenden Erde noch immer gedruckt werden. Bey dieser Art zu bauen bedarf man hier gar keiner Grundmauer, so daß ein solch eingesenktes Gebäude weniger kostet als ein anders. Ich wünsche, daß dieser Einfall, Gebäude auf diese Art vor Kälte zu versichern, einigermaßen brauchbar seyn mögte. Die Wohnungen derer Grönländer, die ganz unter der Erde sind, haben mich auf diese Nachahmung gebracht, vielleicht ist diese Angabe wenigstens nach einigen Verbesserungen brauchbar, ich gehe zu der Betrachtung derer Baumaterialien fort.

Schriftsteller die vom Grundbau geschrieben.

§. 290. Von dem Grundbau haben so viele grosse Baumeister geschrieben, daß jeder, der hievon mehr Unterricht verlangt, sich denselben besonders aus folgenden Schriften verschaffen kan.

Vitruv, Laugier, Goldmann, Penther, Sturm, d'Aviler, Palladius, Belidor, Bardet, de Villeneuve, Philip de l'Orme, Blondel, Cours d'Architectur, Succow, Izzo, Philander in in seinen Anmerkungen über den Vitruv, Maturin, Josse, Girard de Argues, Franz Derand, Franz-Milliet de Challes, de la Rüe, Frezier, I. Berneuille, Couplet und viele mehr.

2. Kapitel.

Von den Baumaterialien. a) Von den Steinen.

§. 291.

Die Baumaterialien sind: Eintheilung.

A. Stein.

B. Holz.

Zur Verbindung dieser beyden ersten Materialien,

C. { Kalk, Gips, Lehm, Thon und Sand. } sind vorzüglich folgende nöthig.

Neben-Baumaterialien sind:

D. 1) Metall und Glas,

2) Stroh-Rohr und Dachsplinde,

3) Farben und Baugeräthe.

§. 292. Die Steine sind: Eintheilung der Steine.

a) Quader-

b) Bruch- und Kalksteine,

c) Feldsteine,

d) Ziegel.

Die Quadersteine sind zu Landgebäuden zu theuer, deswegen kommen sie hier fast gar nicht in Anschlag. Sie bestehen ihrem Grundstoff nach, meistens aus Sand, oder einer Art von Kalksteinen, die nachher in würflige oder parallelepipedische Figuren behauen werden.

Man gebraucht sie zu ländlichen Gebäuden, wenn sie nicht weit zu holen sind, zu Stuffen, oder Thüren oder Fenstereinfassungen. Der Cubic-Fuß kostet 4 bis 8 gl.

Von Bruchsteinen.

§. 293. Bruchsteine sind fast aller Orten zu haben, oder wenigstens alle 2 bis 3 Meilen, sie werden von Felsen gebrochen, und bekommen dadurch ihren Nahmen, sie sind sehr verschiedener Art und Güte, Hr. Goldmann, besonders aber einige neue Naturforscher haben viele Versuche die Güte derselben zu erforschen angegeben, die aber hier auch nur im Auszuge anzuführen, zu weitläuftig seyn werden.

Ehe man sie gebraucht, ist es gut sie ein oder mehrere Jahre in freyer Luft liegen zu lassen, denn dadurch trocknen sie gehörig aus, und der sogenante Steinmark sezt sich.

Der Gebrauch derselben ist sehr allgemein, besonders dienen sie beynahe zu allen Arten von Mauern, außer wo sie zu stark seyn würden, da nimt man Ziegel, weil diese mit mehrerem Vortheil können vermauret werden. Sie werden Schachtruthenweiße verkauft, die Schachtruthe ist 12′ lang und 12′ breit und 1′ hoch, und enthält 144 Cubic-Fuß, oder den 12ten Theil einer Cubic-Ruthe, der Preiß derselben richtet sich theils nach der Festigkeit, und theils nach dem Mangel der Steine in einer Gegend, endlich auch nachdem er tief oder flach liegt, und viel oder wenig zu graben und brechen kostet. Die Schachtruthe kostet von 1 bis 4 Rthlr. Da diese Steine aber, von

denen

denen die sie brechen, sehr lose aufgesezt werden, so muß man zu 100 c Fuß Mauer an 144 c Fuß Steine haben, oder 1 Schachtruthe.

§. 294. Die Feldsteine liegen entweder auf der Oberfläche der Erde, oder wenig unter derselben, so, daß sie mit ausgepflügt werden, sie sind meistens rund, und deswegen nicht recht gut zu Mauren, weil sie leicht ausfallen, und schwer zu verbinden sind. Dagegen dienen sie zum Pflastern, denn sie sind meistens sehr feste; an vielen Orten werden sie nicht bezahlt, denn die Besitzer der Aecker lassen sie davon absuchen, weil sie das Getrayde zu wachsen hintern; daher bezahlt man nur das Fuhrlohn, oder man giebt vor das Fuder abzulesen 4 gl. und eben so viel zu fahren; auch noch weniger; auf ein 2 spännig Fuder rechnet man 18 bis 24 c Fuß, mit 1 c Fuß pflastert man $1\frac{1}{2}$ bis 2 □'. Von den Feldsteinen.

§. 295. Mauerziegel sind sowohl der innern Güte, als der Größe und Gestalt nach sehr verschieden, eben dieses gilt auch von den Dachziegeln. Von den Mauerziegeln.

Sie werden, wie bekannt, aus fetter Erde, oder Lehm und Thon gebrennt, zum Theil auch nur getrocknet, wenn sie in Gebäude, wo sie keine Nässe trift, verbauet werden sollen. Ueberhaupt gebraucht man die Mauerziegel bey Gebäuden, a) zu Mauren, b) zu Scheidewänden, c) zu Schornsteinen, e) zum ausmauern derer Felder in denen hölzernen Wänden, u. s. w. Ihre Güte erkennt man, 1) wenn sie hell klingen, 2) wenn sie kein Wasser an sich ziehen, 3) wenn sie die Farbe im Wasser nicht verändern, und 4) wenn sie rein von Stein und dergl. sind. Die Gestalt derselben ist bekant, und ihre Größe ist fast durchgehends 1' lang 6" breit 3" hoch, 8 Stück machen also 1 Cub. Fuß, 1

Stein wiegt 9 - 10 ℔, sie werden 1000 weise verkauft, a 1000, 4 bis 8 Rthlr.

Von den Dachziegeln.

§. 296. Die Dachziegel haben in Deutschland vielerley Gestalten, davon ich aber nur 2 Arten brauchbar finde, nemlich die ebenen oder platten, die 16 bis 18″ lang 6 bis 7″ breit sind, und nach der Güte des Lehms etwa $\frac{3}{4}$ Zoll stark. Diese sind, wie bekant, in der Mitte der obern kurzen Seite mit einem Knoten oder Höcker von 1 Zoll hoch breit und lang, den man Nase nent, versehn, dadurch sie an die Latten gehangen werden und an der untern kurzen Seite gebogen, oder auch grade; das Stück wiegt 4 bis 5 ℔. 1000 kosten $3\frac{1}{2}$ – 7 Rthl. Die Verschiedenheit dieses Preißes richtet sich nach dem Mangel oder Ueberfluß des Holzes und Ziegelerde an jedem Orte.

Die andere Art von gebräuchlichen Dachsteinen sind die Hohlziegel, man deckt damit theils ganze Gebäude, theils aber nur die Forsten derer Dächer, zu leztern sind sie nothwendig und nüzlich, zum erstern aber zu schwer, doch dauerhaft.

Die Gestalt ist bekant, die Größe aber ist 18″ lang 6″ breit und $\frac{3}{4}$″ dick, à 5 bis 7 ℔, man pflegt sie 6″ über einander zu decken, der Preiß ist à 1000, 5 – 10 Rthl.

3. Kapitel.

Von Holze.

§. 297.

Eintheilung des Holzes.

Holzarten sind folgende:

a) Eichen,

b) Kiefern oder Kühnen,

c) Fich-

c) Fichten oder Tannen,

d) Ellern,

e) Birken,

f) Büchen,

g) Lerchen,

h) Rothfichten,

i) Espe,

k) Esche,

l) Linde,

m) Ahorn,

n) Rüstern,

Die übrigen Holzarten sind in unsern Gegenden nicht so gemein, auch von diesen werden nur die 3 ersten vorzüglich gebraucht.

Von der Güte des Holzes.

§. 298. Die Güte des Holzes richtet sich bey einigen Holzarten, besonders wenn sie im Trocknen gebraucht werden, nach der verhältnißmäsigen Schwere desselben, und diese nach den Boden, wo es wächst. Schwerer und fester Grund ist vor die meisten Holzarten der beste. In Brüchen und am Wasser wird es zu schwammig, und auf dem blossen Sande hat es keine Kraft. Die Seiten des Baumes, so gegen Mitternacht und Morgen gekehrt sind, sind fester als der übrige Theil. Einige Holzarten wachsen besser in schweren Lande, als Eichen, Buchen und Kühnen, auch Espen, Linden, Ahorn. Einige im Sande, als Fichten, Tannen, Birken, Lerchen, Espen. Einige im Bruch, als besonders die Eller, Rüster und Esche.

Von dem Gebrauch des Eichenen Holzes.

§. 299. a) Eichen Holz, ist

1) zu Schwellen und Säulen,

 2) zu

2) zu Bohlen, im Nassen und Feuchten sehr gut,

3) zu Krippen und Wasserrinnen,

4) zu Treppen, Stuben, Thüren und Fußböden, wenn es etwas feuchte ist,

5) zu Stacketpfählen, und

6) zu allem Wasserbauen sehr gut und brauchbar.

Von den Kiefern und Kühnen.

§. 300. b) Das Kiefern oder Kühnen vertrit die Stelle des Eichenen, ja es ist in gewissen Stücken noch besser, besonders im Nassen, weil es wegen seines Fettes gar keine Nässe annimt, aus dieser Ursache ist es auch besonders zu Röhren sehr nützlich.

Von den Fichten Tannen und Lerchen.

§. 301. c) Das Fichtene, Tannene, und Lerchenholz ist zu Balken, Riegeln, Sparn, Bändern, Dachstühlen und dergl. besonders zum Ausbauen derer Gebäude gut, wo es im Trocknen bleibt, es ist zähe und leicht, die Breter davon sind zum Dielen der Böden ihrer Leichtigkeit wegen sehr gut, auch zu Thoren, Thüren, Läden u. s. m.

Wegen der Schwere des Holzes und anderer Baumaterialien werde im 5ten Hauptstük eine kurze Tabelle beyfügen, darnach man sich mit Berechnung des Fuhrlohns und dergl. richten kan.

Von den übrigen Holzarten.

§. 302. Der Gebrauch des übrigen Holzes ist nicht so algemein, ich füge hier kürzlich das nöthigste bey.

d) Ellern ist im Wasser sehr gut,

e) Birken stockt zu sehr,

f) Büchen desgleichen,

g) Lerchenbaum ist gut,

h) Roth-

h) Rothfichten ist weich und wenig dauerhaft,

i) Espe ist so wie das vorige, doch kan beydes zum Ausbau gebraucht werden.

k) Eschen ist selten aber sehr gut, besonders zu Nutzholz in Mühlen und zu Ackergeräthe.

l) Linden ist zu Bildhauerarbeit und zu Orgeln gut, zu Gebäuden aber zu weich.

m) Ahorn ist nicht sehr häufig, und wird besonders von den Tischern gebraucht.

n) Rüstern ist ein schönes, festes und dauerhaftes Nutzholz, das im Nassen und Trocknen sehr gut zu gebrauchen ist, aber nicht häufig gebauet wird.

§. 303. Das Bauholz wird insgemein in 4 Klassen getheilt; das erste sind Sägeblöcke, die zu Bohlen, Bretern, Latten und dergl. gebraucht werden. Das 2te ist stark Bauholz, das wird nur selten, oder nur bey großen Gebäuden ungeschnitten gebraucht, außer zu Schwellen, Krippen, u. s. w. 3) das Mitlere wird allenfals zu Schwellen, so wie es ist, genommen, und das stärkste zu Säulen gebraucht, 4) das schwache dienet, so wie es ist, zu Balken, Sparren, Riegeln, und zu Säulen im mitlern Gebäuden. Von der Eintheilung des Bauholzes.

§. 304. Von der besten Zeit des Holzfällens ist zu bemerken, daß es bey den meisten Holzarten der Winter ist, besonders von der Mitte des Dec. bis zur Mitte des Februarii, weil alsdenn der alte Saft gehörig eingetrocknet, der neue aber noch nicht eingetreten; wird das Holz besonders einige Arten, die viel Lohe bey sich führen, im Sommer gefält, so geräth der Saft darin in Gährung, und die Würmer legen ihre Eyer darein, daraus Holz- Von der besten Zeit des Holzfällens.

 würmer

würmer entstehn die in wenig Jahren dasselbe ganz verderben.

Welches Holz auch im Sommer zu fällen.

305. Dagegen sind die Holzarten, welche Fett und Kühn bey sich führen, auch in Sommer zu fällen, wenn man nur das Holz gleich verbraucht; ich weiß Gebäude, dazu das Holz mitten im Sommer gefält ist, besonders das Kühnen und Tannene, die über 40 Jahre gestanden haben, und daran sich noch kein Zapfen gezogen hat; ohne daß man so sehr stark Holz dazu genommen hätte. Der Baumeister der dieses gebauet, lebet noch, und hat durch seine Erfahrung das allgemeine Vorurtheil widerlegt.

Von der Vermehrung der Festigkeit des Eichenholzes.

§. 306. Zur Vermehrung der Festigkeit des Eichenholzes trägt es sehr viel bey, wann man es einige Jahre vor den Gebrauch, und wenigstens 1 Jahr, ehr es gefält wird, im Monat May von der Borke befreyen läßt; hierdurch wird es nicht nur ganz trocken, sondern das äußere weiße und noch weiche Holz oder Splind, welches einen sehr beträchtlichen Theil des Baumes ausmacht, und welcher noch keine würkliche Festigkeit hat, wird eben so feste als das übrige Kernholz. Die Erfahrungen welche der Hr. v. Buffon hierüber angestelt hat, und die in dem Memoires de L' Academie royale des Sciences de Paris von Ao. 1738, p. 240. bis 263. mitgetheilt sind, bestätigen dieses.

Des Hrn. Buffons Versuche.

§. 307. Herr v. Buffon lies den 3ten May 1733. einige Eichen schälen, und andere eben so stark an eben den Tag umschlagen, und in das Trockene bringen; jene aber auf den Stämmen vertrocknen, einige davon blieben das ganze Jahr grün, andere verlohren ihre Blätter eher, und vertrockneten den ersten Winter, die übrigen schlugen das künftige Frühjahr wieder aus, und noch

eher

eher als andere Bäume, einige davon vertrockneten diesen 2ten Sommer, etliche aber blieben noch grün, und schlugen das folgende 3te Jahr wieder aus, da sie denn aber bald gänzlich abstarben.

Um nun richtige Erfahrungen damit anstellen zu können, so lies er 14′ lange und 6″ ins Gevierdte Balken daraus schneiden, und gegen jeden abgeschälten, einen andern zur Vergleichung besorgen.

§. 308. Die Versuche zeigten folgendes: Gewicht davon die geschälten und ungeschälten brachen.

Ein Balken des geschälten und zuerst vertrockneten Baumes wog 242 ℔ und brach von 7940℔.

Der 2te geschälte und gestorbene wog 249℔ und brach von 8362℔.

Der 3te = = = wog 280℔ und brach von 8926℔.

Der 4te = = = wog 263℔ und brach von 9046℔.

Die mit der Schale abgehauenen und so getrockneten zeigten folgendes.

Der 1te = wog 234℔ und brach von 7320℔.

Der 2te = wog 266℔ und brach von 7385℔.

Der 3te = wog 239℔ und brach von 7420℔.

Der 4te = wog 238℔ und brach von 7530℔.

Die Stücke von der Borke der abgeschälten Bäume von 3′ lang 1″ ins Gevierdte, wogen $23\frac{5}{16}$ ℔ und brachen von 287℔.

Eben solche Stücke von ungeschälten wogen $23\frac{1}{16}$ und brachen von 248℔.

Eben solche Stücke von Kernholz ungeschälter Bäume wogen $25\frac{5}{16}$ und brachen 256℔.

Vitruv und andere bestätigen dies.

§. 309. Dieser kurze Auszug mag zum Beweise dienen, daß dies keine bloße Chimære ist. Herr Hickmann in England bestätigt eben dieses. Ja Vitruv schlägt es schon vor, Evelgu und Dr. Plot versichern, daß man in der Gegend um Stafford es schon immer gethan habe.

Das Abschälen der Bäume auf einige Zoll hoch, stiftet keinen Nutzen, denn der Baum stirbt erst 3 = 4 Jahre nachhero, und die weiße Rinde wird nicht fest.

Von der Witterung zum Holzfällen.

§. 310. Bey den Fällen des Holzes ist, wenn es zum Bauen dienen soll, darauf zu sehen, daß es nicht im stürmischen und widrigen Wetter geschieht, denn sonst werden die Bäume von den Winden gebogen und abgebrochen, ehe sie völlig abgehauen sind; dieses verursachet Risse und Spalten in dem Holze, die bey den Bearbeiten sehr schädlich sind.

Von der Zubereitung des Holzes.

§. 311. Bald nach dem Fällen soll alles Bauholz, wenn es nicht gleich verbraucht wird, von der Borke befreyet werden, weil es sonst gern und bald stockt.

Hingegen das Holz was zu Rören soll gebraucht werden, muß sogleich nach dem Fällen ins Wasser geworfen werden, damit es beständig feucht bleibt, und die Schale behalten, die hernach das Holz in der Erde lange gegen die Fäulniß verwahret, weil die Borke ihrer starken Lohe wegen nicht so bald als das Holz von der Fäulniß angegriffen wird; ich habe die Bestätigung hievon aus eigener Erfahrung.

Schriften die hievon handeln.

§. 312. Mehr von den Regeln das Bauholz gut und brauchbar zu machen, findet man fast in allen Schriften der practischen Baukunst, besonders

ders in des sehr schätzbaren Hrn. Hofr. Gleditsch seiner vortreflichen Forstwissenschaft. Goldmann Sturm, Penther ꝛc. und in den Mem. de l'Acad. d. Sc. a Paris. 1740. p. 453. in Vitruv 2ten Buch 2te Hauptstück; in den Leipziger Oeconom. Nachrichten, 13. B. p. 295. 15te Band p. 661. und in den neuen Nachrichten, 1te Buch p. 631. und 3te Band p. 556. bey den P. de Challes, 2te Band 13te Abhandlung.

4. Kapitel.

Von der Festigkeit und dem Gebrauch des Holzes.

§. 313.

Worauf bey der Ersparung des Holzes in Gebäuden zu sehen.

Da bey jeden Hausbau besonders mit auf die Ersparung der Baukosten zu sehen ist, so weit dieselbe ohne Nachtheil der Vollkommenheiten des Gebäudes gehen kan; so halte ich vor nöthig auf folgende 4 Stücke bey dem Holzgebrauch besonders Rücksicht zu nehmen.

1) Damit nicht zu stark Bauholz genommen werden darf, und doch feste Gebäude erhalten werden, ist die Berechnung der Festigkeit desselben nöthig.

2) Damit man durch das wenigste Holz die größte Stärke erhalte, so ist auf dessen Form zu sehen.

3) Daß es auf das beste mit einander verbunden werde, wie es zur Erhaltung fester und lang dauerhafter Gebäude von den wenigsten Holze nöthig ist.

4) Daß

4) Daß man die vorzüglichsten Uebel des Holzes kennen lernt, und Mittel weiß wie dieselben zu vermeiden, damit sie nicht zum Nachtheil derer Gebäude gereichen.

Eintheilung des Holzes der Lage nach in Gebäuden, und welche Säulen oder Pfeiler mehr tragen.

§. 314. 1) Von der Berechnung der Festigkeit des Holzes.

Das Holz in einem Gebäude ist theils stehend, theils liegend, lezteres liegt entweder ganz Horizontal, oder es macht irgend einen Winkel mit dem Horizont.

Wenn eine Säule ganz senkrecht stehet, so kan sie die meiste Last tragen, und unter denen stehenden trägt bey gleichen Grundflächen die runde A mehr, als die viereckige B, leztere werden in der Baukunst Pfeiler genant. Tab. XII. Fig. 1.

Ob nun gleich die runden Säulen am meisten tragen, so gebraucht man sie doch nicht gern in Wänden, weil die Zwischenräume nicht gut durch Materialien mit diesen runden Säulen verbunden werden können, nemlich so, daß dadurch recht dichte und feste Wände entstehen. Da nun ferner die Säulen so lang sie gerade stehen, das meiste tragen; so muß auf das sorgfältigste darauf gesehen werden, daß man sie dergestalt mit dem Ganzen verbindet, daß sie durch keine Last, die sie zu tragen bestimt sind, und durch keinen Druck oder Stoß des Windes und dergl. aus ihrer geraden Stellung können verruckt werden, und daß auch das Alter hiebey so wenig als möglich, schade.

Stärke der Säulen, und wo die runden zu gebrauchen.

§. 315. Die grade stehenden Säulen, wenn bis 8″ ins Gevierdte seyn, und nicht über 12 bis 16 Fuß hoch, können eine ganz außerordentliche Last tragen; so, daß wenn dieselben nicht zu weit von einander entfernt sind, und gehörig vor dem

Bie-

Biegen und Senken verwahrt werden, nicht leicht die Last eines mäßigen Daches vor sie zu schwer zu tragen ist; doch müssen die Säulen, wenn die Last vermehrt wird, auch verhältnißmäßig stärker werden. Da die runden Säulen mehr tragen, so wählet man sie an die Orte, wo sie frey stehend tragen und in keine Wand kommen, als zur Unterstützung derer Balken und Träger in denen Scheunen, Ställen und dergl., damit aber auch diese sich nicht senken können, so müssen sie sowohl mit einer guten Unterlage, als mit Verbindungs-Hölzern oben versehen werden.

§. 316. Von dem liegenden Holze will ich nach der Anleitung des Hrn. Izzo das nothwendigste anführen, damit man sich hienach mit der Berechnung der Stärke und Festigkeit richten kan. Ich setze demnach zuerst die Erfahrung voraus, und zeige die Regeln und Anwendung ganz kürzlich. Wonach ich mich bey der Berechnung der Festigkeit richte.

§. 317. Nach den Versuchen des Hrn. Belidors, der in dieser Absicht sowohl die Grundsätze von dem Widerstande der Balken als des Drucks der Gewölbe mit dem größten Fleiße hat zu erforschen gesucht, werde ich kürzlich folgende Tabelle beybringen. Tabelle des Hrn. Belidors.

1) Ein Balken der	18″ lang	1″ breit und 1″ hoch ist trägt	600	℔.
2) „ „	36″ lang	1″ breit und 1″ hoch ist trägt	300	„
3) „ „	18″ lang	2″ breit und 1″ hoch ist trägt	1200	„
4) „ „	18″ lang	1″ breit und 2″ hoch ist trägt	2400	„
5) „ „	36″ lang	6″ breit und 6″ hoch ist trägt	64800	„
6) „ „	36′ lang	12″ breit und 12″ hoch ist trägt	43200	„

Diese

Diese Tabelle stützet sich auf folgende Regeln, nach denen sie auch von jeden weiter ausgeführt werden kan.

Ordnung der Kräfteberechnung.

§. 318. a) Will ich zeigen, wie Balken die gleich lang und breit, aber ungleich hoch, in Absicht ihrer Kraft zu tragen verschieden sind.

b) Wenn sie gleich hoch und breit aber ungleich lang sind.

c) Wenn sie gleich lang und hoch aber ungleich breit sind.

d) Wenn zwey Balken an Länge, Breite und Höhe verschieden sind, wie denn die Verhältniß ihrer Festigkeit gegen einander zu bestimmen.

e) In wie ferne die mehrere Unterstützung der Balken etwas zur grössern Tragbarkeit derselben beyträgt.

f) Die Stärke der Balken wird vermehrt, wenn sie an den Enden befestigt sind.

g) Wie die Festigkeit derer Balken zu berechnen, wenn sie nicht in der Mitte beschwert sind.

h) Wie die Festigkeit derer Balken die einen Winkel mit der Horizontfläche machen, zu finden sey.

i) Einige Regeln die noch zu bemerken.

Wenn die Balken verschiedene Höhe haben.

§. 319. a) Wenn zwey Balken gleich lang und breit sind, und die Unterstützung sowohl als die Art die Last zu tragen, ist gleich, so ist die Frage, wie viel der höhere mehr trägt als der niedrige.

Der niedrige Balken sey A, B, C, D, E, der höhere aber = = a, b, c, d, e, wie in der XII. Tab. Fig. 2. zu sehen.

Die

Die Regel ist in diesem Fall, die Lasten so diese Balken tragen können, verhalten sich wie die Quadrate ihrer Höhen oder abcde : ABCDE $=$ bc^2 : BC^2.

Kan nun wenn ABCDE 18'' lang 1'' breit 1'' hoch ist, 600 ℔ tragen, so wird abcde wenn es noch einmal so hoch als ABCDE ist, 2400 ℔ tragen. Denn ist BC $= \frac{1}{2}$ bc oder 2 BC $=$ bc so ist BC^2 ; bc^2 $=$ 1 : 4 also wie 600 : 2400. Die Versuche bestätigen diesen Satz.

Hieraus erhellet, daß es sehr vortheilhaft ist, die Balken, Sparren und alles liegende Holz mehr hoch als breit zu behauen.

§. 320. b) Wenn alles außer die Länge bey zweyen Balken gleich ist, so richtet sich die Verschiedenheit der Kraft der Balken efgh und iklm nach der verschiedenen Länge derselben, so daß die Kraft von efgh : iklm $=$ ik : ef ist. Wenn sie ungleich lang sind.

Das ist die Kräfte stehen mit den Längen in umgekehrter Verhältniß. Tab. XII. Fig. 3.

Ist also efgh gegeben, ef $=$ 18'', fg $=$ 1, gh $=$ 1. Dieses trägt nach dem Versuche 600 ℔ kl $=$ 1, lm $=$ 1. und ik $=$ 36'', so ist es ganz leicht das Verhältniß vor iklm zu finden ik : ef $=$ efgh : iklm. 36 : 18 $=$ 600 : 300.

§. 321. c) Wenn die Breite ungleich ist, so ist es ebenfals ganz leichte, die Stärke derer Balken zu berechnen, denn wenn beyde Balken gleich lang und hoch und alle übrigen Eigenschaften gleich sind, die Breite des einen aber ist doppelt so groß als die Breite des andern, so ist die Festigkeit des breiten doppelt so groß als die Festigkeit des schmalern; denn der breiteste kan in 2 solche schmale zer- Wenn die Breiten ungleich sind. Tab. VII. Fig. 4.

schnit-

schnitten werden, als wann efgh = 600 ℔ gh = 1 Zoll, iklm = × lm = 2 Zoll so ist gh:efgh = lm : iklm. 1 : 2 = 600 : 1200.

Wenn zwey Balken ganz ungleich sind.

§. 322. d) Die Veränderung wenn alle 3 Stücke verschieden sind, wird folgender Gestalt berechnet; ich nehme wieder 2 Balken efgh u. iklm an, so wird das Verhältniß der Festigkeit derselben gegen einander folgender maßen ausgedruckt:

$$efgh : iklm = \frac{fg^2 \times gh}{ef} : \frac{kl^2 \times lm}{ik}$$

Dieses zeigt an, daß je größer die Breite und Höhe eines Balkens ist, und je kleiner seine Länge, desto fester ist er. Ist nun ef = 18 Zoll, fg = 1″. gh = 1″. und in den 2ten ik = 36 Fuß kl = 12″ lm = 12″ also $\frac{fg^2 \times gh}{ef} : \frac{kl^2 \times lm}{ik} = efgh : iklm.$

$$\frac{1 \times 1.}{18} : \frac{12^{2\prime\prime} \times 12^{\prime\prime}.}{36^{\prime}} = 600 : iklm.$$

$$\frac{1}{18} : \frac{1728}{36 \times 12} = 4 \times 600 : iklm.$$

$\frac{1}{18} : 4 \times 600 = 43200$ ℔ = iklm diß ist die Zahl in der Tabelle, die für diesen Balken angesezt ist.

Abgekürzte Balkenberechnung.

§. 323. Es giebt viele andere Wege, dadurch man eben dieses heraus bringet, dieser ist aber leicht, weil er unmittelbar aus der Regel fließt. Einige Abkürzungen lassen sich hierbey anbringen, weil lm = 12″, so ist nicht nöthig, die Länge ik = 36′ zu Zollen zu machen, sondern oben lm davor wegzustreichen; nun ist das Exempel $\frac{12}{18} : \frac{12^2}{36} \times 600 = X.$ welches oben das vorige giebt.

Mehrere Fälle hievon anzuführen würde überflüßig seyn.

§. 324.

§. 324. Durch richtige Erfahrungen ist gefunden, daß wenn ein Balken an beyden Enden in einer Mauer steckt, oder so angehängt ist, daß seine Enden nicht nachgeben können, derselbe $\frac{2}{3}$ mehr trägt, als wenn er nur frey an den Enden aufliegt, denn er muß an drey Orten zugleich gebrochen werden, welches also eine 3mal größere Kraft erfodert. Da dieses nun meistens statt findet, so habe ich die Versuche und Tabelle gleich hiezu eingerichtet, solte aber der Balken frey liegen, so muß von der nach der Formel herausgebrachten Summa $\frac{2}{3}$ abgezogen werden.

An den Enden befestigte Balken tragen 3mal so viel als frey aufliegende.

Wenn zum Exempel ein Balken 40′ lang 12″ hoch 8″ breit, so ist dessen Kraft wenn er eingemauert ist X. also wie

$$\frac{1}{18} : \frac{12^{2''} \times 8.}{40' \times 12.} \times 600 = X.$$

$$\frac{1}{18} : 2\tfrac{2}{5} \times 600 = 1440 \times 18 = 25920 \text{ ℔.}$$

frey aufliegends werden $\frac{2}{3}$ abgezogen, also bleibt Rest 8640 ℔.

§. 325. Je stärker und öfter die Balken ihrer Länge nach unterstützt sind, desto mehr können sie tragen. Ein Balken der alle 5 Fuß lang gehörig unterstützt ist, kan daher angesehen werden, als wenn er nur 5 Fuß lang wäre und auf seiner Mitte die Last trüge; er mag übrigens 30 oder 40 und mehr Fuß lang seyn, so hat man nun auf weiter nichts, als auf die Zwischenweiten zu sehen. Ich will auch dieses durch ein Exempel erläutern. Die Zwischenweite betrüge 8 Fuß, die Höhe 9″ die Breite des Balkens 6″.

Die öftere Unterstützung vermehrt die Festigkeit der Balken.

so ist die Regel $\frac{1}{18} : \frac{9''^{2} \times 6.}{8 \times 12.} \times 600 = X.$

$$\frac{81 \times 6}{96} \times (18 \times 600). = 5 \times 18 \times 600 = 54000 \text{ ℔.}$$

Es erhellet hieraus, daß ein solcher Balken der oft unterstützet ist, eine sehr große Last tragen kan.

Wenn die Last nicht in der Mitte der Balken hängt.

§. 326. g) Da aber die Last auch öfters nicht in der Mitte derer Balken ruhet, so ist zu zeigen, wie in diesen Fällen die Berechnung einzurichten. Fig. 12. Tab. XII.

Wenn das Gewicht C $\frac{2}{3}$ weit von B in F hängt, so wird der Balken hier mehr tragen als in der Mitte, weil die Unterstützung bey A einen größern Theil der Last trägt.

Das Gewicht C wird folgender maßen gefunden: Der Balken AB sey 24′ lang, 14″ hoch und 10″ breit. Das Gewicht welches er in der Mitte tragen kan beträgt 73500 ℔. = D.

Da nun beyde Endpuncte A und B den 3ten Theil der Last D mit tragen, so ist

1) die Last für das Ende B zu finden, man nehme also $\frac{1}{3}$ D = 24500 und multipl. es durch den Hebelarm AE, oder BE = 12 Fuß dieses giebt 294000, dies wird durch $\frac{2}{3}$ von FB getheilt. Die gefundene Zahl ist 18375 ℔ = der Last die in B würket.

2) Um die Last in A zu finden theile man die 294000 durch $\frac{1}{3}$ AF, die Last bey A ist also = 36750.

3) Um den Balken in F zu berechnen, wird $\frac{1}{3}$ von 73500 erfordert = 24500 = F

In A	-	36750 = A
und in B	-	18375 = B
Also in allen	-	79625. Ganze Last.

Wenn die Balken nicht hori-

§. 327. h) Wenn ein Balken auf einer Seiten höher liegt als auf der andern, so kan die angehängte

hängte Last nicht unter einem rechten Winkel auf ihn würken, sondern der Druck würkt schief auf ihn, und wenn der Balken ganz senkrecht unter der Last stehet, so hat sie fast gar keine Kraft mehr in ihn zu würken, weil die Richtung des Gewichtes mit der Richtung des Hebels in eins fält. Je kleiner also der Winkel ist, nachdem ein Balken von einer senkrechten Linie abweicht, desto mehr widersteht derselbe der Kraft, die senkrecht unterwärts druckt, und je mehr der Balken Horizontal liegt, desto mehr hat er von dem berechneten Druck auszustehen. zontal liegen.

Hieraus erhellet, daß der Druck der Kraft bey den Horizontalen Balken sich verhalte zu dem Druck bey der schiefen, wie in dem rechtwinklichten Triangel, CE : FE, oder wie der Winkel CFE : FCE. s. Fig. 13. Ist nun CE = 9. und FE = 6. so ist es ganz leicht den Druck eines Sparrens, von jeder Länge, der diese Lage hat, zu finden. Gesezt, der Sparren sey 30 Fuß lang, so sage ich, läge der Sparren Horizontal, und wäre 30′ lang 8″ hoch und 5″ breit, so könte er, wenn er in der Mitte einmal unterstützet wäre, und also die Hälfte desselben 15′ ist. 15120 ℔. tragen. Fig. 13. Tab. XII.

Nun ist 6 : 9. = 15120 : 22180 ℔.

Also trägt der Sparrn 22180 ℔.

§. 328. i) Aus diesen ist nun klar, daß ein Sparrn weit mehr als ein anderer Balken tragen kan. Es würde aber gar nicht rathsam seyn, einen Balken bis zu den hier bestimten Grade der Kraft zu beschweren, denn sonst würde derselbe gewiß bey der ersten Gelegenheit, da sich ein stärkerer Druck äußerte, brechen; ferner würde ein solch Gebäude, so bald der Wind stark wehete, oder so bald es nur durch das Alter einige Kraft verlohren hätte, einfallen. Gewöhnlich wählet man daher das Holz beynahe noch einmal so stark, als es nöthig ist, damit es dem Druck desto kräftiger und länger widerstehet.

Aus dem vorigen ist es ganz leicht vor alle Fälle die nöthigen Berechnungen zu machen, da unter dem liegenden Holze das so höher als breit ist, vielmehr trägt als das niedrige breite, so muß hierauf immer gesehen werden, und zugleich auf die Ersparung durch das Behauen und Verbinden des Holzes. Hievon werde noch das nöthigste beyzubringen suchen.

Die Form des Holzes vermehrt dessen Festigkeit und dient zur Ersparung.

§. 329. Zur würklichen Ersparung des Holzes dienet, wenn man dasselbe gleich so behauet oder schneiden läßt, daß es zum tragen am bequemsten ist, und daß bey dem Behauen das wenigste Holz in die Späne gehet; hiezu ist nun die Form oder Gestalt des Holzes am zuträglichsten, wenn das □ der Höhe = 2 □ der Fußbreite eines Balkens ist, oder wenn die Höhe zur Breite sich verhält, wie 3:2, denn aus den vorhergehenden ist bekant, daß dieses so gestalte Holz besser trägt, aus dem folgenden aber wird erhellen, daß bey dieser Form das wenigste Holz zu Spänen verlohren gehet, wenn man die starken Abgänge abschneiden, und nur die schmalen Seiten behauen läßt.

Beweiß davon.

§. 330. Nach Fig. 6. in der XII. Tab. theile man den Durchmesser A B in 3 gleiche Theile A C, C D, und D B: aus C und D lasse man perpendiculære Linien fallen, und verbinde A F, F B, B E und E A mit einander, so ist geschehen was man verlangte, denn $FB^2 = 2\,FA^2$; nent man $\frac{1}{3}$ des Durchmessers, wie $AC = a$, so ist in den rechtwinklichten Dreyecken, A F C, und F C B.

FB^2

$FB^2 = FC^2 \times 4a^2$, und $FA = 2FC^2 \times a^2$; aber $FC^2 = AC \times BC = 2a^2$ also $FB^2 = 6a^2$ und $FA^2 = 3a^2$; also $FB^2 = 2FA^2$. wenn man stat $a = AC$ sezt, so ist es eben so leichte.

§. 331. Da nun $FC^2 = 2a^2$ ist, so ist ganz leicht der Unterschied zu finden, wie viel man bey dieser Art des Behauens an der Festigkeit des Holzes gewint. Ich setze $AB = 24''$ so ist $a = 8''$ und $2a^2 = 128 = FC^2$; also $FC = 11''4''$ also der Quadratinhalt, von $AFBE = 276$ □ Zoll. Dagegen würde, wenn eben dieser Stamm der $24''$ im Durchmesser hat, zu einem gewöhnlichen gleichseitigen 4Eck solte behauen werden, $FC = 12''$ seyn, und $AFBC = 288''$. □ Maas, welches zwar etwas mehr Holz ist, aber nach der in vorherigen §§. erwiesenen Rechnung, nicht so viel trägt, als dieser höhere Balken. Beyspiel zum vorigen.

Denn von dem gleichseitigen 4Ecke, ist die $Seite = 17''$ und die Höhe auch $17''$, von dem andern ist $AF^2 = FC^2 \times a^2$ und also $= 128 \times 64 = 192$. $\sqrt{192} = 14'' = AF$. nun ist $2AF^2 = FB^2 = FB^2 = 384$. und $\sqrt{384} = 19''8''' = FB$. beynahe $20''$ wann nun 2 Balken gleiche Länge haben, und sind auf diese Art aus gleichen Stämmen gehauen, so ist dies Verhältniß ihrer Stärke gegen einander, wie $20^2 \times 14 : 17^2 \times 17 = 5600 : 4913 = 8 : 7$. also trägt der höhere Balke $\frac{1}{8}$ mehr, als der gleichseitige, ob dieser gleich um den 20ten Theil stärker ist.

§. 332. Das abgeschnittene Holz kan man auch hieben sehr gut nutzen, denn von der breiten Seite F. B. gehen starke und breite Stücken ab, wo daher die Gelegenheit ist, da thut man wohl Das abgeschnittene Holz kan gut genutzt werden.

diese breiten Ränder abschneiden zu lassen; dies giebt zu denen Bodens rechte gute Breter.

Aus der ganzen Lehre von der größern Tragbarkeit des hochkantigen Holzes, ist zu ersehen, daß man würklich weniger und schwächer Holz zu diesem Balken gebraucht, als wenn sie gleichseitig behauen werden, man erspart hiebey nicht allein an Holze, sondern man darf auch die Gebäude nicht überflüßig beschweren.

Von der vortheilhaften Benutzung des Holzes durch Schneiden.

§. 333. Hier will ich noch etwas von der vortheilhaften Benutzung des Holzes durch Schneiden erinnern.

Das gewöhnliche Bauholz theile ich in 3 Classen, stark Eichen von 16-17″ ins Gevierdte, 24′ lang, dazu hat der Baum im Diameter 24″.

ord. Eichen	12″	30′	lang	17″
schwache Eichen	9″	36′	—	13″
stark Kühnen	15″	48′	—	21″
ord. Kühnen	12″	44′	—	17″
schwacher Kühnen	8	40′	—	11½″

Wenn dieses Holz nach der bestimten Form soll behauen werden, so würde das Eichen,

1) starkes	24″	im Diam.	20″	hoch	14″	breit.
2) ord.	17″	—	14″	—	10″	—
3) schwach	13″	—	10⅔	—	7⅔	—
Kühnen,						
1) stark	21″	—	17⅓	—	12¼″	—
2) mittel	17	—	14	—	10	—
3) schwach	11½	—	9½	—	6⅔	—

§. 334.

§. 334. Aus den starken Eichen könten füglich 4 Schwellen zu 7″ breit und $9\frac{1}{2}$″ hoch getrent werden, wie Fig. 7. Tab. XII. zeigt. Aus den Mitteleichen aber 2 Schwellen 10″ breit 7″ hoch, nach der Fig. 8. Die schwachen bleiben wie sie sind. Erklärung der Zeichnung hiezu. Tab. XII. Fig. 7.

Aus den starken Kühnen nach Fig. 9., 6 Sparren oder schwache Säulen, a 6″ hoch $5\frac{1}{2}$″ breit.

Aus dem Mittelholze nach Fig. 10. 4 Sparrn 7″ hoch 5″ breit, aus den schwachen werden die Balken und Träger gemacht, und man läßt sie hierzu 9″ hoch 6″ breit, die stärksten werden wieder zu Sparrn getrent, wenn sie 10″ hoch und 7″ breit sind, wie Fig. 11. zeigt, und 7″ hoch zu 5″ Breite gemacht.

§. 335. Das Säulholz wird gewöhnlich gleichseitig behauen, ich finde dabey nichts besonders zu erinnern, es versteht sich von selbst, daß man aus den 14 bis 15″ ins Gevierdte starken Holze 4 Säulen kan trennen lassen, denn die überflüßige Stärke hilft zu nichts; wenn nur das nothwendige nicht mangelt, und dieses auf die beste Art mit einander verbunden wird, damit es alle Lasten, und allen Druck dem es widerstehen soll, aushalten kan, ohne sich zu biegen oder nachzugeben. Uebergang.

Von der Verbindung des Holzes wird 3tens auf folgendes gesehen:

§. 336. Das erste bey einem hölzernen Gebäude, sind die Schwellen, auf diesen ruhen die Säulen, damit diese desto bequemer werden, das Dach oder die 2te Etage zu tragen, so verbindet man sie durch die Oberplatte oder Rahmen, auf diese werden die Balken eingelassen, und diese tragen das Dach, wenn das Gebäude nur ein Stock- Von der Verbindung des Holzes.

 werk

werk hoch ist, sonst aber das 2te Stockwerk, und denn das Dach u. s. w:

Nothwendigkeit der Verbindung der Wände.

§. 337. Wenn der Druck nur immer senkrecht würkte, so wären die Säulen genug zur Unterstützung der Decke der Balken und des Dachs, aber da theils die Gebäude sich senken, theils Stürme mit großer Kraft gegen die Seiten derselben drucken; so ist nöthig, daß man sie auch hiegegen verwahret, und alle Theile der Gebäude sowohl in die Länge als Breite verbindet.

Hierzu dienen die Riegel, Sturm- oder Strebebänder und dergleichen, die, nachdem ein Gebäude hoch oder schwer ist, mehr oder stärker müssen angebracht werden.

Stärke der Schwellen, Säulen und Riegel.

§. 338. Zu mitlern Gebäuden müssen die Schwellen 9'' bis 10'' hoch und breit seyn. Die Säulen, wenn sie kein Stockwerk mehr tragen und 8 bis 10'' hoch sind, 6 bis 7'' ins Gevierdte. Bey höhern Gebäuden, oder wenn sie mehrere Etagen tragen, 8 bis 10''. Schwellen und Säulen werden wo es seyn kan, von eichenen oder recht fetten kühnen Holze gemacht, das übrige kan tannen seyn.

Zu 8' hoch werden die Säulen einmal verriegelt, mit 7'' breiten und 5 bis 6'' hohen Riegeln, zu 12' hoch kommen 2 Reyhen Riegel, und zu 16' hoch 3 Reyhen.

Von den Bändern oder Strebesäulen.

§. 339. Alle 25 bis 30 Fuß von einander, legt man einen Band oder Strebesäule, sowohl in die langen Seiten als in die Giebel derer Gebäude, die abwechselnd nach entgegen gesezten Richtungen schieben, wie aus der Tab. II. zu sehen, doch ist zu merken, daß die auf den Enden stehenden Bänder nach der Mitte des Gebäudes zu gerichtet seyn müs-

müssen, die in der Mitte aber gegen die Giebel; so verursacht diese Verbindung, daß das Gebäude sich nach keiner Seite senken kan. Ich bemerke hiebey, daß die Zapfen derer Bänder nicht mit den Säulenzapfen in einem Loche stecken dürfen, denn wenn sonst ein Zapfen verfault, so ruckt der andere nach, und dieses schadet dem ganzen Gebäude; insonderheit muß man darauf sehen, daß dieses unten vermieden wird, denn da geschiehet es am ersten, weil Nässe und Regen die Fäulnis bewürkt.

§. 340. Die Säulen sezt man nicht gern über 6′ weit von einander, denn sonst bekomt der darüber befindliche Rahmen, welcher das Dach und die Balken trägt, nicht Unterstützung genug, wie aus dem §. 325. bekant ist. Denn je öfter ein solcher Balken oder Rahm unterstüzt wird, desto mehr wird die Last getheilt, und je weniger kan dieselbe auf den Balken würken, weil die Stützen die Last auf sich nehmen. Säulenweite.

§. 341. Ehedessen machte man die Balken 1 Fuß und zuweilen noch stärker, und legte fast Balken an Balken, aber damahls hatten unsere Väter nicht Ursach, so auf die Holzersparung zu denken, als bey dem jezigen fast algemeinen überhand nehmenden Holzmangel; es kan daher genug seyn, wenn in einem mittelmäßigen Gebäude, wie auf dem Lande sind, die Balken und Sparrn 3 bis 4 Fuß weit von einander gelegt werden, einige Zoll mehr und weniger um eine Scheidewand oder dergleichen zu treffen, schadet dem Ganzen nichts. Der Rahm muß 9″ hoch und 6 bis 7″ breit seyn. Balkenweite.

§. 342. Wo die Balken in einem 30 bis 40′ tiefen Hause, nicht durch Scheidewände unterstüzt werden, da zieht man einen Balken der Länge nach darun- Von dem Träger und dessen Unterstützung.

darunter, der durch einige Säulen unterstüzt wird, diesen Balken nent man Träger, und dieser ist 10″ hoch und 7″ breit. Die Säulen so ihn tragen, werden etwa 10 bis 15′ weit aus einander gesezt, und 8 bis 10″ stark gemacht, unten werden sie auf eine kleine untermauerte Schwelle gesezt, die nach Befinden 4 bis 6 Fuß lang ist, um eine kurze Schwelle unterlegen zu können, oben aber verbindet man diese Säulen theils durch einen Zapfen mit dem Träger, theils durch einige Bänder mit den Balken und Träger, damit sich weder die Säule biegen, noch die Balken nachschieben können. Von dem Dache werde im nachfolgenden Kapitel besonders handeln.

Von Heng- und Spreng-werken.

§. 343. Wenn die Gebäude gros und breit sind, und der Zierlichkeit wegen keine Träger verstatten, wie in Kirchen, und dergl. so werden oben im Dache Heng- oder Sparrwerke angelegt; doch da es hier nicht mein Zweck ist, den Bau solcher Gebäude weitläuftig zu behandlen, so überlasse einem jeden, hierüber die Werke großer Baumeister nachzulesen. Penther, Schübler und dergleichen, haben viel und weitläuftig davon gehandelt. Das nöthigste von solchen Dachverbindungen ist aus der Zeichnung der Kirche zu sehen.

Von den Scheide-wänden.

§. 344. Da die Scheidewände nicht sowohl zur Tragung des Bodens und Daches, als zur Abtheilung derer Zimmer dienen sollen, so brauchen sie auch nicht so stark als die ersten zu seyn, ausgenommen die Stubenwände werden 6″ stark gemacht, die andern Scheidewände aber nur von Bretern zusammen gespundet, die Träger aber so in dieselben zu stehen kommen, müssen die nöthige Stärke haben.

§. 345.

§. 345. 4) Hier bemerke ich noch mit wenigen die Ungemächlichkeiten, denen hölzerne Gebäude unterworfen sind, und wie man dieselben vermeiden kan. Feuer, Wasser, Sturm, und üble Witterung, schaden denen hölzernen Gebäuden vorzüglich, und können bald den völligen Untergang derselben verursachen, wenn man nicht entweder gleich bey der Anlage oder sobald sich ein solch Uebel zeigt, auf Rettungsmittel bedacht ist, doch sind die Rettungsmittel selten recht von Dauer, wenn sie nicht gleich zuerst angewendt werden. Ungemächlichkeit der hölzernen Gebäude.

§. 346. Das Feuer ist der Hauptfeind des Holzes; denn es verzehrt, wo es findet; von diesem muß es daher entweder ganz entfernt, oder so dagegen verwahrt werden, daß es keinen Schaden davon leiden kan. An Feuerstätten führt man deswegen Brandmauren auf, und massive Rauchfänge, das Holz aber bey Rauchfängen, überziehet man mit Lehm, so wie die hölzerne Schornsteine; diese sind, wenn der Lehm gut ist, so dauerhaft, wie gemauerte. Wie sie vor dem Feuer zu versichern.

§. 347. Das Wasser oder die Nässe und Feuchtigkeit überhaupt verursacht, daß fast alle Arten des Holzes durch öfteres Naß- und Trockenwerden sehr bald in die Fäulnis übergehen. Wie das Holz gegen die Nässe und Fäulniß zu versichern.

Einige Arten sind, wenn sie beständig ganz unter den Wasser befindlich, sehr dauerhaft; als Ellern, Eichen, auch Buchen und Kühnen. Die abwechselnde Nässe können aber die Ellern und Buchen gar nicht vertragen, die Eichen und fetten Kühnen noch am längsten. Deswegen muß man unter Wasser die ersten Arten nehmen, in abwechselnde Orte aber nur Eichen und Kühnen; noch besser ist es, wann man an solche Orte Mauren von Quadern oder Bruchsteinen anführt, und alles

Holz

Holz so hoch über den Horizont erhebt, daß es weder durch Ueberschwemmung noch andere Feuchtigkeit berührt werden kan.

Die Schwellen müssen zu allen Landgebäuden untermauert werden.

§. 348. Dieses ist die Ursach, weswegen die Schwellen aller Landgebäude gehörig untermauret seyn sollen; weil sie ohne diß in den ersten 10 Jahren da sie gemacht sind verfaulen, und das Senken oder gar den Einsturz derer Gebäude verursachen, wenn man nicht noch bey rechter Zeit einige Fuß von denen Säulen abschneidet, die Gebäude neu unterschwelt, und sie alsdenn doch zu untermauren genöthigt ist; welches dadurch, daß man die Schwellen gleich bey Erbauung des Hauses 1 bis 2' hoch über die Erde untermauret, und die Erde um das Haus bey der Dachtrauffe von dem Gebäude abwärts dossiret, oder derselben eine kleine Böschung giebt, völlig gehoben wird.

Was von den Anstrichen gegen die Feuchtigkeit zu halten.

§. 349. Etwas wird das Holz durch verschiedene Arten von Anstrichen oder Ueberzügen gegen die Nässe gesichert; doch sind diese meistens theurer als das untermauren, und weniger dauerhaft. Das einfachste Mittel ist, die Schwellen mit einer Masse von Theer und Pech anzustreichen; dieses sichert, wenn es zuweilen wiederholt wird, gegen die Fäulniß.

Versicherung gegen Wind und Stürme.

§. 350. Gegen Wind und Stürme müssen die Gebäude gesichert seyn, denn wenn sie nur in stillen guten Wetter stehen könten, so wären sie weder fest noch dauerhaft.

Alles Holz so daher zur Haltbarkeit eines Gebäudes nöthig ist, soll nach der oben angeführten Regel noch einmal so stark angenommen werden, als es seiner Festigkeit wegen nach der Berechnung seyn dürfte.

§. 351. Um das Eindringen der Kälte, und des schlechten Wetters in die Gebäude zu verhindern, werden alle Felder oder Zwischenräume der hölzernen Wände, wo nicht Fenster oder Thüren hinkommen, dicht und fest ausgemauret oder mit Lehm ausgeklebt und bekleidet, das ist mit Mörtel beworfen, wie aus dem nachfolgenden Kapitel von Verbindung derer Materialien näher erhellen wird. Lezteres geschicht auch mit denen Decken. Die Gebäude müssen gegen das Eindringen der Kälte versichert werden.

§. 352. In holzreichen Gegenden und Ländern macht man auch Gebäude ganz von Holz, so daß Balken auf Balken gelegt und die Rißen zur Verwahrung gegen das Eindringen der Kälte mit Moos verstopft werden; inwendig werden solche Gebäude entweder nochmals mit Bretern überzogen, oder die Wohnzimmer mit Tapeten ausgeschlagen. Die Blockhäuser sind nicht vor unsre Gegenden.

Da in Deutschland wenige Striche sind, wo das Holz so überflüßig ist, solche Gebäude davon zu bauen, so erinnere nichts weiter davon, als daß sie weder warm noch dauerhaft sind.

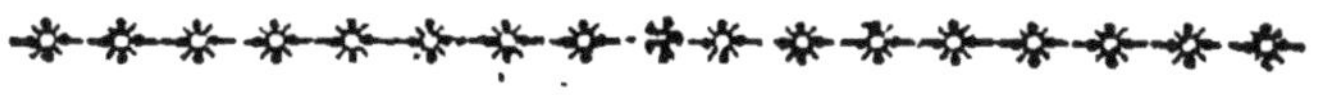

5. Kapitel.

Von Verbindungsmaterialien, als Kalk, Gips, Lehm, Thon, Sand und Kitt.

Holz und Steine können untereinander und miteinander nicht wohl ohne andere Materialien verbunden werden, da aber nicht alle Verbindungsmittel von gleicher Güte sind, so will ich deren Eigenschaften anzeigen.

§. 353. 1) Vom Kalk und Gips.

Der

Verschiedene Kalkarten.

Der Kalk ist entweder in Steinen, oder in Mergel, der erste ist entweder in Bergen, oder in der Tiefe, alle 3 Arten sind etwas verschieden.

Der aus Bergen ist der beste, weißeste und wohlfeilste, weil man nicht tief darnach graben darf.

Der aus Gruben ist etwas grau, und kostbar zu graben und brechen.

Der Mergel erfordert viel Mühe, wenn er zu gutem Kalk gemacht werden soll, denn er muß, nachdem er gegraben ist, in Formen ohngefähr wie Ziegel gedruckt, alsdann getrocknet und gebrennt werden, doch kan man ihn zuweilen auch ungebrent gebrauchen, statt Lehm.

Selten widersteht er der Witterung, und muß daher immer mit andern vermischt werden, er bestehet aus einem fetten Grundwesen von Kalk, Erde und Thon, so daß bald eine bald die andere Masse hievon häufiger darin enthalten ist; der Mergel so den meisten Kalk enthält ist der beste.

Von dem Kalkbrennen.

§. 354. Die Kalksteine sind nicht nur ihrer Beschaffenheit nach sehr verschieden, sondern auch in Absicht ihrer Zubereitung.

Bitter-Kalk muß stärker und länger gebrent werden als Gips-Kalk; beyde Arten aber können zu viel gebrent werden.

Der erste wird etwa 24 Stunden und drüber mit frischen Holze in Flammen gesezt, wenn er denn selbst brent, welches die Kalkbrenner an dem Flammen und dem Geruche haben, so wird aufgehört Holz nachzuwerfen.

Der Gips-Kalk wird etwa 16 Stunden nachgefeuert, bis die Steine einige Funken von sich geben,

ben, und denn läßt man ihn selbst ausbrennen; auf das Ansetzen der Steine in den Ofen kömt ebenfals viel an, doch dis gehört mehr vor die Kalkbrenner als hieher.

§. 355. Das Einmachen des Kalkes geschicht durch Auflösung desselben in Wasser, so daß man etwa noch einmal so viel Wasser als Kalk nimt, und denselben so gänzlich zerrüret, da aber die ganze Auflösung nicht blos durch das Zerrüren sondern nur durch die Zeit geschehen kan, so muß dieses erst in der Grube almählig vor sich gehen. Hierzu wird ein Jahr und längere Zeit erfordert, doch kan auch ein halbes genug seyn. Nichts wäre besser als wenn sich jedes Dorf oder jeder Wirth auf eine Zeit von 10 bis 20 Jahren Kalk im voraus löschten, dadurch wird er ausnehmend verbessert. Eben so vortheilhaft wäre es auch, ein klein Baumagazin von den nöthigsten Baumaterialien und Baugeräth bey jedem Dorfe und besonders bey Aemtern und Adlichen Gütern zu haben. Bey dem sogenannten Kalklöschen oder Auflösen desselben ist sorgfältig darauf zu sehen, daß keine Steine und anderer Unrath mit in die Grube kommen; man kan deswegen vor das Ausflußloch des Löschkastens ein weites Drathsieb machen, dadurch sowohl die Steine als der noch nicht völlig aufgelößte Kalk zurückgehalten wird.

Vom Kalklöschen und Vortheil des vorräthigen Kalks, und andern Materialien und Geräths.

§. 356. Zum Vermauren, Weißen und aller andern Maurerarbeit, muß der Kalk mit Sande gemischt werden, gewöhnlich wird über die Hälfte Sand hiezu genommen, doch richtet sich dieses nach der Güte des Kalks, oder dessen verschiedenen Gebrauch; die erhaltene Masse von Kalk und Sand nennt man Mörtel, oder Spar- und magern Kalk:

Von Vermischen des Kalks.

Mehr

Mehr hievon findet man in denen vorher angeführten Schriften derer Baumeister.

Nur ist hier noch anzumerken, daß der Mörtel nicht eher als kurz vor dem Gebrauch darf gemischt werden, denn sonst zieht sich der Kalk zu sehr in den Sand, und verliert seine Kraft, wodurch er die Steine in der Mauer mit einander verbinden soll.

Vom Gipse. §. 357. Aus guten Mörtel und guten Steinen, wenn beyde sowohl unter sich als miteinander auf das beste verbunden werden, entstehen gute und dauerhafte Mauern.

Gips wird aus weichen Kalksteinen oder aus Alabaster gebrant, und hernach durch Maschinen zu Staube gestoßen, alsdenn muß man denselben so bald möglich verbrauchen, wenn er recht gut bleiben soll, oder er muß recht im Trockenen aufbewahrt werden.

Mauren von Gips sind fester als aus andern Kalke und trocknen geschwinder; am meisten wird er zu Decken, Verzierungen und Fußbodens gebraucht; die Zähigkeit desselben, womit er sogleich Steine und Ziegel verbindet, zeigt von seiner Güte. Wenn er nicht sehr mit Sande gemischt wird, ist er am besten. Mehr hievon ist in der wohlgerathenen Preißschrift des Herrn Jacobi von der besten Zubereitung des Maurerkalks zu finden.

Vom Lehme. §. 358. 2) Lehm und Thon wird oft mit Nuzen statt Kalk gebraucht, weil dieser zuweilen schädlich, zuweilen aber zu theuer seyn würde. Denn im nassen Grunde, wo auf einem Rost gemauert werden muß, frißt der Kalk das Holz an, und in starker Feuerhitze springt Kalk und Steine von einander.

Der Lehm ist gut wenn er fett und schlüpfrig anzufühlen, und viel weicher als andere Erde ist; fer-

ferner wenn er viel brenbare alkalische und glasartige Erde enthält.

§. 359. Der Thon ist oft noch fetter als der Lehm, zähe und glatt aber noch schwerer als der vorige; er enthält Allaunerde, und verhärtet so wie jener in der Luft. Vom Thone.

Er muß zum Gebrauch etwas mit Sande vermischt werden; gemeiniglich braucht man ihn zu Dämmen und unter der Erde, weil er dem Wasser widersteht. Unter fetter Erde verstehet man gemeiniglich Lehm und Thon, die mit Garten- oder gemeiner Erde vermischt ist, aber doch mehr von der leztern an sich hat.

§. 360. Mauern auf dem Lande, wo sie trocken stehen, und viel von der Hitze auszustehen haben, als Brandmauern, Schornsteine und Oefen, werden mit Lehm gemauert; von außen aber gegen die Witterung müssen dieselben mit Mörtel bekleidet werden. Den Lehm mischt man zum vermauren, wenn er sehr schwer ist, mit etwas Spreu, Schäben, klein geschnittenem Strohe, oder Haaren, man läßt ihn damit wohl unter einander arbeiten, und nur so viel Wasser dazu thun, als zur Vermischung desselben nothwendig ist. Will man aber blos aus Lehm, Wände aufführen, so muß derselbe mit langen Stroh gemischt werden, weil dieses denselben desto fester zusammen hält; diese Wände, wenn sie etwas stark sind, und nicht zu viel zu tragen haben, wie auf dem Lande, thun recht gute Dienste, besonders wenn man sie mit Mörtel bekleidet. Der Holzmangel hat diese Erfindung hervorgebracht, und man bedient sich derselben in einigen Gegenden häufig, und mit dem besten Erfolg; nur muß man sie vor Nässe und Ueberschwemmungen bewahren. Wenn der Lehm recht Von dem Gebrauch des Lehms.

fest ist, so trägt eine solche Lehmwand noch ein hölzernes Stockwerk. Wenn der Platz darauf sie stehen, nicht erhaben liegt, so muß man sie so hoch, als etwa Wasser daran kommen kan, untermauren.

Sonst gebraucht man den Lehm auch häufig zum Auskleben derer Felder, in hölzernen Wänden und zu Decken; auch hiezu wird er mit Stroh gemischt, und um hölzerne Stacken gewunden. Dieses dient zu großer Ersparung des Holzes und der Steine, und ist nicht so schwer vor die Gebäude, als wenn sie mit Ziegeln ausgemauert sind. In dem Kapitel von Verbindung der Materialien werde mehreres hievon erinnern.

§. 361. 3) Der Sand oder Grand, bestehet aus kleinen körnigten Steinen, die theils größer theils kleiner sind; der mit Staube gemischte Sand, ist nicht gut zum vermischen unter den Kalk, weil der Staub sich nicht mit dem Kalke verbindet, und also kan der hieraus erhaltene Mörtel auch keine gute Mauern geben. Der Sand, welcher sehr glänzend und weiß ist, hat zu glatte Oberflächen, als daß ihn der Kalk binden könte, dieser taugt also auch nichts. Der beste ist der Flußsand, besonders zu Grundbauen. Die kleinen Steine und der Staub müssen von dem Sande abgesondert werden, das erste geschieht, wenn man ihn durch ein Sieb, und das andere, wenn man denselben durch die Luft wirft; auf diese Art kan ein Mensch täglich über 100 c Fuß reinigen. Der Sand, welcher Salz oder andere saure Theile bey sich hat, taugt nichts, also kan der Meersand nicht gut gebraucht werden; oder man muß denselben in süßen Wasser waschen, und einen Winter flach ausgestreuet in freyer Luft liegen lassen, damit der Frost die fremden Theile davon trent. Bey dem Sande

wird

wird nur das Grabe- und Fuhrlohn bezahlt, und à Fuder 24 c Fuß gerechnet.

§. 362. 4) Zum vermauren in Wasser, gebraucht man Kitt, oder eine Art Mörtel, die kein Wasser annimt. Hierzu wird in Italien der bekante Puteolanische Sand, bey uns aber Ziegelmehl und Hammerschlag mit Oele gemischt, genommen. In den Niederlanden ist die Rheinerde sehr brauchbar hierzu; auch die Dornicksche Asche; ferner zerstößt man Sandsteine, Mühlsteine, Eisenschlacken und Steinkohlen, vermischt dieses mit sehr guten Kalke, und dies giebt eine Art von Kitt. Vom Kitte.

6. Kapitel.

Von Nebenbaumaterialien.

§. 363.

Diese sind 1) Metalle und Glas, 2) Stroh, Rohr und Dachsplinde, 3) Farben und Baugeräthe. Metalle sind: a) Eisen, b) Bley, c) Kupfer und Meßing, das Eisen ist entweder gegossenes oder geschmiedetes; zu Ofenplatten ist das erstere sehr gut, denn es verliert durch das Feuer sehr wenig, dagegen von dem andern sich beständig dünne Lamellen durch die Hitze abblättern, wo es hingegen auf die Zähigkeit ankömt, da ist das geschmiedete Eisen besser, denn dieses ist biegsam und zähe. Vom Eisen.

§. 364. Der Gebrauch des Eisens ist folgender: Vom Gebrauch des Eisens.

1) Das gegossene wird zu Oefen, Heerden, und wo es nicht biegsam, sondern hart und spröde

 seyn,

seyn, und gleich in die Form die es haben soll, gegossen werden kan, gebraucht.

2) Das geschmiedete wird theils zu Blech geschlagen, und zu Beschlägen, Gittern, Klammern, Nägeln, Röhren, Dächern, Rinnen, Thüren, u. s. w. gebraucht.

Das zähe ist das beste.

Das Eisen, welches der freyen Luft ausgesezt ist, wird, damit es der Rost nicht beschädigt, mit einer Oelfarbe angestrichen. In der Abhandl. der Schwedischen Acad. rathet Hr. J. Solberg die schwarze Farbe von Kienruß mit Leinöl und starken Gummi abgerieben, weil die rothe Farbe von der Luft und Hitze sehr beschädigt wird.

Das Anstreichen soll im Frühjahr geschehen, damit die Farbe allmählig trocken, und weder durch zu große Hitze noch Kälte beschädigt werden kan.

Vom Bley, Kupfer und Meßing.

§. 365. 2) Bley sieht zum Theil weißlich aus, theils fält es ins schwärzliche, das erste ist das beste. Es ist nicht gut zum Decken, weil es sehr schwer ist, und von der Hitze und Kälte springt.

Doch braucht man es in die Einkehlen.

3) Das Kupfer ist besser zu Dächern und Kehlrinnen, wie jenes; das, so gelbblinkende Flecken hat, hält man vor das beste.

4) Meßing ist eine Zusammensetzung aus andern Metallen, und wird zu Thür- und Fensterbeschlägen gebraucht; auch zu Kloben Rollen und Flaschenzügen.

Vom Glaß.

§. 366. Glas ist ebenfals ein sehr nöthiges Material, das weiße ist das beste; das Venetianische behält den Vorzug, denn folgt das Englische, Französische und Böhmische.

§. 367. g. Stroh und Rohr, auch Schindeln. Das Stroh wird gemeiniglich in langes und krummes eingetheilt; das lange ist gut zu Dächern zu gebrauchen; das krumme aber fast gar nicht, denn der Regen kan nicht abfliessen, sondern dringt durch. Als eine Art des Strohes kan man auch die Spreue, oder das kleine Gemengsel, welches unter den Thon und Lehm genommen wird, ansehen. Stroh.

§. 368. Rohr ist dauerhafter und fester als Stroh, es wächst in Seen, Flüssen und Morästen, je länger es ist, desto besser und dauerhafter ist es. Rohr und Dachsplinde.

Es wird auch in Bunden, so wie das Stroh verkauft, nur etwas theurer, doch beruhet der Preiß auf dem Mangel oder Ueberfluß desselben. Ein Bund wiegt gewöhnlich 20 ℔, und 60 Bund kosten 2 bis 5 Rthlr.

Dachsplinde werden aus dem besten Kernholze gerissen, sie werden 1000 weise verkauft, und sind 1 Fuß lang 2″ breit $\frac{1}{4}$″ dick, sie werden unter die Ziegel gelegt, damit der Regen desto besser abfließt.

à 1000 kostet 12 – 20 Gr.

Die Dachschindeln, womit man Dächer zu decken pflegt, sind kostbar, wenig dauerhaft und gefährlich im Feuer.

§. 369. Die Farben können bey Landgebäuden fast ganz entrathen werden, doch befördern einige Arten von Anstrichen die längere Dauer des Holzes, ja sie bewahren dasselbe vor der Feuersgefahr. Dieses leztere thut besonders das Salzwasser und einige Laugen, die verschiedene Farben erhalten können. Doch hievon haben verschiedene andere geschrieben, besonders sind des hierin sehr erfahrnen Hrn. D. Glasers Schriften hierüber nachzusehen. Von dem Nutzen der Farben.

 §. 370.

Die gewöhnlichsten Farben.

§. 370. Die gewöhnlichen Farben sind:

1) zu Weiß. Kreyde, Bleyweiß, Kalk.
2) zu Roth. Bolus, Mennige, Ochsenblut.
3) zu Grün. grüne Erde, Grünspan.
4) zu Braun. Ombra, Köllnische Erde.
5) zu Gelb. Schüttgelb, Eyergelb und Oker.
6) zu Blau. Bergblau, Berlinerblau, Brasilienholz.
7) zu Schwarz. Ruß und dergleichen.

Aus vielen Blumen und Hölzern können vortrefliche Farben gemacht werden, auch aus vielen andern Sachen; sie werden alle nach dem Gewicht verkauft. Bey dem Gebrauch der Farben ist zu merken, daß sie nicht sehr stark aufgetragen werden müssen. Denn hiebey erspart man, und erhält ein besseres Ansehen. Die Berlinschen und Potsdammschen Gebäude können hierin zu vollkomnen Mustern dienen.

Von Baugeräthe.

§. 371. Baugeräthe ist folgendes: als Stricke, Seile, Kloben, Wagen, Schleiffen, Karren, Steintrager- Kalk- und Mörtelkasten, Lettern, Schrauben, Stangen, und dergleichen. In dem Anschlage wird hievon nach der Größe eines Baues, was gewisses in Rechnung gebracht.

7. Kapitel.

Von Verbindung der Materialien.

§. 372.

Von denen verschiedenen Arten der Mauern.

Die Steine sollen zwar auch ohne Mörtel durch ihre gute Zusammenordnung eine Art von Verbindung haben, aber gegen die Kälte können sie

sie dadurch allein nicht verwahret und recht dauerhaft ohne Hülfe anderer Materialien gemacht werden; diese sind, 1) Mörtel, 2) Gips, 3) Kitt, 4) Lehm, Thon und dergleichen. Die Mauern überhaupt sind theils ihren Bestandtheilen nach verschieden, theils aber ihres Gebrauchs wegen.

Die erstern sind:

a) Quadermauern werden zu großen Gebäuden und Wasserbauen gebraucht.

b) Bruchstein- und Ziegelmauern sind die gewöhnlichsten.

c) Guß- und Futtermauern.

d) Lehmwände, die von bloßen Lehm und Stroh gemacht sind.

Dem Gebrauch nach sind sie:

1) Hauptmauern.

2) Scheidemauern.

3) Einfassungsmauern, um Städte, Dörfer und Gehöfte.

4) Brandmauern.

5) Zu Backofen Schornsteine und dergleichen.

6) Kellermauern und Gewölbe.

Diese dem Gebrauch nach verschiedene Mauern, sind in der Bauart wenig unterschieden, deswegen lasse ich mich auf die nähere Betrachtung derselben nicht weiter ein.

Schon im ersten Kapitel dieses Hauptstüks habe ich erinnert, daß die Mauern von Quad. zu Landgebäuden eben nicht gebraucht werden, ich betrachte daher die übrigen Arten.

Von Bau der Bruch- und Ziegelmauern.

Von Verdünnung der Mauern.

§. 373. Damit Mauern fest und dauerhaft werden, so ist auf folgende Stücke zu sehen:

1) Daß der untere Theil derselben stärker sey, als das, was er trägt; es wird deswegen die Mauer oben verdünt; dieses geschieht entweder allmählig, und da nent man es schmiegen oder alle Stockwerke, dieses ist die Stuffenweise Einziehung. Da es übel aussehen würde, wenn ein Haus von außen Stuffenweise eingezogen wäre, so schmiegt man die Mauren äußerlich.

Von innen aber wird sie Stuffenweise eingezogen. Dieses dient zur bequemen Unterstützung derer Balken, und erhält das Gleichgewicht.

Die Baumeister sind wegen der Bestimmung des Maaßes dieser Einziehung sehr uneinig, ich halte davor, daß 4 Zoll auf ein Stockwerk, das beste ist. Bey hohen Gebäuden in der Höhe weniger. Penther hat hiezu eine Tabelle berechnet, die ziemlich brauchbar ist.

Dicke der Mauern.

§. 374. 2) Die Dicke der Mauern soll bey einem Stockwerk nach den Vitruv, Scamozzi und andere 2 Fuß seyn, da dieses aber von ansehnlichen und hohen Geschossen zu verstehen ist, so wird $1\frac{1}{2}$ Fuß für niedrige Gebäude von 8′ hoch genug seyn; sind mehrere Stockwerke, so müssen die untern Mauern verhältnismäßig stärker werden, nach der in vorigen gegebenen Regel.

Regeln bey dem Bau der Mauern.

§. 375. 3) Beym Bau der Bruch- und Ziegelmauern, ist noch auf folgendes zu sehen.

a) Daß

a) Daß sie nach der Wasserwoge gelegt werden.

b) Daß sie gleichmäßig nach der Erde steigt, siehe Belidor, 3. Buch, 2. Hauptstük.

c) Daß die unterste Grundlage aus Steinen besteht, die nur durch ihre Lage nicht aber durch Mörtel verbunden sind, weil dieser in der Nässe verdirbt.

d) An die Ecken und unten nehme man die größten Steine, und auch die härtesten.

e) Die Quader- und Ziegelsteine können mit Sand und Wasser ganz genau an einander gerieben werden, aber dieses ist sehr kostbar, demohngeachtet ist eine gute und hinlängliche Verbindung der Steine nöthig; denn wie Phillip de l'Orm zeigt, und Izzo anführt, so kan eine kleine Ritze im Grunde eine Spalte von einem halben Fuße in der Höhe des Gebäudes nach sich ziehen, dieses erfolgt, wenn in der Mitte der Mauer fester Boden ist, an beyden Seiten aber bruchigter Grund, der nachgiebt.

f) Die beste Zeit zum Bau der Mauern ist im Frühjahr und im Sommer, im Herbst können dieselben nicht recht austrocknen, und daher frieren die Steine wieder los, oder die Bekleidung springt ab. Das Zudecken der Mauren wie Izzo vorschlägt hilft wenig, denn es erhält noch mehr Feuchtigkeit in der Mauer.

g) Wenn man auf einen alten Grund bauen soll, so muß man sorgfältig dessen Stärke und Eigenschaften untersuchen, und die alte trockene Mauer wieder aufweichen und rauh machen, damit sich die neue desto besser damit verbindet.

h) Die Fugen derer Steine müssen nicht übereinander, sondern auf die Mitte anderer Steine treffen, und alle Zwischenräume müssen mit kleinen Steinen ausgefüllt werden.

i) Izzo führt noch an, man soll in Gegenden wo Erdbeben zu befürchten, in den Grundbau Luftlöcher machen, damit die unterirrdischen Dünste ohne die Mauern zu beschädigen dadurch aufsteigen können, ohne die Mauren zu sprengen.

k) Bey hohen Gebäuden sind auch eiserne oder hölzerne Bänder oder Schließen nöthig, welche die Mauern zusammen halten. Zu Thürmen müssen sie von Eisen seyn, zu andern Gebäuden ist Olivenholz, auch Eichen und Lerchen besonders fett Kühnen das mit Oel oder Trahn bestrichen ist gut dazu.

l) Man muß keine unnütze Anhängsel oder was dem Gleichgewicht der Mauern schadet, anbringen; als Erckener und was sonst nicht gehörig und so unterstützt ist, daß die Unterstützung selbst in die Augen fält, anbringen. Es müssen auch nicht so viel Oefnungen in der Mauer seyn, daß sie die nöthige Festigkeit verhindern, sondern die nöthigen müssen so angebracht werden, daß sie der Bequemlichkeit, so wie der Festigkeit gemäß und also weder zu nahe noch zu weit von einander und nicht nahe an den Ecken sind, 6 bis 7′ ist die beste Weite derselben von einander; die Gebäude werden fester und haben auch ein besseres Ansehen, wenn die Fenster grade über einander geordnet sind.

m) Die Steine in den Mauern werden entweder mit Mörtel oder Kitt oder Lehm verbunden,

den, in Wasser mit Thon oder Kitt, in Trockenen mit Mörtel, in der Hitze mit Lehm, die lezte Art ist die wohlfeilste.

n) Bey den Ziegelmauern ist zu bemerken, daß man nicht im Grunde mit Ziegeln zu mauern anfangen darf; sondern die Grundlage von Bruchsteinen macht, weil die Ziegel durch die Nässe und den Frost entzwey gehen, sonst gilt bey diesen Mauern fast alles das, was bey den vorigen ist erinnert worden, außer daß sie nicht so stark seyn dürfen als die von Bruchsteinen, deswegen gebraucht man sie auch besonders zu Scheidewänden.

§. 376. Wenn die Mauern auf diese Art gut gemacht sind, so läßt man sie austrocknen, und dann werden sie beworfen, oder bekleidet und abgeputzt; der Mörtel hiezu muß aus gut gewässerten zähen Kalke gemischt werden damit er nicht abfält. Vitruv schlägt mehrere Ueberzüge hievon vor, damit die Bekleidung desto fester sey, zu den lezten soll man Kitt nehmen oder Gips und denselben wohl glätten lassen. Ich habe dergleichen Bekleidungen gesehen, die wie Marmor aussahen, und sehr feste waren. Von Bekleiden der Mauern.

§. 377. Einige schlagen vor, man soll hölzerne Wände die nicht überrohrt sind, ehe man sie übertüngt, mit Erde bewerfen, in der Meinung der Mörtel würde fester daran hacken; aber dieses ist auf alle Weise schädlich, weil die Erde nicht so gut binden kan als der Mörtel oder guter Lehm, der in die rauh gehauenen Holzwände geklebt ist. Es ist besser die Wände gleich mit Mörtel zu überziehen als sie erst mit Erde zu bewerfen.

§. 378. Guß- und Futtermauern sind solche, die nur bey Festungen, Stadtmauern und sehr grosen Gebäuden gebraucht werden. Die Futtermauern Von Guß- und Futtermauern.

ern bestehen aus zwey Wänden von Ziegeln die Mitte aber ist mit Schut, Bruchsteinen und Mörtel ausgefüllet. Die Alten gebrauchten dieselben zu Stadtmauern.

Gußmauern gebraucht man auch auf Felsen und macht sie folgender Gestalt: es werden so breit wie die Mauer aus einander kommen soll, Breter auf beyden Seiten gemacht, und keine Fugen gelassen; in diesen Kasten werden die Steine zu Mauern gelegt, und hierauf ganz flüßiger Mörtel gegossen, und hernach fest geschlagen, und wenn es bald trocken ist, so werden die Breter weg genommen; hiedurch verbindet sich die Mauer auf das beste mit den Steinen.

§. 379. Endlich kan man auch oft statt der Bruchsteine Feldsteine brauchen, nur dürfen sie nicht so ganz rund und klein seyn, denn diese fallen leicht aus den Mauern, und verursachen Lucken, sonst ist es sehr vortheilhaft hiemit zu bauen, weil diese Steine fast nichts kosten.

Am besten sind die Feldsteine wie ich schon erinnert habe, zum Pflastern. Von den kleinen geben 100 Cub. Fuß Steine, 150 □ Fuß Pflaster.

Von den Lehmwänden.

§. 380. Von Lehmwänden ist in algemeinen fast alles das zu merken, was von den Mauern weitläuftig beygebracht ist; außer daß diese stärker seyn müssen, weil der Lehm nicht so fest als Stein ist. Zu großen Gebäuden und in der Nässe sind sie ganz unbrauchbar; sie müssen auch unten die größte Stärke haben, und in der Höhe verdünnt werden, etwa auf einen Fuß 1″. Dieses giebt ihnen mehr Festigkeit und bewahret sie vor dem Umsturz.

§. 381.

§. 381. Bey dem Bau der Lehmwand selbst verfährt man folgendergestalt.

Von der Zubereitung des Lehms.

Es werden etwa 25c' Lehm auf die Baustelle 2' weit von der Seite ab, dahin die Wand soll gesezt werden, und wo die Grundmauer schon aufgeführt ist, hingefahren, und 1' hoch ausgebreitet. Darauf wird almählig so viel Wasser zugegossen, daß man denselben gemächlich durchtreten kan. Dies geschicht von einem starken Knechte in ¼tel oder ½ Stunden; bey diesem Geschäft wirft er alle Steine und fremde Theile die er findet aus, und vermischt denselben mit Strohe, so daß etwa unter 20c Arsch. Lehm 2 Bund Stroh kömt; doch richtet sich dies nach der Güte des Lehms; ist derselbe sehr mager, so nimt man nicht so viel, weil dieser auch ohne Stroh nicht so viel Risse bekömt als der fette.

§. 382. Ist auf diese Art die ganze Masse recht gleichmäßig vermischt und aufgelößt, so wirft der so getreten hat dem Wandsetzer, mit einer Mistgabel von 3 oder 4 Zacken, kleine Ballen 1' breit und lang und ½' hoch auf die Wand. Dieser legt diese Fladen alsdenn in Ordnung so zwischen einander, daß sie sich alle zu einem Ganzen verbinden; hiemit fährt er fort, bis die Schicht oder Wand etwa 4' hoch ist, und dann geht er so rings um das ganze Gebäude. Alle Thürpfosten, Fenstereinfassungen und dergleichen werden gleich an ihre Stelle mit eingesezt; und so ist die erste Schicht fertig.

Von dem Bau der Lehmwände.

Nachdem sich diese etwas gesezt hat, so schreitet er auf eben die Art zur 2ten Schicht, die auch 4' hoch wird, und dann zur 3ten. Soll die Arbeit geschwinde von statten gehen, so trägt einer beständig Wasser, ein andrer fährt Lehm, ein 3ter verrichtet das Treten, der 4te das Zureichen, und der 5te

das

das Setzen; so daß diese 5 Personen in einem Tage 1000 Cub. Fuß solche Lehmwand setzen können.

Es ist zu merken, daß sich dergleichen Wände bey dem Trocknen um den 15 bis 20ten Theil zu setzen oder zu senken pflegen, weswegen sie um etwas vorher erhöhet seyn müssen.

In einigen hiesigen Gegenden gebraucht man auch die fette Erde statt des Lehms, wo jener etwa weit zu holen ist.

Von den Auskleben der Felder in hölzernen Wänden.

§. 383. Auch zum Auskleben der Holzwände wird der Lehm sehr nützlich gebraucht. Man bereitet denselben wie vorher gesagt worden, aber man vermischt ihn noch mehr mit Strohe, und macht daraus nur kleine Fladen, etwa 1′ lang und 4 bis 6″ dick.

In die Zwischenräume der Schwellen und Riegel werden Stackon eines Arms dick in Rinnen oder Furchen die ein Zoll tief in die Mitte der Schwellen und Riegel eingehauen sind 4″ von einander eingeschlagen, und um diese werden die beschriebenen Lehmfladen gewunden, und von beyden Seiten so viel Lehm daran getragen, daß der Lehm mit den Säul- und Riegelholz gleiche Dicke hat.

Noch besser thut man, wenn man die ganze innere Wand 1″ dicker, als das Holz mit Lehm überzieht; dieses verhindert das Durchdringen der Kälte am besten.

Eben so werden auch die Decken der Zimmer und Ställe geklebt, nur daß man in Ställen zur Vermeidung der Kosten, von unten keinen Lehm an die Decken trägt.

Die Dicke derselben muß vor ein Stockwerk von 10 F. hoch, wenigstens 2 bis $2\frac{1}{2}$ Fuß seyn, die-

dieses hängt aber besonders von der Güte des Lehms ab, und von einer gehörigen Mischung desselben mit Stroh oder Heu; Schilf ist nicht gut, weil es zu spröde ist.

§. 384. Wenn diese Wände gerade und trocken stehen, und mit Mörtel bekleidet sind, so halten sie so gut als eine mäßige Mauer, und haben dabey noch den Vorzug, daß sie die Gebäude weit wärmer und trockener halten, als Mauren, denn sie ziehen die Kälte und Feuchtigkeit nicht so, wie jene an, und leiden auch durch das Feuer keinen Schaden. Denn wenn auch die Dächer solcher Gebäude ganz abbrennen, so werden die Wände wie versteinert. Die Ecken solcher Lehmwände, wenn sie schwere Dächer tragen sollen, mauert man.

Die Lehmwände können allenfals noch ein hölzernes Stockwerk tragen.

§. 385. Mir ist keine andere Materie zum Bauen bekant, die so viele und einleuchtende Vorzüge hätte, als dieser Lehm, besonders aber ist er um desto mehr zu gebrauchen, da man ihn fast überall nahe und bequem, und meistens ganz umsonst, haben kan.

Von dem vorzüglichsten Nutzen des Lehms.

Es ist daher gewiß Schade, daß man auf dem Lande nicht algemeinen Gebrauch davon macht, und ich halte es vor die Pflicht jedes Baumeisters, daß er so gemeinnützliche Materialien so gut er kan, bekant zu machen sucht.

§. 386. Damit man an Orten, wo noch gar nicht hiemit gebauet wird, sich einiger maßen nach dieser Beschreibung richten könte, so erinnere ich, daß man den Lehm das Jahr vor dem Gebrauch muß graben lassen, damit die Luft viele salpetrige und fremde Theile davon an sich nehme.

Noch einige Regeln zu dieser Bauart.

Im

Im Frühjahr ist am besten damit zu bauen, weil im Sommer die Wände gut austrocknen, doch aber die meiste Nässe vor der großen Hitze vertrocknet, welche sonst verursacht, daß die Wände reissen.

Von der Bekleidung der Lehmwände.

§. 387. In freyer Luft zur Erhaltung des beßren Ansehens und der mehrern Dauerhaftigkeit überzieht man alle Lehmwände, die theils blos von Lehm theils von Holz und Lehm gemacht sind, mit Mörtel; damit dieser desto fester daran heften kan, so zieht man in die grade gemachten Wände mit einem kammförmigen Instrumente ½ Zoll tiefe Riefen in dieselben, wenn sie noch naß sind; in diesen haftet nachher der Mörtel vortreflich.

Diese Bauart ist die wohlfeilste und vor den gemeinen Mann die beste.

§. 388. Da der Lehm oft auf der Baustelle selbst befindlich ist, sonst aber auch nichts als das Fuhrlohn kostet, so ist er das wohlfeilste Material. Der Bau selbst mit denselben, ist eben so wohlfeil, denn wenn die Landleute bey den Wandsetzen einen hierin geübten Mann mit zur Hülfe haben, so können sie das übrige mit ihren Knechten selbst besorgen. Und daher ist keine Bauart in der Welt wohlfeiler als diese, wie aus den Anschlägen erhellen wird.

8. Kapitel.

Von der Bauart des Daches, und der Versicherung vor Feuersgefahr.

§. 389.

Von der Wichtigkeit gut eingerich-

Das Dach ist ein Haupttheil eines Gebäudes, der dasselbe nicht nur gegen die Witterung und Feuersgefahren in Sicherheit setzen soll; sondern es soll auch nach einer guten Anlage brauchbare und bequeme Vorrathsböden verschaffen; wie ich dieses schon im vorhergehenden gezeigt habe. teter Dächer.

Da das Dach dazu beytragen kan, daß ein Gebäude alle die in der Einleitung angezeigten guten Eigenschaften habe, so muß es dieselben nicht nur selbst besitzen, sondern auch bey dem Gebäude mit vermehren helfen.

Es ist leicht Dacharten zu machen, die einigen Volkommenheiten entsprechen, aber allen oder nur vielen, — dies erfodert die volle Aufmerksamkeit eines der Sache kundigen; ich will mich daher bemühen, die meisten Volkommenheiten so viel möglich mit einander zu vereinigen.

§. 390. Jedes Dach bestehet: Bestandtheile eines Daches.

a) Aus dem Gerüste oder Sparnwerke und

b) Aus der Eindeckung oder Bedachung.

Das Gerüste kan auf sehr vielerley Arten und in verschiedenen Gestalten eingerichtet seyn. Die Bedachung aber wird aus verschiedenen Materialien gemacht, die ich nachdem betrachten will.

Da das Gerüste die Eindeckung tragen soll, so muß es nicht nur die hiezu nöthige Stärke und Festigkeit, sondern auch die beste Form und Verbindung haben. Ich werde diese 3 Stücke also kürzlich durchgehen, und dann die nähere Einrichtung der Eindeckung zeigen; besonders aber nur auf die Dacharten sehen, die vor das Land brauchbar sind, und gute Bodens geben. Denn durch ein flach Dach regnet es, und durch die steilen werden die Gebäude beschwert.

§. 391. 1) Der Form oder Gestalt nach, werden die Dächer in folgende eingetheilt: Eintheilung der Dächer ihrer Gestalt nach.

a) Das gemeine deutsche Dach das zwey Seiten hat, dessen Giebel aber von Mauer oder Holze sind. Die senkrechte Höhe desselben ist gleich der halben Breite des Hauses.

b) Das Walm- oder Zeltdach, dessen Giebel nicht grade in die Höhe stehen, sondern mit eben so geformten Dächern gedeckt sind, wie dessen lange Seiten.

c) Das Mansardische Dach und die übrigen Französischen und Holländischen Dächer sind gebrochen, sie bestehen aus einen sehr steil und einen sehr liegenden Theil, die aber aus eben dieser Ursach nicht sehr nützlich sind; denn dem obern liegenden Theil schadet der Regen, und dem andern der Wind.

d) Eben diese Dächer sind gewalmt, wenn sie auf den Giebeln aus eben solchen schief liegenden Seiten bestehen, wie die langen Seiten.

e) Das Pultdach ist nur auf einer Seite schief oder abhängig, es kan aber entweder ein einfaches oder gebrochenes oder Walmdach seyn. Man gebraucht es, wenn man ein klein Gebäude an ein grösseres anhängt, oder in bergigten Gegenden legt man die hohe Seite desselben gegen den Berg, damit der herabfallende Schnee und Nässe darüber wegrollen kan, ohne sich hinter das Haus zu setzen.

f) Das altdeutsche Dach ist so hoch als das Haus breit, diese deutschen Dächer werden auch zugleich Satteldächer genannt, oder Gothische.

g) Der Hr. Graf d'Espie erfand eine Art leichter Gewölbe, die sich zur Bedeckung derer Gebäude sehr gut schickten, und die nach seiner

seiner Meynung eben so wohlfeil als andere Dächer sind; besonders aber sehr feuersicher; doch zu Privat- und Landgebäuden sind sie nicht zu gebrauchen, denn sie erfodern starke Wiederlagen; seine Abhandlung ist Ao. 1760. ins Deutsche übersezt, unter den Titel: Des Hrn. G. d'Esp. Abhandlung von unverbrenlichen Dächern. Frankfurt und Leipzig. Ferner hat Hr. Izzo auch in seiner Baukunst einen kleinen Auszug davon geliefert. Zu Vorrathsgebäuden in Festungen scheinen sie brauchbar zu seyn.

h) Das altfranzösische Dach ist ein gleichseitig Dreyeck.

i) Das Italiänische ist nur den 4ten Theil so hoch, als breit, der Regen kan also nicht gut abfließen.

k) Das Altanen-Dach ist fest, ganz flach, und mit einer Brustlehne umgeben.

l) Des Kayser-, Kuppel- und Kegeldach, werden zu Thürmen gebraucht, auch zu Gartenhäusern und dergleichen.

m) Des Hrn. Herzbergs neu verbesserte Dacharten, die nicht ganz den 4ten Theil so hoch als breit sind. Die übrigen Angaben desselben beziehen sich besonders auf die Holzersparung bey den deutschen Dächern.

§. 392. Die niedrigen Dacharten sind an sich nicht gut, weil sie keine Boden verstatten, und weil der Regen nicht bequem abfließt. Beurtheilung der Dächer.

Nach meiner Einsicht und genauen Prüfung behält daher noch immer das Neudeutsche Dach vor allen übrigen den Vorzug, besonders das Walmdach. Denn hiebey erspart man zugleich die Giebel, und das Gebäude wird in Feuersgefahr sicherer. Die gebrochenen Dächer sind allemal fehlerhaft, aber doch noch eher vor die Städte, wo man Zimmer in diese Dächer anbringt, zu gebrauchen, als vor das Land. In aller Absicht aber ist es besser, ein ordentlich deutsch Dach anzulegen, und ein Stockwerk mehr zu erbauen, oder die Bedientenkammer ins Dach zu bauen. Denn dadurch wird das Ganze bequemer, fester und wenig theurer.

Das Pultdach ist nur schwach, wenn es nicht kan an ein anderes Gebäude oder Berg mit der hohen Seite gelegt werden.

Beurtheilung der Herzbergschen Dächer.

§. 393. Herr Herzberg hat verschiedenes nützliches in seiner Abhandlung von den Dächern gesagt, aber es ist zu wenig Holz und Unterstützung in seinen neuen Dächern.

Denn sie haben theils in der Länge, theils in der Breite wenig Verbindung und Unterstützung, überdem sollen die Sparren 8′ weit auseinander gelegt werden, welches verursacht, daß die Eindeckung mit sehr großer Kraft drucken kan, da theils das Dach so niedrig, theils zu wenig Unterstützung hat. Ich bemerke hier noch, was in dem 327. §. beygebracht ist, je mehr nemlich ein Sparn sich der Horizontalfläche nähert, desto stärker wird er gedruckt. In dem weiten Zwischenraume von 8′ zwischen den Sparn, ist es gar nicht zu verhindern, daß sich die Eindeckung nicht senke und bald die Nässe durchlassen solte; besonders wenn im Winter eine große Last Schnee darauf ruhet.

Endlich kan ich diese Dächer auch nicht zu Landgebäuden vorschlagen, weil sie keine Boden geben, die doch dem Landmann so nöthig, als das Haus selbst sind. Der Vorschlag des Verfassers,

daß

daß man stat der Bodens noch ein besonder Stockwerk anlegen solte, widerlegt sich selbst; denn wer wird ein wohlfeil Dach und einen theuren Boden verlangen, wenn er beydes zusammen wohlfeiler, dauerhafter und besser haben kan. Indessen kan diese Dachart in Städten ganz nützlich seyn; wenn sie nur einige Veränderungen und mehr Stärke erhält.

§. 394. Die deutschen Dächer wähle ich als die vorzüglichsten, doch will ich sie suchen bequemer, einfacher und wohlfeiler einzurichten, als sie jezt sind, und deswegen die Verbindung und Theile derselben nebst der Stärke des Holzwerks durchgehen. Von dem deutschen Dache.

a) Von den Sparn, zur Tragung der Decke.

b) Von den Dachverbindungen in der Breite.

c) Von den Dachverbindungen in der Länge.

§. 395. Die Sparren ruhen auf denen Deckbalken, über der Mitte der Seitenwände oder Mauern des Hauses, sie werden hier an 3″ tief und $1\frac{1}{2}$″ breit eingezapft. Von den Sparren.

Die Länge der Sparn ist bey den deutschen Dächern $\frac{3}{4}$ der Hausbreite; die Stärke hengt von der Schwere der Eindeckung, von der Breite des Hauses, von der Entfernung derselben von einander, und von ihrer geringern oder grössern Unterstützung ab; diese Unterstützung wird die Dachverbindung, in die Breite des Daches genant.

§. 396. Ist also ein Haus 30′ breit, so hat es nicht solche starke Sparn nöthig, als wenn es 40′ breit ist. Ferner druckt die Eindeckung weit weniger, wenn die Balken und Sparn nahe liegen, oder wenn die Last unter viele tragende Theile vertheilt ist, als wenn sie nur von wenigen, die weit Stärke der Sparn.

 von

von einander angebracht sind, getragen wird. Denn der Hebelsarm der Last ist nicht so lang, und also kan sie auch nicht so stark drucken. Es ist daher ein würklicher Vortheil, wenn man die Sparn nicht weit legt, aber ihnen nur die nöthige Stärke giebt, als sie außerordentlich stark zu machen, und sehr weit von einander zu entfernen; dieselben aber gar zu schwach zu machen, um sie nur recht nahe legen zu können, würde auch schädlich seyn. Mir scheint daher nach angestellter Berechnung, (die ich Weitläuftigkeiten zu vermeiden, nicht hersetzen will), zu einem Hause von 40′ breit, a 4′ Sparn Weite zu 30′ Länge mit mäßiger Eindeckung und guter Dachverbindung die Sparn nach der vortheilhaftern Form zu 7 bis 8″ Höhe und 5″ Breite behauen, stark genug zu seyn. Gegen die Spitze werden sie immer etwas schwächer, theils weil es die Bäume selbst sind, theils weil die Sparn oben nicht so stark wie unten zu tragen haben.

Dachverbindungen in die Breite.

§. 397. b) Die Dachverbindungen oder Unterstützungen in die Breite, sind:

1) Kehlbalken, werden bey mäßigen Dächern in die Mitte der Höhe des Daches von einem Sparn zum andern gezogen, und an beyden Enden eingezapft, sie verhüten das Senken und Biegen der Sparn.

2) Bey großen Dächern, Hahnbalken oder kleine Kehlbalken, die, wenn die ersten unter der Mitte des Daches liegen, diese obere Hälfte den Sparn vor dem Biegen sichern.

Von dem stehenden Dachstuhle.

§. 398. 3) Dachstühle sind stehende und liegende, der stehende hat folgende Theile:

a) Den Stuhlrahmen, der unmittelbar unter denen Kehlbalken ist, und dieselben unter-

unterstüzt; und zugleich das Umfallen der Sparn verhindert, und zur Unterstützung in die Länge des Daches dient.

b) Die Stuhlschwelle liegt senkrecht unter den Rahmen a, und dient denen Stuhlsäulen zum Fuß, vertheilt auch zugleich den Druck der Säulen auf alle Balken gemeinschaftlich.

c) Die Stuhlsäule trägt den Rahmen, und verhindert dadurch alles Senken des Dachs.

d) Stuhlbänder verknüpfen die Säulen mit den Rahmen und Kehlbalken, und verhindern das Senken oder Schieben des Dachs.

Von dem liegenden Dachstuhl.

§. 399. Der liegende Dachstuhl bestehet aus folgenden:

e) Der Stuhlrahm.

f) Die Stuhlschwelle.

g) Stuhlsäule.

h) Stuhlbänder.

Die Sparnriegel, welche noch unter den Kehlbalken ruhen, können so wie die Stuhlriegel und Kreuzbänder erspart werden, weil der Stuhlrahm die Stelle derselben vertrit.

Von den Bindesparn.

§. 400. Bindesparn sind die, mit welchen ein Dachstuhl verbunden ist, die andern nennt man Leersparn. Ein Dach das nicht sehr schwer ist, kan alle 4 oder 5 Sparn einen Bindesparn haben. Die Sparn läßt man in den Rahmen ein wenig ein, so daß der Rahm die Stelle derer Kehlbalken mit vertrit, außer in die Bindesparn macht man Kehlbalken, welche das Sinken und Biegen der Rahmen verhindern.

Auf eben diese Art kan man in Scheunen wo die Balken nicht zum Tragen der Decken nothwendig sind, auch die Balken worauf nicht Stühle stehen weg lassen, damit aber doch die Sparn auf die Balken können eingezapft werden, so macht man kleine Stichbalken f, die in einen Rahmen tu gefaßt werden, wie Tab. II. Fig. B. zeigt.

Von Verbesserung des Dachstuhls.

§. 401. Mit einiger Ersparung kan der Dachstuhl folgendermaßen verändert werden, wie Fig. E. zeigt. Es wird der Rahm a über den Kehlbalken gelegt, und wie die Zeichnung zeigt in denselben eingelassen, mit der hohen Kante wird er denen Sparn entgegen gesezt, damit er destomehr Druck aushalten kan. Der Kehlbalken wird doppelt so hoch als breit gemacht, und durch die Bänder i h und h g mit den Sparn nochmals verbunden. Dieses ist bey einem kleinen Gebäude Unterstützung genug.

Bey einem größern aber wird der Kehlbalken in der Mitte durch die Säule k unterstüzt, die wieder auf einer Stuhlschwelle ruhet; oder nur auf den Balken, der aber hier auf einer andern Säule, die unten fest stehet, ruhen muß. Hiebey erspart man eine Stuhlsäule und 2 Stuhlschwellen, nebst den verschiednen Riegelholze und Bändern; überdem nimt dieser Stuhl nicht so viel Raum ein als der stehende, und schickt sich deswegen recht gut vor Landgebäude; der Gebrauch wird selbst die Güte desselben beweisen. Wegen der Ersparung der Kosten ist der stehende dem liegenden Dachstuhle vorzuziehen, auch wegen der Festigkeit.

Von den Dachkreuzen und Windlatten.

§. 402. c, die Dachverbindungen in die Länge des Gebäudes, sind

k. Kreutze,

l. Wind-

l. Windlatten,

m. Windrispen.

k die Kreutze werden zwischen die Sparn gelegt, wie der Durchschnit in der 3ten Zeichnung lehrt.

l die Windlatten aber sollen wie jene das Schieben derer Sparn verhindern, da diese nun aber den meisten Druck von Winde auszustehen haben, so werden sie zwischen die Dachstühle angebracht, und in der Mitte des Daches auf den Stuhlrahmen eingelegt, und an den Giebeln erhaben, wie Fig. A. in der 4ten Zeichnung lehrt; die Sparn werden halb in die Windlatte eingelassen, und durch hölzerne Nägel daran befestigt; auf diese Art wird alles Schieben und Senken der Sparn verhindert.

§. 403. m die Windrispe ist nichts anders als ein stehender Dachstuhl in der Länge des Daches, der mitten in dem Boden stehet. Von der Windrispe.

Sie bestehet nach Fig. F. aus der Schwelle n die auf den Balken ruhet, den Säulen o, dem Träger n p. der unter den Kehlbalken hingehet, und denen Bänden q q. Aus der Fig. E. erhellet, daß hiedurch mit weit weniger Holze alle die Festigkeit verbunden ist, die sonst durch Kreutzen und andere häufigen Dachverbindungen erhalten wird.

Die Windlatten sind das einzige, was ich von diesen Dachverbindungen nöthig finde, alles übrige verursacht nur Kosten und hilft nichts.

§. 404. Die Stärke der Dachhölzer ist zu Gebäuden von 35 bis 40 Fuß tief, folgende: Stärke der Dachhölzer.

a	der Stuhlrahmen	9″ hoch	5 = 6″ breit.
b	der Kehlbalken	10″ —	5″ breit.
c	der Träger =	9″ —	5″ —

d die Schwelle	9'' hoch	5'' breit.
e die Säule .	6'' —	6'' —
f die Sparn .	7 . 8'' —	5'' —
gh und ih die Bänder	6'' —	5'' —

§. 405.

Von den Deckmaterien.

Von denen verschiedenen Eindeckungsmaterien, und welches die besten zu Landgebäuden sind.

Die gewöhnlichsten Materien die Dächer zu decken sind

a) Ziegel,

b) Schiefer,

c) Stroh,

d) Rohr und Schilf,

e) Schindeln,

f) Breter und von kleinen Gehölze,

g) die Dächer von Lehm und Kitt nach des Herzbergs Erfindung,

h) Kupfer- und Bleydächer gehören gar nicht hieher.

Beurtheilung verschiedener Dacheindeckungen.

§. 406. a) Die Ziegeldächer würden, wenn sie nicht zu theuer wären und den Regen und Schnee nicht so durchließen, wegen ihrer Feuersicherheit sehr brauchbar seyn.

b) Schieferdächer sind theuer, sehr schwer, und nur an solchen Orten wo Schieferbrüche sind, zu haben.

c) Strohdächer sind dem Landmanne die liebsten, nur schade daß sie in Feuersgefahr gar zu verderblich sind.

d) Rohr-

d) Rohrdächer sind besser als die Strohdächer, denn sie halten länger, und sind wo das Rohr häufig zu haben ist, sehr wohlfeil. Das Schilf taugt nichts, denn es ist gar nicht dauerhaft, sondern zerbricht bald von der Sonnenhitze, und wird von dem Winde fortgeführet.

e) Schindeln erfodern das beste Kernholz, und geben nie ein gutes Dach, sind auch am wenigsten dauerhaft, und doch kostbar.

f) Breter sind besser zu Dächern, besonders die Kiefernen und Eichenen, nur müssen diese so getrent werden, daß sie sich nicht werfen und hierdurch Fugen und Risse verursachen.

Sie sind aber so wie die Stroh- Rohr- und Schindeldächer sehr der Feuersgefahr ausgesezt; deswegen haben sich verschiedene bemühet, sie hievor durch Kitte u. dergl. zu sichern.

Von den Dächern der Hallischen Salzsiedereyen.

§. 407. g) Neuerlich haben sich Herr Glaser, Hr. Herzberg, und die Patriotische Gesellschaft in Schlesien besonders bemühet, ein algemein gutes und feuersicheres Mittel zu Bedeckung derer Gebäude zu erfinden; und die Versuche haben bewiesen, daß ihre Unternehmungen nicht ganz fruchtlos gewesen sind.

Indessen sind auch schon seit langen Jahren einige sehr gute Dacharten bekant, die aber, weil sie etwas schwer und theuer sind, keine algemeine Nachahmung nach sich gezogen haben; hieher gehört besonders das Stroh- oder Lehmdach derer Hallischen Salzsiedereyen. Dieses Dach bestehet aus einer Masse von Lehm und Stroh, die unter einander getreten und hernach auf an einander gelegte Stangen ½ Elle dick aufgetragen, und glat gestrichen wird.

wird. Ein solch Dach ist volkommen feuersicher, nicht sehr theuer, hält das Eindringen der Kälte sehr ab, (denn zu dem Salztrocknen ist ein sehr hoher Grad der Wärme nöthig) und ist ausnehmend dauerhaft; denn es liegt über 100 Jahr, ehe es einer großen Verbesserung bedarf.

Dabey ist es sehr schwer.

Von einer Schlesischen Dachart.

§. 408. Eine ähnliche Art von Dächern hat die Patriotische Gesellschaft in Schlesien Ao. 1774. bekant gemacht; Es werden nemlich Horden von Holzreisern geflochten, oder von Spänen, Holzabgängen u. dergl. eine schlechte Decke gemacht, auf diese wird 2 Zoll dick der Lehm getragen, und fest gemacht, und über diese 2 bis 3″ dick gute Erde getragen, und Heusaamen darein gesäet, die ganze Erde wird mit Queckenwurzeln vermischt und begossen, damit sich dieses ganz dicke bewächset, auf diese Art soll es ein fester Wulst oder Rasen werden, der lange liegt. Auch dieses Dach ist schwer und feuchte, weil der Regen nicht gut abfließen kan.

Von dem Herzbergschen Dachkitt.

§. 409. Des Hrn. Herzbergs Erfindung scheint die meisten Vorzüge zu haben, ich will dieselbe deswegen hier durchgehen. Er wählt zu diesen Dächern ganz flache Sparn, davon aber wie ich schon erinnert der Regen nicht abfließt, ich will sie daher auf die deutschen Dächer anwenden.

Zuerst wird das ganze Dach mit Bretern von $1\frac{1}{2}$ Zoll die genau in einander gefugt sind, gedeckt; alle diese Breter müssen in der Mitte getrent und alle Kernseiten nach den Forsten gekehrt seyn; denn dieses verhindert das Werfen derselben; sie werden mit guten Lattennageln fest gemacht, und so ist das Dach zu dem feuerfesten Ueberzuge bereitet.

Die-

Dieser Ueberzug wird folgendermaßen verfertigt:

a) Wird das Bretdach mit warm gemachten Theer überzogen.

b) Mit guten Mauersande beworfen und eingerieben.

c) Mit folgenden Kitte überzogen:

1) $\frac{1}{8}$ Ctl. fetter Thon.

2) $\frac{1}{8}$ Ctl. gestoßner Gips.

3) $\frac{1}{4}$ Ctl. fein gesiebter Sand.

4) $\frac{1}{2}$ Ctl. Ziegelmehl.

5) $\frac{3}{8}$ Ctl. grob gesiebter Hammerschlag.

6) $\frac{1}{2}$ Ctl. Viehhaare.

Dieses wird unter eine Mischung von $\frac{3}{4}$ Ctl. alten vorräthig gelöschten Kalk, und $\frac{1}{4}$ Ctl. Ochsenblut gerührt, und so lange Wasser zugegossen, bis es sich wie gewöhnlicher Mörtel bearbeiten läßt.

§. 410. Hiemit wird das Dach $\frac{1}{3}$ Zoll überzogen, alles recht gleich gemacht, und mit Sande abgerieben; nachdem dies getrocknet, wird es abermals mit einer Masse von $\frac{2}{3}$ Sand und $\frac{1}{3}$ mit Ochsenblut und Hammerschlag gemischt überzogen, so daß der ganze Ueberzug $\frac{1}{2}$ Zoll stark ist; hernach überweißt man es noch einigemal mit Kalk der in Gips aufgelößt ist, und so ist es fertig. Bis jezt sind noch keine Erfahrungen da, ob diese Masse lange hält, und nicht durch Hitze oder Kälte mit der Zeit Risse bekömt.

Von Ueberziehung der Dächer selbst.

§. 411. Der 2te Vorschlag des Herrn Herzbergs ist dieser: Man bedecke das Bretdach mit $\frac{1}{2}$ oder $\frac{2}{3}$'' stark guten Thon oder Lehm, bereibe dieses mit Sande, und überziehe es mit Kalk der durch Milch aufgelößt ist. Nach meiner Einsicht und

Der 2te Kitt des Hrn. Herzbergs nebst dessen Beurtheilung.

der

der Natur der Sache nach kan diese Dachart so wie die vorige bey dem geringen Abhang der Dachseiten nicht dauerhaft seyn; denn ein langsamer Regen zieht sich darauf ein und erweicht es in seinen Grundtheilen; folgt diesem ein starker Wind, so nimt dieser die aufgelößten Theile von Kalk und Lehm mit; also ist auch hier die Schiefe eines deutschen Dachs vorzuziehen.

Vergleichung der Herzbergschen und Ziegeldächer.

§. 412. Hr. Herzberg zeigt durch Anschläge, daß diese Dächer wohlfeiler und leichter als die Ziegeldächer sind, beydes fält aber weg, wenn man ihnen eben die Schiefe oder gleichen Abhang wie jenen giebt. Daher ist die Frage noch unentschieden, welches von beyden man wählen soll; die Verbesserung dieser neuen Dächer, daß man sie so abhängig als die deutschen Dächer macht, oder Ziegeldächer selbst, und denn fehlt es noch an Beyspielen, welches von beyden dauerhafter ist.

Noch einige Herzbergsche Dachverbesserungen.

§. 413. Nach diesen sucht Hr. Herzberg noch die Stroh- und Reißholzdächer zu verbessern und gegen das Feuer in Sicherheit zu setzen. Er rathet, man soll fetten Lehm oder Thon in Salzwasser auflösen, und damit die Strohdächer begießen, alsdenn mit Sand grade reiben, und mit einer Masse aus Milch, Kalk und Eyern bestreichen; dieser Ueberzug erhält das Stroh länger gut, und versichert es wenigstens gegen das Flugfeuer; er führt hier die Erfindung der Schlesisch. Oec. Gesellschaft an, die ich in 308. §. gezeigt habe, und tadelt mit Recht die Schwere jenes Dachs. Endlich bemerkt er noch, daß die Schindeldächer keiner Verbesserung fähig sind; die Reisholzdächer aber wie die Strohdächer versichert werden können.

Vorschlag zur Verbesserung

§. 414. Mein Vorschlag ist kürzlich dieser: Man lasse von dem Lehmdach, das im 308. §. beschrieschrieben ist, die Erde nebst dem Grase weg, denn in dieses muß sich nothwendig die Nässe ziehen, und bald das Faulen derer Sparn und des Dachholzes verursachen, ja auch allmählich Löcher und Durchflüsse bahnen, die höchst schädlich sind.

des Schlesischen Lehmdachs.

Nimt man aber das bloße Lehmdach, und läßt dieses recht eben machen, und mit einem Mauerhobel durch Sand gleich reiben, so wird dieses Dach nicht halb so schwer seyn, und den Regen freyer abfließen lassen. Die Ueberzüge von Kalk und Milch helfen nichts, sondern blättern sich bald ab, und verursachen unnöthige Kosten.

Verbesserung der Strohdächer.

§. 415. Auf eben diese Art kan auch ein Strohdach überzogen werden, man lege die Strohscheben nur halb so stark auf, als sonst gebräuchlich ist, und auf diese trage man Thon oder Lehm wie vorher. Solte jemanden diese Bedachung noch zu unvollkommen scheinen; so halte noch folgenden Vorschlag für vortheilhafter; denn dieser hat schon Beweise von seiner Güte vor Landgebäude abgelegt.

Ein ander feuersicheres Strohdach.

§. 416. Es wird ein ganz dünnes oder halbes Strohdach gemacht, und dieses mit großen Lehmfladen, die wie der Lehm zum Auskleben der Wände mit Strohe gut gemischt sind, gedeckt; diese Fladen werden 3 Fuß lang 1 Fuß breit und 1 Zoll dick gemacht, und so wie Ziegel über einander gehangen, daß sie einander halb überdecken, und daß wie bey den Ziegeldächern, die Fugen auf die Mitte der untersten passen. Obenwärts sind diese Fladen an beyden Enden mit Strohbändern versehen, damit sie an die Dachstangen gebunden und fest gemacht werden. Alle Fugen werden ganz fest mit Lehm verschmiert, und so ist das Dach fertig.

Verbesserung desselben.

§. 417. Die Noth lehrte die Einwohner eines in der Grafschaft Mansfeld belegenen Dorfes, das

in

in wenig Jahren 3mal abbrente, diese Erfindung; auf diese Art ist es nun schon verschiedene Jahre für aller Feuersgefahr bewahrt worden, und die Einwohner haben gute und dauerhafte Dächer erhalten. Folgende Verbesserungen scheinen mir noch hiebey sehr anwendbar zu seyn.

1) Man lasse das untergelegte Stroh ganz weg, weil sich die Mäuse nur darein nisten, und weil es doch weiter nichts hilft, als daß die Kosten dadurch vermehrt werden.

2) Man ebne das ganze Dach von außen mit einem Mauerhobel, denn sonst fließt der Regen wie von einer Cascade, und weicht bald Thon und Lehm almählig los.

3) Man sehe ein solches Dach alle Jahre nach, und wenn sich kleine Rinnen zeigen, so verstreiche man dieselben; auf diese Art glaube ich, ist dieses das wohlfeilste und dauerhafteste Dach; ich werde in dem folgenden Hauptstüke zu allen diesen Dächern die hinlänglichen Anschläge beyfügen, damit man die einfachsten und wohlfeilsten erkennen kan.

Von Verbesserung der Rohr- und Schilfdächer.

§. 418. Die Rohr- und Schilfdächer können nach dem 414. §. feuersicher gemacht werden. Man richtet sich mit dem Gebrauch dieser Dacharten, nach der Lage des Bauorts und der Güte und Vielheit der Materialien von dieser oder jener Art, an der Baustelle. Mein aufrichtigster Wunsch ist, daß auch diese Vorschläge, so wie diese ganze Abhandlung etwas zur Verbesserung des Landbaues beytragen, und den Landbewohnern schickliche, bequeme, feuersichere und wohlfeile Wohnungen verschaffen mögen.

§. 419.

§. 419. Zur Vermehrung der Feuersicherheit und Sparsamkeit, trägt ein Lehm oder Gips oder gepflasterter Boden ungemein viel bey. Von den Lehm- und Gipsdecken auf Bodens.

Denn wenn ja das Dach anbrent, so zündet es doch das Haus nicht an, oder wenigstens erhält man Zeit, alle Kinder, Mobilien und Vieh in Sicherheit zu bringen.

Aller Orten kan man diese Boden der Läst oder der Kosten wegen, nicht anlegen, über Wohngebäuden und Ställen aber gehet es fast immer an, und ist nicht allein vortheilhaft, sondern nothwendig und heilsam.

Dieser Lehm- oder Gipsschlag, wird folgendermaßen gemacht.

Wenn es über Ställen ist, so wird die Decke sorgfältig ausgestackt, aber etwas stärker Stackholz dazu genommen, als zu den gewöhnlichen Wänden.

Diese Stacken werden nicht mit Lehmfladen bewunden, sondern es wird nur darüber Lehm mit Stroh gemischt getragen, so hoch, daß derselbe wenigstens 1 Zoll hoch, alle Balken, Windrispen und Schwellen bedeckt, und wo die Säulen und Sparn in der Schwelle stehen, da legt man Eisenblech unter, damit es nicht so leicht zünden kan.

Soll es eine Gipsdecke werden, so trägt man den Lehm mit den Balken gleich auf, und übergießt den ganzen Boden $\frac{3}{4}$ oder 1 Zoll hoch mit Gipsguß oder Anstrich. Dieser bestehet aus $\frac{1}{4}$ Kalk und $\frac{3}{4}$ kleine Steine, Gries oder Schut. Damit der Kalk dem Holze nicht schadet, so überzieht man die Balken ganz dünne mit Lehm. Alle Lehm- und Aestrichtdecken müssen almählig fest geschlagen werden.

Von Bedeckung der Treppen und andern Bodenöfnungen.

§. 420. Die Bodenthüren, Dunstfänge und alle Oefnungen müssen ebenfals mit Lehmdecken versehen seyn, damit nicht durch diese das Feuer in das untere Stockwerk fallen und es entzünden kan. Alle Boden müssen mit gehörigen Luft- und Dunstzügen versehen seyn, damit es nicht darauf stockt und das Futter dumfig wird.

Ueber die Scheuren und Schuppen solche Decken anzuordnen, würde überflüßig und kostbar seyn.

Alle Kornboden aber müssen des Ungeziefers wegen, entweder mit Aestrich oder Ziegeln bedeckt seyn, denn unter die Breter kommen die Mäuse.

V. Haupt-

V. Hauptstük.

Von der Verfertigung der Baurisse und Bauanschläge, nebst einigen Mustern dazu.

---

1. Kapitel.

Von Baurissen.

§. 421.

Der Bauriß soll eine genaue Anzeige des neu zu erbauenden Gebäudes und aller Theile desselben nach ihrer Größe, Verhältniß und Beschaffenheit, sowohl in Grund- Auf- als Durchschnitsrissen, enthalten. Erklärung der Baurisse.

§. 422. Zur Verfertigung guter Baurisse, gehört nicht nur die Kentniß der Geometrie und die Theoretische Baukunst, sondern auch gute Instrumente, eine durch Uebung erlangte Fertigkeit im Zeichnen, eine Kentniß derer Charactere derer in Bauzeichnungen enthaltenen Sachen und ihrer Abbildung, eine Bekantschaft mit den Farben, und den Regeln des Licht und Schattens; nebst einigen Begriffen der Perspective. Was zur Verfertigung guter Baurisse erfodert wird.

§. 423. Die zu Baurissen nöthigen Instrumente sind: Von den dazu nöthigen Instrumenten.

1) Reißbreter, mit oder ohne Rahmen: beyde sind rechtwinklichte Breter, die dazu dienen, entweder mit oder ohne Leim, das Papier fest und eben auszuspannen, um desto bequemer und sau-

derer darauf zeichnen zu können. Bey dem Aufspannen oder Gleichmachen wird das Papier mit einen Schwamm naß gemacht, dann eingespant oder angeleimt, und so läßt man es trocknen, da es denn glat und eben wird.

2) Die Reißschinne oder Linial, gehört unmittelbar dazu; dieses ist ein Linial mit einem halb beweglich und halb unbeweglichen Kopfe, in welchen leztern es unter einen rechten Winkel befestigt ist. Linial und Reißbret macht man meistens aus Ahorn, Birnbaum, Apfelbaum, Linden oder solchen Holze, was sich nicht sehr wirft, und keine starken Adern oder Jahre hat.

3) Unter Reißzeug oder Besteck, versteht man gewöhnlich ein Etui mit einigen Zirkeln, Reißfedern, Linial, verjüngten Maasstabe, Transporteur, Magnetnadel und dergleichen; Je sauberer und genauer dasselbe gearbeitet ist, desto besser ist es. Die in Halle von der Hetzelschen Familie verfertigten, haben verschiedene Vorzüge, und sind nicht sehr theuer. Die besten Mathematischen Instrumente werden jezt ohnstreitig von Hrn. Branden in Augsburg verfertigt, auch die Berlinischen von Hrn. Rings haben Vorzüge.

Von dem Entwurfe und Hauptrisse.

§. 424. Da es nicht möglich ist, unsre Ideen zu neuen Gebäuden gleich in gute und ausführliche Zeichnungen zu entwickeln; so bedient man sich des Vortheils, erst Entwürffe mit einfachen Bleystifts- oder Dintenlinien zu machen. Dabey man die Maaße und Größe der Theile schreibt, um sie gehörig ordnen und auf die bequemste Art vertheilen zu können, zugleich aber nur ein gutes und schickliches Ansehen für die Gebäude zu erhalten. Dieses nent man den Hauptriß oder Entwurf. Doch unterscheidet man sie zuweilen von einander, indem

der

der Hauptriß zwar auch nur die einzelnen Hauptlinien, aber nach ihren würklichen Maaße, doch ohne Dicke der Mauern vorstelt. Die Thüren, Fenster und Schäfte oder Zwischenräume der Fenster sind darin schon so geordnet, wie sie nachher werden sollen.

§. 425. Der Grundriß ist die Zeichnung von der einen Etage, als wenn sie bis etwa zur Mitte der Fenster fertig gemauert ist, und darin schon Ofen, Feuerheerd und dergleichen stehen; so, daß man aus denselben die Stärke der Mauern und Wände, die Breite der Thüren, Fenster, Schäfte, die Fensterbrüstungen, oder Schmiegen, die Treppen, Stuffen, Ofen, Kamine, Schornsteine, Feuerheerde, Privete und dergleichen sehen und deutlich erkennen kan. Theile der Grundrisse.

Der Grundriß kan aus dem Hauptrisse gezogen werden.

§. 426. Es werden nicht nur von der untersten Etage, sondern auch von dem Souterrein oder Kellerstock und denen höhern Etagen derer Gebäude Grundrisse gemacht, darin eben das jezt gesagte angezeigt ist. Wozu Grundrisse zu machen.

Die Gewölbe werden ihrer Verschiedenheit nach durch punctirte Linien angezeigt.

ZE. Kreuzgewölbe, durch ein punctirt Kreuz, Tonnengewölbe, durch 2 halbe Zirkel in die Giebel der Gewölbe, Kuppelgewölbe, durch einen ganzen Zirkel, Spiegelgewölbe, durch eine mit der Seite parallellaufende Linie, 2c.

§. 427. Der Aufriß ist die Zeichnung einer Seite eines Gebäudes, nebst allen Theilen dieser Seite, wie sie würklich sind. Hierin sind die Höhen und Breiten derselben angemerkt; da erstere Von dem Aufrisse.

 auch

auch in dem Grundrisse zu sehen, so kan man sie zum Theil von dort nehmen.

Die Dacharten und Einfassung derer äußerlichen Theile sind zugleich hiebey sichtbar.

Da jedes Gebäude 4 Seiten hat, so sind 4 Aufrisse eines Gebäudes möglich. Doch ist meistens die vordere und hindere Seite gleich, und beyde Giebel auch; da diese selten verziert und meistens ganz einfach sind, so macht man selten besondere Giebelrisse, sondern blos einen Aufriß.

Von dem Durchschnitte.

§. 428. Die Durchschnitsrisse stellen die innern Theile derer Gebäude vor, wie dieselben, wenn sie nach einer beliebigen Linie geschnitten wären, anzusehen seyn würden.

Zu Durchschnitten zieht man grade Linien durch die Grundrisse derer Gebäude, dergestalt, daß durch diesen Schnit viele merkwürdige innere Theile in die Augen fallen.

Zu gewöhnlichen Wohngebäuden sind diese nicht so nöthig, als bey Mühlen oder großen und prächtigen Gebäuden, dabey auf die innere Einrichtung sehr viel ankomt.

Von dem Fernriß.

§. 429. Der Fernriß ist die Zeichnung eines Gebäudes, wie es sich dem Auge in einer bestimten Entfernung vorstellt, nach den Gesetzen des Sehens oder der Perspective entworfen.

Diese Risse sind also sehr von denen übrigen Baurissen verschieden, die sich blos auf die Größe der Theile und deren Verhältniß beziehen.

Von dem Augenpunkte.

§. 430. Der Punct, aus dem man ein Gebäude zeichnet, oder gezeichnet annimt, heißt der Standpunct. Da man aus unendlich vielen Puncten jedes Gebäude sehen kan; so erhellet, daß unendlich

lich viele verschiedene Fernrisse eines Gegenstandes möglich sind; damit aber nicht zu viel gemacht werden dürfen, so zeichnet man rechtwinklichte Gebäude von der Ecke.

Die mit Flügeln von der Mitte.

Einige von oben, dies nent man die Vogelperspective. Die Höhe des Augenpunctes muß man in den ersten beyden Fällen nicht zu hoch annehmen; die Entfernung desselben von dem Gegenstande, wird 3 mal so gros, als die Höhe des Augenpunctes genommen.

Mehr hievon findet man im Penther, und den meisten Schriften der Baukunst und Perspectiv; Insonderheit in des Hrn. Prof. Lamberts Perspectiv, und des Hrn. Sulzers Theorie der schönen Künste.

§. 431. Die einfachsten Regeln der Zeichnung sind: Regeln der Zeichnung.

1) Man bemühe sich, genau und richtig das zu zeichnen und auszudrücken, was unverständlich werden könte.

2) Was also gerade ist, bezeichne man durch grade, das übrige durch krumme Linien, so, daß die Striche gleich bey dem ersten Anblick, die Sache ausdrücken.

3) Diese Linien ziehe man zuerst mit guten Bleystifte, das ist, mit solchen, der weder zu hart noch zu weich ist, und nicht aus Stückgen zusammen gesezt ist.

Der gute unterscheidet sich bey den Schneiden durch seine glänzende, glatte und sanfte Oberfläche, von dem schlechten.

4) Alle Theile trage man nach dem Maasstabe auf, aber nicht nach einzelnen sondern mehrern Theilen. ZE. um die Fensterweite von 4′ anzuzeigen, nehme ich nicht einen Fuß in den Zirkel und setze denselben 4 mal aneinander, sondern ich fasse alle 4′ auf einmal in den Zirkel; denn hiebey kan ich nicht so viel fehlen.

5) Alle Linien, die zur Deutlichkeit der Zeichnung gehören, werden dann sauber mit Tusche ausgezogen.

6) Licht und Schatten wird nachher gehörig ausgetheilt. s. Mr. Dupain.

7) Wird ein Riß durch Farben illuminirt, so muß jeder Theil durch die ihm ähnliche oder durch Gewohnheit vestgesezte Farbe bezeichnet werden.

8) Auf die Reinlichkeit des Risses ist als ein wesentliches Stück zu sehen, denn so angenehm ein sauberer ist, so unangenehm ist ein schmutziger.

2. Kapitel.
Von den Farben.

§. 432.

Haupt-farben.

Diese sind vornemlich

1) Tusch, Rußschwarz, Bistre, Kohlen und Kupferstecherschwarz.

2) Gummigutti, Ocher, Lack, Schüt- und Bleygelb.

3) Car-

3) Karmin, Zinnober, Florentiner Lack, rother Ocher, u. dergl.

4) Berliner- und Bergblau, Ultramarin und Indig.

5) Grünspan, Saftgrün, Berggrün, grüne Erde und eine Mischung von Blau und Gelb.

6) Kremserweiß, Spanischweiß, und Schieferweiß.

7) Gummi ist verschieden, der weiße Arabische ist der beste.

8) Braunen Ocher, Umbra und Kölnische Erde.

Gutes Blau kan auch aus Kornblumen oder rothen Brasilienholze gemacht werden. s. Leipz. Algem. Magazin 4. T. XII. Abh. p. 137. und Hamburger Nachrichten, die Erfindung von Berger. Von denen nöthigsten Farben werde nur noch etwas beybringen.

§. 433. Tusch ist gut wenn er im Bruche glat und glänzend, und bey dem Reiben sanft und ins Bräunliche fallend aussieht, wenn er trocken ist glänzet, und einen goldgelben Satz zurückläßt. Die Deutschen machen dieselbe auch, aber nicht so gut wie die Chineser, diese nent man auch Bistre. Man gebraucht die Tusche zur Auszichung derer Linien in den Rissen, die sichtbar bleiben sollen. Dieses geschicht mit der Reißfeder, und in Handzeichnungen mit der Rabenfeder. Von der Tusche.

Ferner wird er auch zum Schattiren durch Auftragung mit Pinseln verbraucht, welches alles bey den Baurissen eher geschicht als das Illuminiren.

Verschiedene Risse illuminirt man gar nicht mit Farben, sondern tuscht sie blos; auch diese neh-

men sich recht gut aus. M. Dupain von der Kunst zu schattiren hat mehr hievon.

Von der Gummigutti.

§. 434. Gummigut ist eine gelbe Saftfarbe, sie wird theils wie sie ist, theils in Versetzung gebraucht.

Ohne Mischung gebraucht man sie in hölzernen Gebäuden Tannenholz damit anzulegen, oder überhaupt alle weiche Holzarten; ferner wenn Gebäude gelb angestrichen werden sollen u. dergl.

Gemischt wird es entweder mit Blau, denn wird es Grün; oder mit Roth und Tusch, denn fälts ins Bräunliche.

Ersteres wird zu Bäumen und allen grünen Sachen gebraucht, und theils mit mehr oder weniger Gelb versezt, nachdem es heller oder dunkler werden soll. Das Braune wird zur Anlegung derer Wege, Graben, aufgeworfner Erde, Erdwänden u. dergl. Dächern gebraucht, und nach Gutbefinden mit ein wenig Tusch versezt.

Von Karmin und Zinnober.

§. 435. Karmin und Zinnober werden mit Gummi aufgelößt, und zum Anstrich der Mauern, Dächer und dergl. gebraucht.

Man vermischt sie auch mit andern Farben, wie aus dem vorigen §. erhellet.

Von Berlinerblau, Bergblau, Ultramarin und Indig.

§. 436. Berlinerblau, Bergblau, Ultramarin, Indig und Kornblumenblau werden zum Anstreichen des Wassers, des Schiefers und des Eisens gebraucht, auch zur Anzeige der Farben der Häuser; doch nimt man hiezu nicht gern Blau und Grün, außer zu Gartenhäusern u. dergl.

Von Grünspan und Saftgrün.

§. 437. Grünspan wird zu einer guten grünen Farbe, wenn man beynahe so viel Weinsteinsalz als Grünspan und 3mal so viel Weineßig oder Wasser

nimt,

nimt, und es bey gelinder Wärme sich auflösen läßt, hernach das klare absondert, und es zum Gebrauch aufbewahrt; man hat noch viele andere Arten die Farben aufzulösen, ich habe nur die nöthigsten und einfachsten, so mir bekant sind, angezeigt.

Saftgrün und die Mischung des Grün aus Blau und Gelb erfodert gar keine Zubereitung.

§. 438. Alle dunkle Farben muß man so wenig als möglich gebrauchen, denn je sanfter und weniger ein Riß mit Farben überstrichen ist, desto besser nimt es sich aus. Eben dieses ist auch beym Anstreichen derer Gebäude und den Mahlen der innern Theile zu bemerken. Nur schlechte Zeichner suchen ihren Arbeiten durch dieses Aufschmieren der Farben ein Ansehen zu geben. Von dem Auftragen der Farben.

Daß alle Risse die zu einem Gebäude gehören und auf einen ganzen, halben oder viertelbogen Papier gezeichnet sind, durch eine Einfassungslinie oder Rand müssen umzogen werden, habe ich nicht erst Ursach zu sagen. Penther, Goldmann, Buchot u. dergl. sagen mehr über diese Materie.

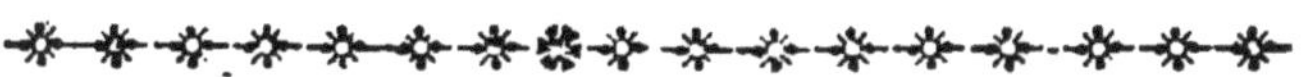

3. Kapitel.

Von der Anleitung Anschläge zu neuen Gebäuden zu machen.

§. 439.

Anschlag, Bauanschlag ist die genaue deutliche und richtige Berechnung aller Baukosten eines Gebäudes, das entweder ganz von Grund aus neu aufgeführt und bis zum Bewohnen brauchbar gemacht werden soll, oder das nur wichtige Ausbesserungen erfodert. Erklärung der Anschläge.

§. 440.

Nutzen der Anschläge.

§. 440. Der Vortheil desselben ist, daß man alle nöthige Materialien in gehöriger Menge und Güte vorher anschaffen, alles nöthige an Baugeldern besorgen, und die brauchbarsten Arbeitsleute herbeybringen kan; ja man kan auch die billigsten und geschicktesten Handwerksleute aussuchen, und mit diesen die Contracte schließen, und ist vor allen unbilligen Foderungen derer Handwerksleute gesichert; denn man weiß aus dem Anschlage was sie etwa verdienen und wovor sie arbeiten können; ferner erhellet daraus die Menge derer Materialien, des Fuhrlohns, des Baugeräths und der übrigen Kosten.

Von der Deutlichkeit und Richtigkeit derselben.

§. 441. Die Deutlichkeit derer Anschläge beruhet vornemlich auf der Anordnung und Beschreibung dessen, dazu oder davon der Anschlag gemacht wird.

Die Richtigkeit aber auf der Gewißheit dessen was man sagt, auf gewiß Maas, bestimt Gewicht, auf die wahre Kentniß der Preiße und der Güte oder Beschaffenheit derer Dinge und die Verhältniß zwischen Arbeit und Lohn.

Algemeine Anschläge sind nicht möglich.

§. 442. Da nun die Maaße, Gewichte, Preiße und Beschaffenheit derer Materialien, die Belohnungen derer Arbeiter, die Preiße der Speisen oder Lebensmittel, die Geschicklichkeit derer Arbeiter, die Entfernung der Materialien, die Kosten des Fuhrlohns, u. dergl. an allen Orten verschieden sind; so ist es nicht möglich, algemein richtige oder vor jeden Ort passende Anschläge zu verfertigen.

Aber Regeln kan man fest setzen, nach denen es leicht ist an jedem Orte nach Befinden der Umstände, ganz oder meistens richtige Anschläge zu verfertigen.

§. 443.

§. 443. Diese Regeln würden allemal und an jedem Orte richtig können angewandt werden, wenn man allemal die wahre Abweichung derer Dinge und ihrer Umstände oder ihrer Beschaffenheiten von denen wüßte, darnach die Regeln gemacht sind. Da aber auch dieses so weitläuftig als mühsam ist, so muß man in algemeinen mit nicht ganz vollkomnen Bauanschlägen zufrieden seyn; und es ist genug, wenn man die Regeln hiezu nur so weit bestimt, daß man nicht um was beträchtliches im Ganzen fehlen kan; so daß das übrige jeder Baumeister oder erfahrne Bauherr in seinem Ort, nach Befinden der Sachen verbessern und vervollkomnen kan. In wie fern die Anschläge richtig seyn können.

§. 444. Bey denen Baumaterialien hat man zuerst auf deren Güte und Beschaffenheit zu sehen; hievon ist in dem vorigen Hauptstük gehandelt worden. Von den Maaßen.

2) Auf die Maaße.

a) Auf Längenmaaß, als

Ellen, Fuße, Zolle, Ruthen, Klaftern, Toisen, Faden u. s. w. Diese sind wieder unter sich unzählbar verschieden, und es ist mir noch keine vollkomne Vergleigung derselben bekant. Hr. Sprenger in Stutgard hat kürzlich in seiner Einleitung in die Landwirthschaft dergleichen Tabellen ziemlich vollständig gegeben; da dieses Buch vielleicht schon viele Herrn Landwirthe besitzen, so empfehle ich es desto lieber; sonst ist auch in des Hrn. Prof. Karstens Mathematik eine kurze Anleitung dazu. So wie dies überhaupt eins der treflichsten Werke dieser Art jezt ist.

b) Von

b) Von Flächenmaaß; dieses ist so wie das vorige verschieden, nur daß man nicht in den Vergleichungen von der Verhältniß der Quad. Maaße auf Längenmaaße schliessen kan; sondern die Quadratwurzeln daraus ziehen muß, um nach Längenmaaße zu schließen.

c) Das körperliche Maaß ist wieder

1) nach denen obigen Maaßen verschieden; und um dessen Verhältniß zu Längenmaaß zu finden, muß man die Cubicwurzeln ausziehen.

2) Werden trockene Sachen öfters nach Metzen, Scheffeln und Wispeln gemessen.

3) Nasse nach Quarten, Kannen, Nöseln, Tonnen, Fässern, Eimern, Omen rc.

Von den Gewichte.

§. 445. 3) Auf die Gewichte derselben.

Diese sind: Quentchen, Unzen, Drachmen, Loth, Pfunde, Centner, Fuder, Lasten, Schiffpfunde, rc.

Die Körper werden verhältnißmäßig schwer, oder leichte genennet, je nachdem sie in einen geringen Raum viel Maße einschließen, und folglich mehr wiegen als andere, die eben diesen Raum ausfüllen und leichter sind. So ist ZE. Holz schwerer als Schwam, Stein schwerer als Holz, Metall schwerer als Stein, und Gold schwerer als die übrigen Metalle.

Es ist aber ein Centn. Gold so gut ein Cent. an Gewicht, als ein Cent. Schwam, und keiner darf das mindeste mehr oder weniger wiegen als der andere, wenn das Gewicht übrigens richtig und gleich ist.

§. 446.

§. 446. Die Kosten derer Materialien sind ebenfals unendlich verschieden, und beständigen Abwechselungen unterworfen; so wie die Münzen und Geldsorten. Ueber jeden dieser Puncte sind einzelne Schriften vorhanden. Da ich also nur als Nebensache hievon handle, so wird man nichts vollständiges erwarten. Von den Preißen der Materialien.

§. 447. Bey dem Bauanschlag hat man folgende Eintheilung zu beobachten: I) Die Materialien. Eintheilung des Bauanschlags.

1) Die Materialien des Grundes und Grundbaues.

2) Zum Gebäude selbst und das Sparnwerk des Daches, nebst der Eindeckung.

3) Zum Ausbau, an allen Zubehör und innern Theilen.

II. Das Arbeitslohn, und III. das Fuhrlohn. Zulezt bey dem Bauanschlag, werden die Kosten des Baugeräthes und der Aufsicht angemerkt. Oft werden die Kosten der Materialien und das Fuhrlohn in eins gezogen.

Wenn der Grund nicht erst darf geramt werden, so ist nicht nöthig, denselben besonders zu berechnen.

§. 448. Von dem Maas und Gewicht würde nöthig seyn, algemeine Vergleichungstabellen beyzufügen; da aber die Preußischen und Sächsischen Maaße algemein bekant, oder die Verschiedenheiten ziemlich gleich sind, so erinnere nur, daß ich den Rheinländischen Bausuß, den Berliner Scheffel und den Centn. zu 110 ℔ annehme. Welches Maas und Gewicht ich annehme.

§. 449. In Absicht des Fuhrlohns ist zu bemerken: Worauf bey Berechnung des Fuhrlohns zu sehen.

1) Wie weit die Materialien zu holen sind.

2) Wie viel davon auf 2 oder 4 Pferde können geladen werden.

3) Ob man durch Stadt- oder Landfuhrleute oder zu Wasser dieselben kan anfahren lassen, und wenn es zu Wasser geschehen kan, ob man sie weit oder nahe zu und von dem Wasser muß fahren lassen, und ob Zölle davon zu geben sind.

4) Ist zu wissen nöthig, was man täglich vor einen 4 oder 2 spännigen Wagen Fuhrlohn giebt, und wie viel von einem Kahn mit 3 bis 4 Schiffknechten, und was derselbe trägt.

Weiß man diese 4 Stücke, so ist es leicht, einen ziemlich richtigen Fuhrlohnsanschlag zu schaffen, nach Anleitung des Berlinischen, von Hrn. Oberconsistorialrath Silberschlag.

Wo die Materialien und Fuhren umsonst, da wird nur die Anzahl nicht der Preiß berechnet.

§. 450. Bey Königl. Adel. Kammergebäuden, hat man oft Materialien und Fuhren umsonst. Alsdenn ist nur die Summe, nicht aber der Preiß derselben anzuzeigen; in diesem Fall ist blos ein Anschlag des Arbeitslohns zu verfertigen nöthig. Oefters müssen auch bey dem Bau die Unterthanen Handdienste thun, als ZE. bey Kirchen, ꝛc. alsdann werden diese mit von den ganzen abgezogen.

Von den Handarbeitern.

§. 451. Die Handarbeiter, so bey Aufführung derer Gebäude zu thun haben, sind:

1) Maurer, Steinsetzer, Steinmetzen.

2) Lehmer, oder Wandsetzer und Kleber.

3) Zimmerleute, und Bolen- oder Bretschneider.

4) Tischer, Drechsler und Bötcher.

5) Schlosser und Schmiede, Klemper und Drathzieher.

6) Töpfer.

7) Gla-

7) Glaser.

8) Schiefer- Stroh- und Ziegeldecker.

9) Teichgräber, Rörenleger und Brunnenmacher.

10) Seiler.

11) Mahler.

12) Tagelöhner.

§. 452. Alle diese Arbeiter werden theils nach Tagelohn, theils nach der Anzahl und Güte ihrer Arbeiten bezahlt. Lezteres halte ich, wo es seyn kan, immer vor besser; oder man verdünget auch ganze Bauten an gewisse Entrepreneürs. Da man denn weiter gar nichts bey dem Baue zu thun hat, als nachzusehen, daß alles ordentlich, dauerhaft und nach dem Accord gemacht wird.

Von deren Bezahlung und der Verdüngung des ganzen Baues.

Ueberhaupt ist es nicht allezeit rathsam, die allerwohlfeilsten Entrepreneurs zu nehmen, wenn man nicht immer bey dem Baue gegenwärtig seyn kan. Denn sind dieses eigennützige Leute, so werden sie eilen, um den Bau bald zu endigen, und nicht auf die Güte desselben sehen.

§. 453. Baugeräthe sind:

Vom Baugeräthe.

1) Schleissen, 2) Karren, 3) Hacken und Bicken, 4) Winden und Haspel, 5) Rollen, Kloben und Walzen, 6) Stricke und Seile, 7) Rüstzeug, als: Stangen, Breter, Bäume und Stricke, nebst Leitern, 8) Kalkkasten, Mauerfässer, Wassereymer, und dergleichen, 9) Hebebäume, Richtestangen.

§. 454. Bey jeden Anschlage muß eine deutliche und richtige Zeichnung zum Grunde liegen, nebst

Der Anschlag muß sich auf

eine richtige Zeichnung gründen.

nebst einer kurzen Beschreibung der Theile und der Bauart des Baues, darauf sich der Anschlag gründen soll.

Ein Muster eines guten Anschlags findet man in der Oeconomischen Encyclopädie des Herrn D. Krünitz. 3. T. p. 609. Da es aber zu weitläuftig seyn würde, diesen hieher zu setzen, so werde ich nach diesem Muster einen Anschlag zu dem Wohnhause eines Gerichtshalters, oder Adelichen Landhauses ohne Wirthschaftsgebäude beyfügen; wie folgt, nach der Tab. III. Fig. 2.

Kurze Beschreibung so dem Anschlage zu Tab. IIII. Fig. 2. beygefügt.

§. 455. Das Gebäude besteht aus 2 Stockwerken, und steht auf einem massiven Grunde, 2 Fuß hoch über der Erde, 50′ lang, 34′ tief. Jede Etage ist 10′ in Stiel ohne Schwellen und Rähmen hoch, die Sparn sind 26′ lang.

Das Gebäude enthält 2 gewölbte Keller, 40′ lang, 16′ breit.

In der ersten Etage, den Flur A, die Stube B, die Gänge FE, mit dem geheimen Gemach W, der Saal C mit den Kammern D. die Küche G mit der Speisekammer H. und die Stube und Kammer I. K.

In der 2ten Etage den Flur L mit dem Verschlag K. die Gänge O und R. 3. Stuben N. S. T. den Saal Q und 3 Kammern P. S. U.

Der Boden wird zu Vorräthen angewandt, ohne besonders abgetheilt zu werden.

§. 456. Baukosten des Wohnhauses Tab. IIII. Fig. 2.

Bauanschlag selbst zu Tab. IIII. Fig. 2.

An Materialien und Fuhrlohn.		Rthl.	Gr.	Pf.
1. An Holz.				
Kieferne Sägeblöcke.				
zu 2 Treppen an Stuffen und Wangen				
zu Wangen 5 Bohlen zu 3″ stark 1′ breit 24′ lang	1 Blok.			
zu Stuffen 7 Spundbret. 1½″ st. 1′ br. 24′ l. zu Futterbreten die schwachen Abgänge	1 Blok.			
124 halbe Spundbreter, die Fußböden beyder Etagen damit zu tielen 24′ l. 1′ br. 1½ st. a Blok 9 Stük.	14 Bl.			
160 Stük Tischerbreter zu Bekleidung der Fenster, Thüren, Treppen, Gewölbbogen, Rüstungen und dergl. a Blok 10 St.	16 Bl.			
168 Stük Dachlatten, 1½″ st. 3″ br. 25′ lang. a Blok 32 bis 33 Stük.	5 Bl.			
a Blok 1 Rthl. 8 Gr. mit Fuhrlohn also	37 Bl.	49	8	—
Eichen Schwellholz 168′ und zu Stuffen vor die Hausthüre 20′				
Eine Schwelleiche ist 8″ b. 10′ ho. 36′ l. 188. macht 5 Eich. pro Eiche mit Fuhrl. 1.		5	—	—
		54	8	—

	Rthl.	Gr.	Pf.
Transport.	54	8	—
Mittel-Kühnen Bauholz.			
Zu Rähmen und Gesimsen, = 484′			
26 Balken a 34′ 884′			
Ein Stamm hat 44′ 1368. 31 St.			
a Stamm mit Fuhrl. 20 gr.	25	20	—
Klein Bauholz.			
zu Stielen in allen 1320′			
zu Bändern = 288′			
zu Riegeln = 968′			
zu 26 Sparn a 26′ 676′			
zu 13 Kehlbalken a 16′ = 208′			
zu Unterlagen unter die Fußboden und Schwellen in die Scheidewände 416′			
a Stamm 40′ 3876′			
macht 97 St.			
mit dem Fuhrlohn a 12 gr.	48	12	—
Zu Stakholz die Spitzen und Abgänge des Bauholzes und stammig oder Espenholz 6 Stük a 8 gr. =	2	—	—
Zu Rüststämmen 30 junge Stämme a 4 gr. = = =	5	—	—
Summa für Holz	135	16	—
2. An Steinen.			
Zur Grundmauer sind Feldsteine umsonst zu haben, das Fuhrlohn pro Fuder			

		Rthl.	Gr.	Pf.
Transport.		135	16	—
Fuder beträgt 4 gr. und werden 16 Cubicfuß auf ein Fuder geladen.				
Zu den Kellern 80' lang Grundmauer 1' tief 2' breit	160c'			
Zu denen Seitenwänden 270' lang 2' hoch 1½' breit, macht	810			
16c' 1 Fuder also 61 Fuder	970.	10	4	—
Mauerziegel.				
Zu 80' Kellermauer, 2' breit 6' hoch 1280c' a 7 St.	8960			
Zu 480□' Gewölbe a 4 Steine	1920			
Zu 112' Grundmauer 1' breit 3' hoch 336c' a 8 St.	2688			
36' Brandmauer an den Heerde und Kamine aufzumauern 11' hoch 1 Stein stark 396c' a 8 St.	3168			
2 Schornsteine 30' hoch aufzuführen, auf jeden Fußsteig 140 Steine gerechnet	4200			
Zum Pflastern der Küche 160□' gehören	320			
Unter die Ofens vor die Kamine u. dergl.	64			
Zum Feuerheerde 3' breit 3' hoch 5' lang gewölbt	280			
pro 1000 mit Fuhrl. 4 Rthl. 8 gr.	21600.	93	14	3
		239	10	3

Baukosten des Wohnhauses Tab. IIII. Fig. 2.

		Rthl.	Gr.	Pf.
Transport.		239	10	3
Dachziegel.				
Zum ganzen Dache mit Welmen und allen	6750.			
a 1000 mit Fuhrl. 4 Rthl.	20 gr.	32	15	—
100 Hohlziegel a 6 Pf.		2	2	—
Fuhrlohn davon		—	4	—
Summa für Steine		138	15	3
3. An Kalk.				
Zu 970c/ Grundmauer von Feldsteinen pro 100c/ 3 Scheffel Kalk Berliner Maas	29 $\frac{1}{10}$ Schfl.			
Zur Vermaurung von 21600 Mauersteinen pro 1000 Stük 3 Scheffel	64 $\frac{8}{10}$ Schfl.			
Zum Bekleiden und Bewerfen aller Wände, Decken, Brandmauern, Schornsteine, Kamine u. dergl. 16900□' zu 300□' 1 Schfl.	56 $\frac{1}{3}$ Schfl.			
100 Hohlziegel in Kalk einzulegen	2 $\frac{23}{30}$ Schfl.			
Der Scheffel kostet mit Fuhrl. 3 Rthl.	153 Schfl.	19	3	—
4. An Gips.				
Wird zu den Decken, Nischen, und Gesimsen 3 Tonnen gebraucht a 1 Rthl.	12 Gr.	4	12	—

5. An

		Rthl.	Gr.	Pf.
5. An Mauersand.				
Zu 2 Scheffel Kalk wird 1 Fuder mit 2 Pferd. Sand gebraucht a 3 gr. also $76\frac{1}{2}$ Fuhre. = =		9	13	6
6. An Lehm.				
Zu allen Wänden 8″ stark auszukleben werden erfodert	2600c′			
Zur Decke 6″ stark auszukleben = =	714c′			
	3314			
Davon auf Stroh und Stakholze $\frac{1}{3}$ ab =	1105			
Summa	2209.			
Auf ein 2spännig Fuder werden 16c′ gerechnet, da er aber auf der Baustelle steht, so wird nichts davor gerechnet, als vor 100c′ zu graben 3 gr. = =		2	18	—
7. An Rohr.				
Die Decken und Wände der Wohnzimmer und Säle zu berohren 5800□′ pro 100□′ 1 Bund Rohr a 1 gr. 6 pf.	58 B.	3	15	—
8. An Stroh.				
Zu 10c′ Lehm 1 Bund Stroh, also 221 Bund a 6 pf. =		4	14	6

	Rthl.	Gr.	Pf.
9. An Drath und Nägeln.			
Zu 400□' 1 Ring Drath a 20 gr. macht zu 5800□' $14\frac{1}{2}$	12	2	—
Auf 1 Ring Drath rechnet man 200 Nägl. pro 1000 8 gr. also = = 29000.	9	16	—
An Lattnägeln.			
Zu 124 halben Spundbreten a 15 Nägel macht 31 Schok.			
Zu 168 Latten zu 2 Latten 15 Stük = 21 Schok.			
1 Schok 3 gr. macht 52 Schok.	6	12	—
An Bretnägeln.			
Zu 160 Stük Tischerbretern a 10 St. macht $26\frac{2}{3}$ Sch. Schok 2 gr.	2	5	4
Große Nägel 1 Schok zu Treppen und Gesimsen = =	2	12	—
10. An Farbezeug.			
20 ℔ Ocker a 8 pf. =	—	13	4
4 Fässer Rahm a 3 gr. =	—	12	—
Seifensieder-Lauche = =	—	16	—
11. An Baugeräthe zu miethen	8	—	—

Reca-

Baukosten des Wohnhauses Tab. IIII. Fig. 2.

Recapitulatio.	Rthl.	Gr.	Pf.
Für Holz No. 1. = =	135	16	—
Für Steine No. 2. =	138	15	3
Für Kalk No. 3. = =	19	3	—
Für Gips No. 4. = =	4	12	—
Für Mauersand No. 5. =	9	13	6
Für Lehm No. 6. = =	2	18	—
Für Rohr No. 7. =	3	15	—
Für Stroh No. 8. = =	4	14	6
Für Drath und Nägel No. 9.	32	23	4
Für Farben No. 10. =	1	17	4
Für Baugeräthe zu miethen No. 11.	8	—	—
Summa der Kosten vor Mat. u. Fuhrl.	361	3	11
An Arbeitslohn.			
1. Dem Zimmermann.			
Das sämtliche Bauholz zu zäpfen, beschlagen, verbinden und aufzurichten pro 100′ 16 gr. Schwellholz 188′ Mittelholz 1368′ kleines 3876′ Summa 5432 Fuß. =	36	7	8
Für 168′ Gesimse zu Kehlen und Hebel, a 9 pf. = =	5	6	
124 halbe Spundbreter zu Fußboden, zu hobeln und verlegen a 2 gr.	10	8	
Für die Treppe durch 2 Etagen 4′ breit Jede mit einen Patest, die untere mit 22 Stufen, die obere 16 St. jene 6″ Steigen, diese 8″, jene 12″ Austrit, diese 8″.			
	51	21	8

Baukosten des Wohnhauses Tab. IIII. Fig. 2.

	Rthl.	Gr.	Pf.
Transport	51	21	8
Jede Stufe der untersten Treppe mit der Bekleidung und allen 8 gr. 7 Rthl. 8 gr.			
Zu der obersten 6 gr. 4 — —			
Die Kellertreppe unter der vorigen Treppe 18 Stufen mit Thüre a 2 gr. 1 — 12 —			
12 — 20 —	12	20	—
Zimmerlohn	64	17	8
2. Dem Bretschneider.			
pro Schnit wird bezahlt 1 gr. 3. pf.			
1 Blok zu Treppenwangen 6 Schnit.			
1 Blok zu Stufen und Füllbretern 10 Schnit.			
14 Blöcke zu halben Spundbretern a 10. 140 Schnit.			
16 Blöcke zu Bretern a 11 Schnit. 176 Schnit.			
5 Klötzer zu Latten a 14. 70 Schnit.			
Bretschneider 402 Schnit.	20	22	6
3. Dem Maurer.			
Für 970c′ Grundmauer von Feldsteinen zu machen a Fuß 2 pf. incl. Grundgraben	6	16	—
Für 21600 Ziegel zu vermauren und zu verarbeiten, pro 1000 1 Rthl. 2 gr.	23	9	8
Die Dachlatten 8″ weit anzuschlagen, die Ziegel aufzubringen und einzudecken 6850 Stük, pro 1000 20 gr.	5	17	—
Summa	35	18	8

	Rthl.	Gr.	Pf.
Transport.	35	18	8
Für das Bewerffen und Bekleiden zum Theil Berohren von 16900□′ pro 1000□′ 2 Rthl. 4 gr.	36	14	9
	72	9	5
4. Der Steinsetzer fält aus, weil harter Boden vor dem Hause ist, der nicht zu pflastern nöthig ist.			
5. Dem Tischer.			
Für eine Hausthüre $4\frac{1}{2}$ Fuß breit 7′ hoch 2 Flügel mit Falz, Schlag, Leisten und allen	2	12	—
Eine Hinterthüre 4′ breit $6\frac{1}{2}$′ hoch	2	—	—
12 Thüren a $3\frac{1}{4}$ Fuß breit $6\frac{1}{2}$′ hoch mit 2 Füllungen a $1\frac{1}{2}$′	18	—	—
8 Thüren a 3′ breit 6′ hoch, schlecht mit eingeschobenen Leisten a 18 gr.	6	—	—
20 Fenstereinfassungen mit Flügeln $3\frac{1}{2}$′ breit in der untersten Etage 7 und oben 6′ hoch a 1 Rthl. 12 gr.	30	—	—
5 hölzerne Ofenzangen a 4′ 9″ lang $1\frac{1}{2}$′ breit, und 2 runde Zangen mit Ellernen gedreheten Füßen a 8 gr.	2	8	—
Die Fensterflügel werden doppelt gefalzt, zu den Fenstern wird Eichenholz genommen, zu den Thüren aber Kühnen.	60	20	—
6. Dem			

		Rthl.	Gr.	Pf.
6. Dem Glaser.				
Für 20 Fenster, davon 10 unten 42 Scheiben haben und 10 oben 36 Scheiben, macht	780.			
2 Flügel über die Hausthüre a 9 Scheiben, = =	18.			
a Tafel mit gut verzinnten Einlegebley = =	798.			
Ein Flügel mit 2 Windeisen und Zubehör 1 gr. = = =		33	6	—
7. Dem Schlösser.				
Die Hausthüren schwarz zu beschlagen mit bedeckten Schloß, Riegel mit Zuge, Aufzug, Vorschubriegel, 4 Zapfen, und Haspen, 2 Handgriffe nebst Nägel u. dergl. =		3	—	—
Die Hinterthüre mit Schloß und Zubehör = = =		1	16	—
20 Stuben- und andere Thüren, mit Schlössern, Klinken, Riegeln, Handgriffen, Bändern, Haspen und Zubehör a 1 Rthl. 8 gr. =		26	16	—
20 Fensterbeschläge mit Zubehör a 18 gr. = = =		15	—	—
		46	8	—
8. Dem Schmiede.				
7 eiserne Ofenthüren 12″ breit 14″ hoch mit Zangen, Klinken u. desgl. a 18 gr. = =		5	12	—
In die Oefen ist kein Eisen nöthig, da sie schmal seyn, so kan man nur Ziegel quer über legen.				

9. Dem

	Rthl.	Gr.	Pf.
9. Dem Töpfer.			
7 Oefen von weißen und in die Nebenzimmer von schwarzen Kacheln, durch die Bank pro Stück mit Setzen 6 Rthl. 12 gr.	45	12	—
10. Dem Lehmer.			
Vor $10^{c'}$ Lehm zu verarbeiten 1 gr. 6 pf. also $2209^{c'}$	13	19	3
11. Dem Mahler.			
Die 2flügelichte Hausthüre anzustreichen	—	20	—
21 ord. Thüren a 16 gr.	14	—	—
Für die Treppe	1	12	—
20 Fenster, a 12 gr.	10	—	—
Die Thüren werden grau, die Fenster gelblich, jedes 2mal überstrichen			
	26	8	—
12. Den Tagelöhnern.			
2 Keller auszugraben 18' breit 42' lang 8' tief, macht 42 Schachtruthen oder $144^{c'}$ a Schachtruthe 3 gr.	5	6	—
13. Dem Conducteur.			
An Diäten vor 60 Tage Specialaufsicht a 16 gr.	40	—	—

Reca-

Baukosten des Wohnhauses Tab. IIII. Fig. 2.

Recapitulatio.	Rthl.	Gr.	Pf.
1) Dem Zimmermann .	64	17	8
2) Dem Bretschneider oder Schneidemüller . .	20	22	6
3) Dem Maurer . .	72	9	5
5) Dem Tischer . .	60	20	—
6) Dem Glaser . .	33	6	—
7) Dem Schlösser . .	46	8	—
8) Dem Schmiede . .	5	12	—
9) Dem Töpfer . .	45	12	—
10) Dem Lehmer . .	13	19	3
11) Dem Mahler . .	26	8	—
12) Den Tagelöhnern .	5	6	—
13) Dem Conducteur .	40	—	—
	434	20	10
Vor Materialien	361	3	11
	796	—	9

Bequemere Einrichtung des Anschlags zur Kostenvergleichung.

§. 457. Da es zu weitläuftig seyn würde, zu allen Gebäuden, die ich vorher beschrieben habe, Bauanschläge, wie der vorige ist, beyzufügen; so bediene ich mich folgender Methode, weil man nun eine richtige Vergleichung der Baukosten gleicher Gebäude, die nur aus verschiedenen Materialien, oder mit etwas veränderten Theilen gemacht sind, den ersten ganzen Bauanschlag umschmelzen oder ganz neu machen müßte; welches ausnehmend schwürig und mühsam wäre.

Eintheilung desselben.

§. 458. Ich theile deswegen jeden Anschlag in 10 Theile, davon einer oder der andere durch Materialien oder Bauart verändert werden kan, ohne daß das ganze zugleich abgeändert werden darf.

1) Der

1) Der Grundbau und Keller.

2) Die Mauern oder Wände äußerlich.

3) Die Scheide- oder innerlichen.

4) Das Dach. a. Das Gesparre. b. Die Eindeckung.

5) Fußboden und Decken.

6) Mauer- und Lehmerkosten der Schornsteine, Oefen, ꝛc.

7) Tischer- und Zimmerarbeit, an innern Theilen.

8) Dem Glaser.

9) Schlosser und Schmidt.

10) Allerley, als Baugeräthen, u. dergl.

§. 459. Bauanschlag zu einem ganz massiven Bauergute, nach Tab. I. welches 120′ lang, 40′ tief, 8′ bis unters Dach hoch, 3′ hoch Grundmauer; die Sparn sind 30′ lang. Die Scheune und Schuppen zu eben diesen Gehöfte, ist 88′ lang, 42′ tief, 14′ hoch und 3′ Grundmauer, mit Ziegeldächern. Die innere Einrichtung dieser Gebäude, erhellet sowohl aus der Zeichnung als aus der im IIIten Hauptst. im 2ten Kap. §. 84. ꝛc. gegebenen Beschreibung.

§. 460. Baukosten des Maßiven Bauergeheftes Tab. I.

	Rthl.	Gr.	Pf.
I. Der Grundbau an Materialien Fuhr- und Arbeitslohn.			
1) Der Keller 18′ lang 10′ breit 7′ tief denselben 2′ länger 4′ breiter und 1′ tiefer auszugraben beträgt $15\frac{1}{2}$ Schachtruthe a 3 gr. =	1	22	6

Die

Baukosten des Maßiven Bauergehestes Tab. I.

	Rthl.	Gr.	Pf.
Die Wiederlagen oder den Grund und die Giebel des Gewölbes zu mauern 300c/ a c/ 2 pf.	2	2	—
Die Kellerkappe, Treppe und Luftloch zu mauern 150c/ a 2 pf.	1	1	—
Hiezu sind die Feldsteine umsonst zu haben, ausgenommen das Fuhrlohn vor ein 2spännig Fuder zu 16c/, da sie nicht weit zu fahren 2 gr.	2	8	3
Zum Gewölbe 1200 Mauerziegel pro 1000 4 Rthl. 8 gr.	5	4	5
Vor das Vermauren derselben, pro 1000 1 Rthl. 2 gr.	1	7	1
Zu 100c/ Mauer 3 Scheffel Kalk und zu 1000 Ziegeln auch 3 Scheffel also in allen 14 $\frac{7}{10}$ Scheffel mit Fuhrlohn a 4 gr.	2	11	—
Da der Grund sandig ist, wird vor den Sand nichts gerechnet.			
	16	8	3

§. 461. Da es kürzer ist bey Mauern die Steine, Kalk und alles in eins zu rechnen, so bestimme hier die Preiße für 100c/ Mauer was sie in allen kostet.

100c/ Steine zu fahren	12 gr.	6 pf.	
3 Scheffel Kalk	12	—	—
Maurer Lohn	16	—	8 —

Also 100c/ Mauerkosten = 1 Rthl. 17 gr. 2 pf.

100

			Rthl.	Gr.	Pf.
1000 Mauerziegel kosten mit Fuhrlohn	4 Rthl.	8 gr.			
3 Scheffel Kalk a 4 gr.	—	12 —			
Maurerlohn =	1 —	—			
	5 —	20 —			
2) Die Grundmauern.					
Zum Wohnhause 120′ lang 3′ hoch 2′ stark, die Giebel 40′ lang = =		1920c′			
Die Scheidewände 1½′ breit 2′ hoch 235′ lang =		705.			
Zur Scheune 88′ lang 40′ tief 3′ hoch 2′ breite Grundmauer und die Scheidewand = =		1624.			
pro 100c′ 1 Rthl. 17 gr. 2 pf. beträgt = =		4249.	72	21	5
II. Die äußern Mauern.					
Zum Wohnhause 8′ hoch 1½′ stark = =		3840c′			
Zur Scheune 88′ lang 40′ tief 14′ hoch 2′ stark =		7168.			
pro 100c′ 1 Rthl. 17 gr. 2 pf. beträgt = =		11008.	188	19	4

		Rthl.	Gr.	Pf.
III. Die Scheide- und innerliche Wände.				
Im Wohnhause 4 Scheidewände a 38' lang 8' hoch 1' stark = =	1216c'			
Noch eine 50' lang =	400.			
Eine in die Scheune 40' lang 14' hoch 1' stark =	560.			
pro 100c' 1 Rthl. 17 gr. 2 pf. beträgt für	2176.	37	4	3
IIII. Die Dächer.				
1) Die Dachgespärre zum Wohnhause nach der III. Tab. 26 Gebindespärn von gutem schwachen Holze.				
Zum Gebind 3 Stämme a 8 gr.		26	—	—
Zu 6 Dachstühlen = a 1 Stamm zu 8 gr. = = =		2	—	—
Zu Stuhlram, Schwelle und Windrispe 9 Stämme Mittelholz a 12 gr.		4	12	—
Zu Kehlbalken 10 Stämme a 8 gr.		3	8	—
Jeden Stamm klein Bauholz zu 36' und Mittelholz zu 40' gerechnet, beträgt 94 schwache St.	3384.			
9 Stämme Mittelholz	360.			
pro 100' zu behauen, zäpfen, verbinden und richten 16 gr.	3744.	24	23	—
		60	19	—

Die

		Rthl.	Gr.	Pf.
Transport		60	19	—
Die Dachgespärre zur Scheune und Remise.				
18 Gebindesparn a 3 Stämme zu 8 gr. = = =		18	—	—
Zu übrigen Dachverbindungen 6 Stämme Mittelholz a 12 gr. =		3	—	—
und 8 Stämme schwach Holz a 6 gr.		2	—	—
62 Stämme schwach Holz a 36′ = =	2232			
und 6 Stämme Mittelholz a 40′ = =	240			
pro 100′ in allen Arbeitslohn 16 gr. =	2472	16	12	—
		100	7	—
2) Die Eindeckung zu 8″ gelattet.				
Zu beyden Dächern $12\frac{1}{2}$ Schok Latten a $2\frac{1}{2}$ Rthl. = =		31	6	—
Lattnägel a Latte 7 St. $87\frac{1}{2}$ Schok a 3 gr. = = =		10	22	6
Auf eine Latte zu 24′ lang werden mit dem was zerbricht 50 Dachziegel gerechnet, und also in allen gebraucht 37500 Dachziegel, pro 1000 4 Rthl. = = .		150	—	—
300 Hohlziegel a 6 pf. =		6	6	—
Die Latten anzunageln, die Ziegel aufzubringen und einzudecken pro 1000 20 gr. = =		31	12	—
10 Scheffel Kalk a 4 gr. =		1	16	—
		231	14	6

 V. Fuß=

		Rthl.	Gr.	Pf.
V. Fußböden und Decken der Zimmer.				
Die Küche und den Flur mit Ziegeln zu pflastern, beyde 15′ breit 38′ tief, beträgt	1165.			
Die Gesindestube 17′ ins Gevierdte = =	595.			
Die Scheurenpansen 40′ tief 27′ breit = =	2160.			
pro 1000 4 Rthl. 8 gr. beträgt	3910.	16	21	8
Zu verlegen pro 1000 16 gr. =		2	14	4
Den Gang K. mit Feldsteinen zu pflastern = =	72□′			
Die Kammern C D G L vorne	576□′			
Den Kuh- und die Futterställe S. Q U. = =	900□′			
100c′ Steine geben 200□′ Pflaster 12 gr. 6 pf.	1548.	4	—	6
pro 100□′ zu setzen 6 gr. =		3	21	—
Die Stube B zu tielen 17 Breter, mit Verlegen a 8 gr. =		5	16	—
Den Pferdestall auszupohlen 24 Stük mit Verlegen a 14 gr. =		14	—	—
Zu Decken über die Kanäle in den Kuhställen 4 Stük a 14 gr. =		2	8	—
Zu Krippen und Wasserkasten 20 St. mit Verarbeiten a 16 gr. =		13	8	—
Die Scheurentenne zu machen, der Lehm dazu ist umsonst und ohne Fuhrlohn zu haben.				
Für das Aufbringen und Schlagen		1	12	—

Für

Latus	64	5	6

	Rthl.	Gr.	Pf.
Transport	64	5	6
Für kleine Krippen und Rauffen	6	—	—
Für Verschläge an beyden Seiten der Tenne, in Schweinställen und Futterställen	8	—	—
Für Nägel in allen hiezu	2	—	—
Für Decken und Boden.			
a) Zu Stackholz werden die Spitzen und Abgänge genommen und 3 schanzmigte Bäume a 8 gr.	1	—	—
b) Ueber den ganzen Wohnhause und Ställen einen Lehmschlag zu machen, der zur Feuersicherheit 2″ über die Balken geht, in allen 6″ stark, so daß 2 Quad. Fuß 1c′ Lehm erfodern. Da aber beynahe der 3te Theil Stroh ist, so wird der 4te Theil Lehm weniger gebraucht, also 1425c′ Lehm unter 10c′ 1 Bund Stroh 142 Bund, a 6 pf.	2	23	—
pro 10c′ 1 gr. 6 pf. Arbeitslohn	8	21	—
Der obere über den Kornboden befindliche Boden ganz schlecht mit Bretern zu belegen 52′ lang 20′ breit 40 Breter, pro Schok 6 Rthl.	4	—	—
Für 6 Schok Nägel hiezu a 2 gr.	—	12	—
Zu verlegen a 1 gr. umgefugt	1	16	—
	99	5	6
VI. Maurerarbeit und Lehmerkosten an Innerlichen, als Schornstein rc.			
Einen kleinen Backofen zu mauren 4′ br. 5′ lang 3′ hoch beträgt 60c′ 100c′ zu 1 Rthl. 17 gr. 2 pf.	1	—	8

	Rthl.	Gr.	Pf.
Transport	1	—	8
Das Gewölbe von Lehm zu machen in allen	—	20	—
Der Feuerheerd 3' hoch breit und lang 27c'	—	14	—
2 Schornsteine nebst Rauchfängen von Lehm zu machen, und mit dem nöthigen Holze verbunden, nebst der dazwischen befindlichen Rauchkammer, die ebenfals von Lehm,	8	—	—
Zwey Stubenofen von Ziegeln, hiezu 300 Ziegel pro 1000 4 Rthl. 8 gr.	1	7	3
Zu setzen mit Spreusel a 10 gr.	—	20	—
	12	13	11

VII. Innerliche Arbeit des Zimmermanns.

	Rthl.	Gr.	Pf.
Für 3 Thore, 2 in die Scheune und 1 hinten an den Schuppen a 2 Rthl. mit Bretern ganz schlecht	6	—	—
2 Thore von Latten vor dem Hof a 1 Rthl. 12 gr.	3	—	—
20 Thüren schlecht mit eingeschobenen Leisten a 18 gr.	15	—	—
Die Hausthüre zum Flur	1	6	—
16 Fenster- und Dachladen a 8 gr.	5	8	—
Die Treppe schlecht	3	—	—
3 kleine Treppen nicht viel besser als Leitern a 16 gr.	2	—	—
	35	14	—

VIII. Dem

	Rthl.	Gr.	Pf.
VIII. Dem Glaser.			
4 Stubenfenster 3′ breit 4′ hoch mit Einfassung in allen ganz schlecht a 2 Rthl.	8	—	—
6 kleine Hinterfenster 2′ breit 3′ hoch a 1 Rthl.	6	—	—
2 kleine Fenster zur Erleuchtung der Ställe aus den Stuben a 12 gr.	1	—	—
3 kleine Fenster über die Thüren a 12 gr.	1	12	—
	16	12	—
IX. Dem Schlosser und Schmidt.			
5 Thorbeschläge nebst Riegel a 20 gr.	4	4	—
21 Thürbeschläge mit Klinken a 12 gr.	10	12	—
16 Fensterladen-Krammen a 6 gr.	4	—	—
	18	16	—
X. Allerley.			
Ein klein Taubenhaus auf einen Pfeiler	2	—	—
Für Horden zu Abtheilung der Höfe	3	—	—
Für die Hofmauer zu jeder Seite 50′ lang also 100′. 6′ hoch 1′ stark, beträgt 600□′ pro 100 1 Rthl. 17 gr. 2 pf.	10	7	—
Baugeräth.			
Ein Kalklöschkasten	—	12	—
Zwey Schüttkarn a 8 gr.	—	16	—
3 Eimer a 6 gr.	—	18	—
2 Steinschleifen a 16 gr.	1	8	—
Für Spaten Hacken und Schüppen	1	12	—
Für Richtestricke	—	16	—
	20	17	—

Sämtliche Baukosten des Maßiven Bauergehöftes Tab. I.

Recapitulatio.

	Rthl.	Gr.	Pf.
I. Der Grund { Der Keller =	16	8	3
Die Grundmauern	72	21	5
II. Die äußern Mauern =	188	19	4
III. Die Scheidewände =	37	4	3
IIII. Die Dächer { Die Gespärre	100	7	—
Die Eindeckungen	231	14	6
V. Die Fußböden und Decken =	99	5	6
VI. Mauerarbeit innerlich =	12	13	11
VII. Zimmerarbeit innerlich =	35	14	—
VIII. Dem Glaser = =	16	12	—
XI. Dem Schlosser und Schmidt	18	16	—
X. Allerley = =	20	17	—
	850	9	2

§. 462. Baukosten eines 16′ tief und 4′ weiten Brunnens.

	Rthl.	Gr.	Pf.
Auszugraben 2½ Schachtruthe a 6 gr.	—	15	—
Mit Feldsteinen auszusetzen 256□′ ohne Kalk pro 100′ mit Arbeit 1 Rthl. 5 gr. = =	3	3	6
Eine Plumpenröhre, nebst Kegel und Setzerlohn = =	3	8	—
Ein hölzern Ventil mit Leder =	—	6	—
Die Plumpenstange mit Kolben u. Leder	—	16	—
Der Beschlag oben daran =	—	8	—
Die hölzerne Brunnendecke =	—	6	—
Für den Plumpenzug =	—	8	—
Das Wasser von der Plumpe die Tab. I. in der Küche befindlich, nach denen Ställen und Hofe in Rören zu leiten, 100′ Rören hiezu a 1 gr. mit Bohren = =	4	14	—
Alle	13	12	6

	Rthl.	Gr.	Pf.
Transport.	13	12	6
Alle 16′ eine blecherne Bürse a 3 gr. 8 Stük.	1	—	—
6 kleine Ständer zum Aus- und Einfluß des Wassers in Rören und Kasten a 6 gr.	1	12	—
Kosten der Wasserleitung	16	—	6

§. 463. Bauanschlag des hölzernen Bauergeheftes Tab. II. dessen innere Einrichtung wie §. 459. beschrieben.

I. Baukosten des Grundes.

1) Der Keller 18′ lang 10′ breit 7′ tief zu graben, die Seiten zu mauern und statt des Gewölbes mit einer Lehmdecke zu versehen.

	Rthl.	Gr.	Pf.
Auszugraben 15½ Sch. Ruthen a 3 gr.	1	22	6
Die Wände 1½′ stark 7′ hoch mit Feldsteinen und Lehm zu mauern 392□′ pro 100 1 Rthl. 5 gr.	4	18	
3 Eichene Balken 20′ lang a ′ 9 pf.	1	21	
9 Zoll hoch Lehm aufzutragen und auszustacken 160□′ betragen 120c′ Lehm pro 10 1 gr. 6 pf.	—	18	
12 Bund Stroh a 6 pf.	—	6	
Für die Treppe und Luftloch	1	8	
	10	21	6

S 5 2) Die

		Rthl.	Gr.	Pf.
a) Die Grundmauern.				
Zum Wohnhause 120′ lang 3′ hoch 1½′ breit, mit den Giebeln 40′ lang =	1440c′			
Die Scheidewände 1′ breit 2′ hoch 235′ lang =	470			
Zur Scheune 88′ lang 40′ tief 3′ hoch 1½′ breite Grund- und Scheidemauer	1218c′			
pro 100 1 Rthl. 17 gr. beträgt	3128c′	53	10	6
II. Die Außenwände von Holz, ausgestackt und gelehmt.				
Schwelholz zum Wohnhause äußerlich = =	320′			
— — zur Scheune =	300′			
Mit Fuhrlohn pro Fuß 9 pf.	620′	19	9	—
Zu Riegelholz und Rahmen zusammen, das Haus ein- die Scheune 2 mal verriegelt	1948′			
Säulholz und Bänder in allen	1560′			
87½ Stamm pro 1 Stamm von 40′ 8 gr. =	3508′	29	4	—
Den Zimmermann pro 100′ zu stämmen, zäpfen, beschlagen und richten 16 gr.	4128′	27	12	—
10 Stämme Stackholz a 8 gr.	=	3	8	—
In allen werden zu Ausklebung der Wände 6″ stark mit lehme gebraucht =	2050c′			
pro 10c′ 1 gr. 6 pf. beträgt	=	12	19	6
	205			
		92	4	6

	Rthl.	Gr.	Pf.
Transport.	92	4	6
205 Bund Stroh a 6 pf.	4	6	6
Die Wände zu bekleiden mit Mörtel 6060□′ pro 100□′ mit Mörtel und Arbeit 6 gr.	15	3	6
	111	14	6
III. Die Scheidewände.			
In dem Wohnhause 235′ lang 8′ hoch.			
An Holzwerk dazu 1080′ pro 40′ 8 gr. 27 Stämme	9	—	—
pro 100 Fuß zu verarbeiten 16 gr.	7	5	—
670c′ Lehmwand zu machen, dazu 490c′ Lehm a 1 gr. 6 pf.	3	1	6
49 Bund Stroh a 6 pf.	1	—	6
2 Brandmauern 8′ hoch 1′ stark 12′ breit 192c′	2	5	—
1120□′ an Scheidewänden und Decken in den Stuben zu bekleiden pro 100□′ mit Kalk 6 gr.	2	20	4
Die Scheidewand der Scheune ist oben mit gerechnet.			
	25	8	4
IIII. Die Dächer.			
1) Die Dachgespärre nach der vorigen Berechnung	100	7	—
2) Die Eindeckung von Stroh und Lehm.			
Latstangen 1½′ weit zu latten, 4½ Schok a 2 Rthl.	9	—	—
a Stange 7 Nägel 30 Schok a 3 gr.	3	18	—
Das			
	12	18	—

	Rthl.	Gr.	Pf.
Transport	12	18	—
Das Dach 4'' dick mit Stroh zu decken darauf 2'' stark mit Lehm der mit Stroh gemischt überzogen, pro 100□' 6 gr. also vor 12600□'	31	12	—
Zu 10□' 1 Bund Stroh a 6 pf. 1260 Bund = . = =	26	6	—
Die übrigen Posten bleiben wie vorher.	70	12	—

Recapitulatio.

	Rthl.	Gr.	Pf.
I. Der Grund { Keller =	10	21	6
Grundmauern =	53	10	6
II. Seitenwände = =	111	14	6
III. Scheidewände = =	25	8	4
IIII. Dächer { Gespärre =	100	7	—
Eindeckung =	70	12	—
V. Fußböden und Decken =	99	5	6
VI. Innerliche Mauerarbeit u. dergl.	12	13	11
VII. Zimmerarbeit = =	35	14	—
VIII. Dem Glaser = =	16	12	—
IX. Dem Schlösser = =	18	16	—
X. Allerley = =	20	17	—
Das ganze hölzerne Bauergut	575	8	3

§. 464. Baukosten des Bauergehöftes Tab. I. von Lehmwänden stat der Mauern, die Scheidewände von Holz.

I. Der Grund.

	Rthl.	Gr.	Pf.
Der Keller wie in dem hölzern Hause	10	21	6
Die Grundmauern wie in dem Maßiven, aber mit Lehm gemauert also 100c' 1 Rthl. 5 gr. 4249c' =	51	8	—

II. Die

	Rthl.	Gr.	Pf.
II. Die äußern Wände von Lehm deren Größe wie bey den Maßiven, pro 100c' mit Stroh und Arbeitslohn 16 gr. also 11008c'	73	9	—
III. Die Scheidewände wie in dem hölzernen Gehefte	25	8	4
IIII. Die Dächer. Die Gespärre wie vorher	100	7	—
Die Eindeckung blos von Horden oder geflochtenen Reißhölze mit Lehm überzogen 4'' dick mit Stroh gemischt.			
Zu 20□' Dach wird 1 Bund Reisholz erfodert, 1 Schok Bunde kosten 12 gr. zu flechten auch 12 gr. also pro Schok 1 Rthl.			
Beyde Dächer Oberflächen betragen 12600□' es werden also erfodert 10½ Schok Reisholz a 1 Rthl.	10	12	—
20 Schok Nagel a 3 gr.	2	12	—
Zu 30□' 1 Bund Stroh, also 420 Bund a 6 pf.	8	18	—
Pro 100□' zu decken und alles fertig zu machen 6 gr.	31	12	—
	53	6	—
V. Die Fußböden und Decken.			
Wenn fester Grund ist, so ist nicht nöthig die Kammern und Ställe zu pflastern und tielen.			
Die Stube B. zu tielen mit Nägeln und allen	5	22	—

Die

Bauanschlag des Bauergehefts von Lehm Tab. I.

	Rthl.	Gr.	Pf.
Transport	5	22	—
Die Scheuntenne = =	1	12	—
Die Krippen und Rauffen =	6	—	—
Die Verschläge am Tenn und in den Schweineställen = =	8	—	—
Der Lehmschlag über das Wohnhaus und Ställe = = =	11	20	—
Die Boden über den Wagenschuppen und Kornboden = =	10	—	—
Das übrige bleibt, außer statt der Hofmauer wird eine Wand gemacht,	43	6	—
600□' zu 16 gr. = =	4	—	—
Hiebey werden gegen die gemauerte 6 Rthl. 7 gr. erspart.			

Recapitulatio.

	Rthl.	Gr.	Pf.
I. Der Grund { Der Keller =	10	21	6
Die Mauern =	51	8	—
II. Die Außenwände = =	73	9	—
III. Die Scheidewände =	25	8	4
IIII. Die Dächer { Die Gespärre	100	7	—
Die Eindeckung	53	6	—
V. Die Fußböden, Decken, Rauffen u. dergl. = = =	43	6	—
VI. Innerliche Mauern =	12	3	11
VII. Zimmerarbeit = =	35	14	—
VIII. Glaser = = =	16	12	—
IX. Schlösser = =	18	16	—
X. Allerley = = =	14	10	—
Summa	455	3	9

§. 465. Aus diesen Bauanschlägen erhellet also deutlich, daß die Bauart mit Lehme die wohlfeilste

feilste unter allen übrigen ist, denn wenn auch der Vortheil bey den Wänden selbst so gros nicht ist; so ist er es doch bey den Dächern unwidersprechlich. Besonders aber hat diese Bauart deswegen großen Nutzen, weil der Landmann fast alles dabey ohne Hülfe anderer verfertigen, und also mit seinen Leuten das Lohn und die Baukosten selbst verdienen kan, ja auch die Materialien hat er selbst, und darf davor wenig oder nichts bezahlen. Nicht leicht wird man mehr und größere Vortheile so einfach und natürlich, ja für die meisten Gegenden so brauchbar finden, als diese.

§. 466. Bauanschlag zu den halben Bauergehefte Tab. IIII. Fig. 1. Die nähere Beschreibung ist im 99 bis 102 §. zu finden.

	Rthl.	Gr.	Pf.
I. Der Grund ist maßiv, die Wände sind Lehm und das Dach Horden und Lehm.			
1) Der Keller 10′ lang 10′ breit 7′ tief mit einer Lehmdecke 8 Schachtruthen auszugraben a 3 gr.	1	—	—
Die Wände 1½′ stark auszumauern die Giebel 1′ 350c′ pro 1 Rthl. 5 gr.	3	22	6
3 Eichene Balken a 10′ macht 30 a 9 pf.	—	22	6
9″ hoch Lehm zu übertragen 75c′ pro 10 1 gr. 6 pf.	—	11	3
8 Bund Stroh a 6 pf.	—	4	—
Vor Treppe und Luftloch	1	2	—
	7	14	3

2) Die

	Rthl.	Gr.	Pf.
Transport	7	14	3
2) Die Grundmauer, das Gebäude 120′ lang 32′ tief.			
Die Mauer 2′ breit 2′ tief beträgt = = 1216c′			
5 Scheidewände 1′ breit und tief a 32′ lang = 160			
pro 100 1 Rthl. 5 gr. 1376c′	16	15	—
II. Die äußern Lehmwände.			
Von Lehm und Stroh 10′ hoch 2′ stark = = 6080c′			
Für Thore, Thüren und Fenster ab = = 1680			
pro 100c′ in allen 16 gr. 4400c′	29	8	—
Die Fenster= und Thürzangen 160′ oder 4 Stämme a 8 gr. =	1	8	—
pro 100′ Arbeitslohn 16 gr. =	1	1	6
III. 5 Scheidewände zusammen ohne Brandmauer 150′ lang.			
Nach dem vorigen Anschlage kosteten 235′ Scheidewände 25 Rthl. 8 gr. 4 pf. also 150′ = =	16	14	3
IIII. Dächer.			
1) Dachgesparre.			
26 Dachgespärre a 2 Stämme a 8 gr.	16	16	—
Zu 6 Dachstühlen und den übrigen Dachverbindungen 10 St. a 8 gr.	3	8	—
Jeder Stamm 40′ 62 St. 2480′ pro 100′ 16 gr. in allen =	16	13	—
	109	2	—

1) Ein=

Bauanschlag zu Tab. IIII. Fig. 1.

	Rthl.	Gr.	Pf.
Transport	109	2	—
2) Eindeckung.			
Nach dem 454 §. kosteten 12600□′ 53 Rthl 6 gr. also kosten hier 5000□′ . .	21	3	—
V. Die Fußböden, Decken, Rauffen, Krippen u. dergl.			
Die Stube C. zu tielen in allen .	4	8	—
Die Scheuntenne . .	1	4	—
Krippen und Rauffen .	3	8	—
Die Verschläge am Tenne und in den Schweineställen . .	5	—	—
Der Lehmschlag über den Wohnhause, Ställen und Schuppen 6′′ stark 86′ lang 32′ breit 1376c′ mit Stroh und Arbeitslohn in allen pro 100c′ 16 gr. . .	9	4	—
VI. Mauer- und Lehmerkosten innerlich.			
Ein kleiner Backofen . .	2	—	—
Der Feuerheerd 9c′ . .	—	4	—
Die Brandmauer 10′ lang 7′ hoch $1\frac{1}{2}$′ stark 105c′	1	6	—
Der Schornstein mit Rauchfange von Lehm, mit dem nöthigen Holze verbunden . . .	4	—	—
Ein Stubenofen von Ziegeln in allen	1	2	—
VII. 3 Thore a 2 Rthl. von Bretern.	6	—	—
2 Hofthore von Latten a $1\frac{1}{2}$.	3	—	—
12 Thüren mit eingeschobenen Leisten schlecht a 18 gr. . .	9	—	—
10			
T	179	17	—

Bauanschlag zu Tab. IIII. Fig. 1.

	Rthl.	Gr.	Pf.
Transport.	179	17	—
10 Fenster- und Dachladen a 8 gr.	3	8	—
Die Treppen = = =	3	—	—
VIII. Dem Glaser.			
2 Stubenfenster a 2 Rthl. =	4	—	—
4 kleine Fenster a 1 Rthl. =	4	—	—
2 kleine, zur Erleuchtung der Ställe a 12 gr. = = =	1	—	—
Eins über die Hausthüre =	—	16	—
IX. Dem Schlosser oder Schmidt.			
5 Thorbeschläge a 20 gr. =	4	4	—
12 Thürbeschläge a 12 gr. =	6	—	—
10 Fensterladen a 6 gr. =	2	12	—
X. Allerley.			
Für Horden zum Hofe =	1	—	—
Für die Hofwand 160′ lang 6′ hoch 1′ stark 960c′ pro 100 16 gr.	6	10	—
Für Baugeräthe = =	3	—	—
Summa	219	19	—

§. 467. Nach diesen Bauanschlägen wird zwar kein Entrepreneur die Baue übernehmen können, wenn es nicht an sehr wohlfeilen Orten ist; aber der Landmann selbst, wenn er dieser Vorschrift folgt, kan es sehr bequem davor bauen, weil er Fuhren- und Handlangerdienste selbst und durch seine Leute thut, die sehr wenig kosten.

§. 468. Bauanschlag zu dem neuen Adelichen Gute, Tab. V. so aus einem Wohnhause von 2 Etagen, 72′ lang, 40′ tief, 2 Ställen, zu 136′ lang,

lang, 40' tief, 2 Scheunen, 278' lang, 40' tief, und einen Schuppen oder großen Remise 200' lang, 10' hoch, 40' tief, bestehet. Alle Gebäude nach der Zeichnung und der dieser beygefügten Beschreibung verfertigt, und über die Einfahrt einen 70' hohen Thurm von Holz aufgeführt. Die Scheunen 12' hoch, und die Ställe 8' hoch von Lehmwänden. Das Wohnhaus massiv mit Ziegel, die andern mit Lehm gedeckt. Unter dem Wohnhause 4 Keller, 70' lang, 20' breit, 8' tief.

Baukosten des ganzen Gutes Tab. V.

		Rthl.	Gr.	Pf.
§. 469. A. das Wohnhaus.				
I. Der Grund.				
Das Ausgraben müssen die Unterthanen umsonst thun.				
Die Grundmauern der Keller 144' lang 2' breit 8' hoch. Die Feldsteine sind umsonst, die Baufuhren müssen die Unterthanen thun pro Fuhre 6 pf. a 12 bis 13 Cub. Fuß =	2304c'			
Zu den Giebel und 3 Scheidemauern jene 1½' und diese 1' stark 20' lang 8' hoch	960c'			
Zu Grundmauern des Hauses wo keine Keller seyn 112' lang 2' breit 3' hoch =	672c'			
Zu 4 Scheidewänden 20' lang 2' hoch 1½' breit =	360c'			
pro 100c' zu fahren 4 gr. beträgt für = =	4296c'	7	4	—

	Rthl.	Gr.	Pf.
Transport.	7	4	—
Pro 100c' zu mauren und zu bewerffen auf einer Seite 16 gr.	28	16	—
Zu 100c' 4 Scheffel Kalk, diesen hat man selbst, auch das Holz zum Brennen und die Fuhren umsonst. An Brennerlohn und Biergeld wird pro Scheffel 1 gr. gezahlt	7	3	9
Zu Kellergewölben 72' lang 30' Flächenbreite also 2160□' a 4 Ziegel also Ziegel 8640, pro 1000 wird von Brenn- und Fuhrlohn bezahlt 1 Rthl.	8	20	8
Zu 1000 Ziegeln 4 Scheffel Kalk a 1 gr.	1	11	8
Pro 1000 zu vermauren 1 Rthl.	8	20	8
II. Die Mauern in- und auswendig.			
24' hoch 1¾' stark die innerlichen 1' stark.			
Die äußerlichen 144' lang ohne Fenster und Thüren 5248c'			
Die innerlichen und Giebelwände 190' lang 4960c'			
pro 100c' 1 Rthl. nach der vorigen Berechnung 10208c'	102	2	—
Zu 2 Schornsteinen 46' hoch, pro Fuß 40 Ziegel also in allen pro 1000 1 Rthl. 3680c'	3	18	4
Kalk dazu 16 Scheffel a 1 gr.	—	16	—
Arbeitslohn pro 1000 1 Rthl.	3	18	4
	172	11	5

Ziegel

	Rthl.	Gr.	Pf.
Transport	172	11	5
Ziegel zum pflastern des Flurs, der Küche, des Ganges, der Gesindestube und beyden Kammern neben der Küche, in allen 1800□′ a Fuß 2 Ziegel, beträgt 3600 Ziegel	3	16	—
Zu verlegen pro 1000 12 gr. =	1	20	—
III. Das Dach.			
Das Gespärre besteht aus 18 Gebindesparn, a Gebind 3 Stämme Mittelholz, welches umsonst und ohne Fuhrlohn aus eigenen Holze zu haben ist, pro Stamm zu stämmen und Biergeld an die Fuhrleute 3 gr. also = = = = 54.			
Zu Hahnbalken, Bindeholze, Stühlen ꝛc. = = 20.			
a 3 gr. = 74.	9	6	—
Dieselben zu verbinden mit allen Arbeitslohn pro St. 8 gr. =	24	16	—
Die Eindeckung.			
Zu 6″ weit gelattet 30′ lange Sparn, giebt 360 Stük 24′ lange Latten.			
Hiezu werden erfodert an Sägeblöcken 13 St. pro Stamm zu stämmen und schneiden 16 gr. =	8	16	—
Zu Decken werden an Ziegeln erfodert 17280 pro 1000 1 Rthl.	17	7	2
Zu latten und aufzuhengen pro 1000 20 gr. = = =	14	10	1
150 Hohlziegel a 1 pf. =	—	12	6
T 3 5 Schef-			
	252	19	2

	Rthl.	Gr.	Pf.
Transport	252	19	2
5 Scheffel Kalk a 1 gr.	—	5	—
Die Hohlziegel aufzulegen	—	12	—
Der innere Ausbau und die äußere Bekleidung an Mauerarbeit.			
16002□' zu bewerfen und bekleiden zu 500□' 1 Scheffel Kalk, also 32 Scheffel a 1 gr.	1	12	—
Arbeitslohn für 1000□' 1 Rthl.	16	—	9
Decken zu berohren 5760□' Kalk 11½	—	11	6
Drath zu 400□' 1 Ring a 16 gr 14⅓	9	13	4
Zu 1 Ring 50 Schok Nägel a 6 pf. 718	14	23	—
Arbeitslohn für 1000□' in allen 2 Rthl.	11	13	—
224' Hauptgesimse zu ziehen 1' 4" hoch 10" Ausladung pro Fuß 1 gr.	9	8	—
Pflaster vor dem Hause 30' breit 72' lang 2160□' pro □Ruthe 8 gr. 15□°	5	—	—
Der Feuerheerd 3' lang 3' hoch 8' lang 72□°	1	—	—
Der Backofen 5' breit 3' hoch 6' tief, in allen	3	—	—
In die Gesindestube ein Ofen von Ziegeln	—	16	—
5 Oefen halb von Eisen mit töpfernen Aufsätzen a 8 Rthl.	40	—	—
2 Stuffen vor die Hausthüre zu mauren und die Kellertreppe zusammen	3	—	—
An			
	369	13	9

	Rthl.	Gr.	Pf.
Transport.	369	13	9
An Tischer= und Zimmermanns=arbeit.			
Eine Haupttreppe durch 2 Etagen von Eichenholz, dazu 10 Bohlen zu Wangen 5 Bohlen 1 Blok 2.			
Diese zu schneiden und stämmen a 8 gr.	—	16	—
Zu Stuffen 1½″ Bohlen 1 Stamm a 12 gr. = = =	—	12	—
Zu Geländer und Füllungen 10 Breter 1 Blok. = = 1.	—	16	—
Arbeitslohn = = =	25	—	—
2 Nebentreppen ganz schlecht a 1 Blok 12 gr. = = = 2.	1	—	—
Arbeitslohn a 1 Rthl. 8 gr. =	2	16	—
Thüren.			
Die Hausthüre 4½′ breit 7½′ hoch 2 Flügel = = =	2	12	—
24 Thüren 3½ breit 7′ hoch a 1 Rthl. 12 gr. mit Bekleidung =	36	—	—
6 Verschläge oder Wände von Bretern.			
4 davon 20′ und 2 15′ lang 12′ hoch 110′ lang 1′ 6 gr. =	27	12	—
Hiezu und zu den Thüren und deren Bekleidung 2½ Schok 10 Stük aus 1 Blok also 25 Blök zu schneiden u. stämmen a 12 gr. = =	12	12	—
100 Schok Nägel und zu dem Dache 50 Schok a 2½ gr. =	15	15	—
Für 12 Fensterladen in die untere Etage a 1 Rthl. 8 gr. =	16	—	—
	510	4	9

T 4 Für

Baukosten des Adelichen Landgutes Tab. V.

	Rthl.	Gr.	Pf.
Transport	510	4	9
Für 10 Dachladen a 12 gr.	5	—	—
Für Beschläge. Die Hausthüre in allen	3	—	—
Die übrigen Thüren alle mit Schlössern, Riegeln, Drückern a 1 Rthl. 8 gr. 24 Stük	32	—	—
12 Fensterladen a 16 gr.	8	—	—
10 Dachladen a 8 gr.	3	8	—
Für die Backofen- und 6 andere Ofenthüren a 16 gr.	4	16	—
An die Tagelöhner für das Grabenmachen und den Keller auszugraben an Biergeld in allen	3	—	—
Für Baugeräth in allen	25	—	—
Für Aufsicht bey dem Bau und die Anschläge	25	—	—
Summa aller Baukosten	619	4	9

§. 470. B. die Scheunen, Ställe und Remise.

	Rthl.	Gr.	Pf.
I. Die Grundgraben werden zu Frohndienste gemacht, und nur einige Fässer Bier gegeben	5	—	—
Die Grundmauern 3′ hoch 2′ breit zusammen 1740′ lang, pro 100c′ nach der Berechnung im vorigen §. 1 Rthl. also 10440c′	104	10	4
II. Die Mauern.			
Die Ecken und einige Zwischenstücke in denen Gebäuden gemauert ohngefehr den 10ten Theil der ganzen Wän-			
	109	10	4

	Rthl	Gr.	Pf.
Transport	109	10	4
Wände; da die ganze Länge der Wände ohne die Hofseite der Remise die von Holz ist, so sind ohne diese noch 1540 Längenfuß Wände zu machen, davon der 10te Theil Mauer also 154′ Längenfuß; diese Mauer ist eins ins andere gerechnet 10′ hoch 2′ stark also in allen pro 100′ 1 Rthl. 3080. =	30	19	—
Die Lehmwände betragen nach Abzug der Thor- und Thüröfnungen, die $\frac{1}{10}$ des Ganzen ausmachen, noch 24640c′ und 100c′ kosten 12 gr.	123	4	8
1) Der Lehm ist umsonst zu haben.			
2) Das Stroh hat man selbst, doch wird für 1 Schok 1 Rthl. gerechnet, also zu 100c′ 10 B. 4 gr.			
3) Die Arbeit geschicht von denen Unterthanen, doch wird denselben, da man sie durch die Hofdienste bey dem Bau zu sehr ruiniren würde, das halbe Lohn gezahlt, also pro 100c′ = 4 gr.			
4) Vor das Anfahren pro 100c′ = = 4 gr.			
also 100 Cub. Fuß kosten 12 gr.			
	263	10	—

	Rthl.	Gr.	Pf.
Transport	263	10	—
III. Die hölzerne Wand			
vor der Remise 200' lang, erfodert Schwell und Rahm = 400'			
Träger oder Säulen in diese Wand und in allen Gebäuden 96 Stük a 10' = 960'			
Hiezu Mitteleichen von 36' lang 12'' im Durchmesser 1360'			
Für das Stämmen und dergl. beträgt 40 Stämme a 3 gr. =	5	—	—
pro 100' zu verarbeiten in allen 1 Rthl.	13	14	4
Zu Thor- und Thürzangen 30 Stük a 30' Mittelholz 900'			
pro 100' zu verarbeiten 16 gr. =	6	—	—
a Stamm 40' beträgt 22½ Stamm a 2 gr. = = =	1	21	—
Zu denen Seitenwänden derer Tennen 12 Wände zu 40' Schwellen und Rahmen a 2 Stämme zu 40' beträgt 24 Stämme, mit Arbeitslohn a 6 gr. . . . =	6	—	—
IIII. Dächer.			
a) Dachgespärre auf alle Gebäude die zusammen 1028' lang sind alle 5' weit von Mitte zu Mitte ein Gebindsparn, beträgt 205 Gebind a 100' zu 16 gr. in allen mit Fuhre, stämmen, hauen und richten	136	16	—
Zu 50 Dachstühlen und denen übrigen Verbindungen 100 Stämme a 40' beträgt 4000' pro 100 16 gr.	26	16	—
b) Die			
	459	5	4

	Rthl.	Gr.	Pf.
Transport	459	5	4
b) Die Eindeckung kostet, wenn sie von Horden und Lehm wie in dem 456 §. gemacht wird, pro 5000□′ 21 Rthl. 3 gr. also 257094□′	516	—	—
V. Fußböden und Decken, Rauffen, Krippen u. dergl.			
6 Tennen von Lehm zu schlagen a 1 Rthl. 12 gr. = =	9	—	—
Den Pferdestall 36′ breit 40′ tief mit Bohlen zu belegen pro 24□′ mit Bohlenschneiderlohn und allen, als Nägel u. s. w. a 5 gr. =	12	12	—
Kuh- und Schweineställe zu pflastern in allen pro 100□′ 12 gr. also von 5440□′ = = =	27	5	—
Die Verschläge zu Futter- und Schweineställen und zu Wänden an denen Tennen.			
An Schwell- und Säulholz 30 Stämme zu bearbeiten a 6 gr. =	7	1	—
Breter zu diesen Unterschieden 150 St. a 4 gr. = =	25	—	—
Der Lehmschlag über denen Ställen und der Remise 6″ stark ohne die Balken 410′ lang 40′ breit 8200c′ mit Stroh und Arbeitslohn pro 100c′ 12 gr. = =	41	—	—
Für 640′ Krippen mit Holzanfahren pro Fuß 1 gr. = =	26	16	—
Für 500′ Rauffen pro Fuß 8 pf.	13	20	4
Die			
	1137	22	8

	Rthl.	Gr	Pf.
Transport	1137	22	8
Die Abgänge der Breter, Bohlen werden zu Bedeckung über die Tennen gebraucht.			
Der obere Kornböden zu tielen 24′ breit 100′ lang in allen 200 Breter a 4 gr. in allen	33	8	—
VI. Inwendige Mauerarbeit findet hiebey nicht statt.			
VII. Innerliche Zimmerarbeit an Thoren und Thüren.			
12 Thore vor die Scheunen von Bretern a 2 Rthl.	24	—	—
3 von Latten an die Remise und zu Hofthore a 1½ Rthl.	4	12	—
8 in die Ställe a 2 Rthl.	16	—	—
12 Thüren a 1 Rthl 8 gr.	16	—	—
6 Treppen in die Ställe und Remise a 2 Rthl.	12	—	—
12 Dachladen a 20 gr.	10	—	—
VIII. Der Glaser fält aus.			
IX. Der Schlösser.			
Für 23 Thorbeschläge a 1 Rthl.	23	—	—
12 Thürbeschläge a 16 gr.	8	—	—
12 Laden a 8 gr.	4	—	—
X. Allerley.			
Den Teich auszugraben auf dem Hofe und zugleich für die Grundgraben zu machen erhalten die Unterthanen Bier vor	25	—	—
	1313	18	8

Die

	Rthl.	Gr.	Pf.
Transport	1313	18	8
Die einzelnen Wände um den Hof zu setzen 160' lang 1½' stark 8' hoch 1920c' pro 100c' 12 gr.	9	14	4
Diese mit Mörtel zu bekleiden pro 100□' 4 gr. 2560□' .	6	6	6
Für Baugeräthe in allen .	50	—	—
Für die Aufsicht bey dem Baue	50	—	—
Für Botenlohn u. dergl. unerwartete Ausgaben . .	22	—	—
Summa	1451	14	6
C. Der Thurm über der Einfahrt von Holz zu erbauen und mit Ziegeln zu decken, 16' ins Gevierdte und bis an die Krappe 70' hoch.			
Den Grund dazu 8' tief zu legen 3' starke Mauern beträgt 1824c' pro 100c' in allen 1 Rthl. .	18	6	—
Noch 12' hoch 2½' stark Mauer aufzuführen 2220c'	22	5	—
36' hoch Holzwand aufzuführen zu Säulen . . 432'			
Zu Schwellen, Rahm und Riegeln . . 768'			
pro 100' 1 Rthl. in allen 1200'	12	—	—
Zu Stacken und Lehmen 619c' pro 100 1 Rthl. . .	6	5	—
Das Dach 20' hoch zu verbinden mit eingezogenen Lateren, hiezu gehören			
	58	16	—

	Rthl.	Gr.	Pf.
Transport	58	16	—
ren 350′ Holz, darunter 100′ mit Gesimsleisten, das übrige nur glat ist, also 250′ pro 100′ 1 Rthl. 8 gr.	3	8	—
und 100′ Gesimse 1′ zu 9 pf. beträgt	3	3	—
3000 Dachziegel pro 1000 1 Rthl.	3	—	—
Aufzuhängen und einzudecken pro 1000 1 Rthl. = =	3	—	—
4 Treppen a 2 Rthl. =	8	—	—
4 Boden a 8 Breter macht 32, a 4 gr.	5	8	—
3 Thüren a 1 Rthl. 8 gr. =	4	—	—
16 Laden a 8 gr. = =	5	8	—
Beschläge an die Thüren a 20 gr.	2	8	—
—— —— an die Laden a 8 gr.	5	8	—
Die Thurmknoppe von Kupfer nebst der eisernen Spitze 9′ hoch und einer Windfahne 2′ lang 6″ hoch, zusammen mit Aufsätzen =	30	—	—
Für das Gerüste zum Thurme in allen	20	—	—
Für Aufsicht = = =	20	—	—
Trinkgeld den Grund zu graben	5	—	—
Andere Ausgaben hiebey Z. E. das Gewitter abzuleiten für eiserne Leitstange, große Nägel u. dergl. nach Tab. IX. = =	10	—	—
Unvermuthetes = =	10	—	—
C. Kosten des Thurms Summa	196	11	—
A. Das Wohnhaus = =	619	4	9
B. Die Hofgebäude = =	1451	14	6
Summa der Kosten des ganzen Guts Tab. V. = = =	2267	5	3